飛鳥史跡事典

木下正史 編

吉川弘文館

はじめに ——飛鳥・藤原の魅力の再発見——

飛鳥・藤原の地を訪れると、いつも心の和みを感じる。四季おりおり、朝な夕な印象が違い、魅力を新たにする。なぜなのだろうか。飛鳥・藤原の地の景色はたしかに美しい。でもそれは、各地の農村風景ととくに変わるところはない。かつて都であったことを伝える古建築や大寺院があるわけではなく、飛鳥・藤原の地の代名詞ともなった感がある高松塚古墳やキトラ古墳の壁画を直接鑑賞することも難しい。人々が飛鳥を訪れるのは、目に見えるものの良さだけに理由があるわけではなさそうである。

飛鳥・藤原の地は、言うまでもなく、日本の歴史上、大きな飛躍を遂げた飛鳥時代の中心舞台であった。飛鳥の田圃の下には『日本書紀』に記され、『万葉集』に詠まれた宮殿や邸宅、寺院、庭園などが埋もれ、それらに因む地名が今も数多く残っていることを知ると、にわかに光彩を放ってくるのではないか。石舞台古墳や高松塚古墳、また酒船石・猿石・亀石などの石造物が魅力をかきたてる。飛鳥川の清流、大和三山や甘樫丘・雷丘・多武峰・稲淵山などの山並みが『万葉集』に詠まれたままのたたずまいを見せる。古代の歴史・文化の輝きだけではなく、そこで生きた人々の息吹まで感じさせる。「日本人の心の故郷」と言われるのもうなずける。そしてあなたがたたずむ足下に、古代の都や歴史の営みの跡がいく層にも重なって良好な形で眠っているのである。

飛鳥・藤原の宮都を明らかにする研究は早くも江戸時代に始まっている。そして、昭和八年(一九三三)に石舞台古墳の発掘が行われ、翌九年から一八年まで藤原宮跡の大発掘が行われる。いずれもわが国の考古学史を飾る画期的な発掘であった。こうして考古学を中核に歴史学・文学などを総合した飛鳥・藤原の宮都の本格的な解明が始まる。以来八〇余年。戦中戦後の混乱期を除けば、毎年、発掘調査が続けられてきた。そして昭和四五年(一九七〇)頃からは、それこそ一日も休むことなく、飛鳥・藤原の地のどこかで発掘調査が行われている。飛鳥・藤原の地を訪れれば、歴史を掘り起こす発掘の様子を直接見学できるだろう。

発掘成果は多大である。テレビや新聞紙上を賑わす発掘や、教科書を書き換えるような大発見も少なくない。木簡という新たな文字史料の発見も相次ぎ、『日本書紀』からは知り得ない歴史の具体像を蘇らせている。研究は様々の課題へと範囲を広げ、深化をとげており、世界に誇り得る研究が進められている。まさに「歴史を発掘する時代」が到来したのである。しかし、発掘のメスが入った面積は、まだ数%ほどに限られる。手つかずの地域も広い。なお多くの謎を秘めていると言わなければならない。これからどのような新事実や大成果が明らかにされるか、飛鳥は、かた時も目を離すことができない無尽蔵といってもよい古代の歴史と文化の宝庫なのである。発掘による新発見や研究の進展によって、歴史の舞台や歴史像は絶えることなく構成し直されていくであろう。

今、「飛鳥・藤原の宮都とその関連資産群」の世界遺産登録をめざす取り組みが終盤にさしかかっている。飛鳥・藤原の地の歴史・文化遺産が人類にとってかけがえのない価値を持つことを鮮明にして、広く世界に訴えていく取り組みである。世界の視点から価値を見直すことによって、これまで潜在していた歴史・文化遺産の真実や価値・魅力が新たに掘り起こされ、その輝きをいっそうきらびやかなものにしてきている。飛鳥のまるごとを体感できる町づくりも始まっており、飛鳥は魅力の再発見と再飛躍の時を迎えている。

本書は初の飛鳥事典である。飛鳥・藤原の地の歴史探訪に役立つと同時に、読者が現地に足を運んでみたくなるような史跡・遺跡の入門書としても利用できるであろう。取り上げた項目は約一七〇項目と多数に及び、かつ様々の性格の史跡・遺跡などにわたっている。一般の方には馴染みの薄い名前の遺跡もあろうが、いずれも飛鳥・藤原の歴史の舞台を理解する上で、重要なものばかりである。諸遺跡は豊浦宮跡や水落遺跡、飛鳥寺跡など単位をなしてはいるが、これらは点在しているのが実態ではない。未調査であるため今は分かっていないが、諸遺跡の間にも何らかの役割をもった遺跡が埋もれている。多くの遺跡を取り上げたのは、一連の歴史の舞台が間断なく面的につながっており、いわば飛鳥・藤原の地が一つの巨大遺跡であることを理解いただきたいためである。

解説にあたっては、長い年月にわたる研究の蓄積や近年の発掘成果を踏まえて、史跡・遺跡の内容や構造についてはむろんのこと、関連する事件や人物など歴史的背景をも含めて解説するとともに、各遺跡などの見所を紹介するよう心がけた。写真・図版や、史跡の整備・復原状況、解説板の設置状況の解説は現地を見学する際の参考になるはずである。どのように飛鳥・藤原の地を探訪したらよいのか計画を立てる時に、また、遺跡の現地では、どのような歴史の舞台であったのか、遺跡の内容や構造を具体的に知る上で参考になるであろう。古代の人々の息づかいを感じつつ、飛鳥・藤原再発見の旅を楽しむ手助けとして利用いただければと思っている。

二〇一五年十月

木下正史

凡例

項目

一　本事典は、奈良県高市郡明日香村・高取町、橿原市、桜井市に所在する飛鳥・藤原京時代の史跡・遺跡を中心に立項した。『歴史考古学大辞典』収載の五〇項目と、新稿一一八項目を併せて掲載した。

二　対象地域を「飛鳥の宮殿・寺院地域」「飛鳥の陵墓・古墳地域」「藤原宮と周辺地域」「磐余・阿部と周辺地域」の四つのエリアに区分し、エリアごとに項目名の五十音順に配列した。エリア区分図は一六ページに示す。

記述

一　漢字は、歴史的用語・引用文などのほかは、常用漢字・新字体を用いて記述した。

二　年次・年号

1　年次表記は、原則として西暦を用い、（　）内に和年号を付け加えた。

2　改元の年は、原則として新年号を用いた。

三　記述の最後に、基本的な参考文献となる著書・論文・史料集をあげた。

四　項目の最後に、執筆者名を（　）内に記した。

五　記号

『　』書名・雑誌名・叢書名などをかこむ。

「　」引用文または引用語句、特に強調する語句、および論文名などをかこむ。

⇩　カラ見出し項目について、参照すべき項目を示す。（　）に該当項目の収録ページを記した。

↓　参考となる関連項目を示す。（　）に該当項目の収録ページを記した。

（　）注、および角書・割注を一行にしてかこむ。

目次

執筆者

相原嘉之
出田和久
今尾文昭
卜部行弘
恵谷浩子
大脇潔
岡林孝作
小澤毅
河上邦彦
木下正史
黒崎直
木場幸弘
西光慎治
鈴木一議
清野孝之

髙橋幸治
竹内亮
寺崎保広
西宮秀紀
根立研介
長谷川透
林部均
東影悠
平岩欣太
松井一晃
松村恵司
森公章
毛利光俊彦
安田龍太郎
山下信一郎

飛鳥・藤原京
――「日本国」誕生と古代文明開化の舞台――

木下正史

1　飛鳥・藤原京（新益京）の時代

五九二年、推古天皇が豊浦宮《とゆらのみや》で即位する。以来、元明天皇が和銅三年（七一〇）に平城京に遷都するまでの約百二十年間、歴代の天皇は飛鳥とその周辺に宮都を営んだ。この間、孝徳天皇による六四五―五四年の難波遷都、天智天皇による六六七―七二年の近江大津宮遷都と、一時期、宮都が飛鳥を離れることはあったが、再び飛鳥へと戻ってくる。飛鳥が政治・文化の中心地であり続けたことから、この時代を飛鳥時代と呼ぶ。あるいは飛鳥・藤原京（新益京《あらましのみやこ》、『日本書紀』は藤原京のことを新益京と記載）の時代と呼ぶこともできる。

飛鳥・藤原京の時代は、日本の政治、社会、宗教、文化の大きな転換期であった。三世紀中頃以来、三百年以上にわたって造り続けられてきた前方後円墳を築くことをやめて、天皇陵に方墳や八角形墳を採用するなど、古墳は大きく変質し、古墳文化は急速に後退して、やがて姿を消していく。

『日本書紀』大化二年(六四六)三月の記事に見える薄葬令は、『魏志』武帝紀などを引用しながら、古墳を造り多くの副葬品を納めることは「愚俗」であり、こうした「旧俗」を一切止めるよう命じている。国家を作りあげるためには、古墳を造るという文明以前の旧《ふる》い愚俗を棄てて、文明化という社会全体の体質的な変革が必要だというのである。古墳時代から飛鳥時代へ、それは明治期の文明開化の時代にもたとえられる変革を成し遂げていった時代であった。

古墳を豪壮に造ることに変わって、六世紀中頃に百済から伝えられた仏教は、六世紀末以降、寺院の造営が盛んとなり興隆期を迎える。やがて国教化への歩みをたどり、飛鳥三大寺制が成立する。天武天皇時代の飛鳥では、二十四ヵ寺もの寺々が壮観を競って、異国情緒豊かな仏教文化が花開いた。道教的な思想も受容されて、仏教とともに、政治や思想、信仰の大きな指針として文明化を推し進める大きな原動力となっていく。

文武天皇五年(七〇一)、大宝律令が完成、施行され、律令制に基づく天皇を頂点とした本格的な中央集権的統一国家が作り上げられる。国号も、三世紀以来の「倭国」から「日本国」を名のるように変わり、最高統治者の称号も「大王」から「天皇」を使うようになる。

統一国家「日本国」を築きあげていく過程で、いろいろなことが飛鳥・藤原の地を中心に始まった。政治制度や官僚組織・冠位制、京と地方の国郡などの行政区画や、京と地方とを結ぶ交通・通信網が整備される。戸籍がつくられ、班田が行われ、税制も整う。富本銭や和同開珎が発行され、貨幣制度が始まる。暦や漏刻(水時計)がつくられ、時刻制度、そして度量衡の制度も整えられる。天文観測や水道・

噴水技術、建築・測量技術、造仏・寺院建築や古墳の壁画の技術などなど中国系の最先端の科学や技術、芸術が導入されて、大きく展開する。医療・医薬、衣食住も漢法が取り入れられ、中国風に整えられていく。

『古事記』や『日本書紀』という歴史書の編纂も始まる。藤原宮では大陸様式の本格的宮殿が初めて建設され、古代中国の都にならった政治都市・都城が成立する。

五世紀以来の長年にわたる百済や伽耶地域などとの緊密な関係や、隋唐への使節・留学生の派遣、百済滅亡後の亡命者の受容など東アジア諸国との豊かな交流を積極的に進めたことが、「日本国」をつくりあげ、飛鳥の新文化を育む大きな原動力となった。

百済や隋唐などから圧倒的な影響を受けながらも、伝統と融合をはかりつつ、独自の国の体制や個性豊かな文化を育んでいったことは意義深い。とくに七世紀後半以降、大陸系の文化も和風化が顕著になり、白鳳文化が花開く。また、柿本人麻呂など宮廷歌人の万葉歌が光り輝く世界に冠たる文学作品も生み出される。

平城京に都が遷った後も、天皇や貴族はたびたび飛鳥の地を訪れ、「明日香の旧き都」「故郷の飛鳥」と歌ったり、「古京」と書いたりしている。天平の大宮人にとっては、飛鳥は父祖の地であり、文化の原点であり、懐旧の故郷であった。飛鳥・藤原京の時代に達成された多くのことがらが今日に引き継がれている。今日の日本の政治や社会、私たちの文化や生活習慣の重要な出発点が、飛鳥・藤原京の時代にあったのである。

2 なぜ飛鳥が宮都の地となったのか

飛鳥最初の宮殿は、五九二年に推古天皇が即位した豊浦宮である。推古天皇は、なぜこれまで宮殿が集中していた磐余《いわれ》の地から飛鳥へと宮都を遷したのだろうか。それは飛鳥が長い年月にわたって宮都の地であり続けた理由を解き明かすことにもつながる。

豊浦宮は、飛鳥川左岸の今の明日香村豊浦の地にあった。宮殿名は営まれた場所の地名に因んでおり、今もその地名が残っている。推古天皇が、六〇三年に小墾田宮に遷った後、豊浦宮の跡地は蘇我馬子に施入されて豊浦寺となる。現在、豊浦には豊浦寺を引き継いだと伝える向原寺がある。周辺では、七世紀初頭に造営された豊浦寺の堂塔跡が発見されており、寺跡の下層からは豊浦宮の建物や石敷の跡も見つかっている。

推古天皇はなぜ豊浦の地に宮殿を営み、また、その跡地を馬子に賜ったのだろうか。それには血筋が大きく関わっている。推古天皇は欽明天皇の娘で、母は堅塩媛《きたしひめ》。堅塩媛は蘇我稲目の娘で、馬子は推古天皇の叔父にあたっている。推古天皇は蘇我腹の天皇だったのである。

六世紀中頃から七世紀中頃にかけての約百年間、蘇我氏は稲目・馬子・蝦夷・入鹿の四代にわたって権勢を誇り、官僚制を創出して政治制度を改革し、屯倉《みやけ》の新しい管理運営方式を採り入れるなど朝廷の経済基盤を整えたり、百済との外交を推進したりした。また、仏教の受容を積極的に進めて日本最初の本格的寺院である飛鳥寺を建立するなど飛鳥文化を開花させ、古墳時代から飛鳥時代へ、そして古代国家誕生の揺籃期に政治・経済・文化・宗教など多方面にわたって活躍し、主役を演じ続けた。なかでも馬子は蘇我氏の権力を大きく飛躍させ、天皇の存廃をも左右するほどの権勢を誇った。

蘇我氏のもともとの拠点は畝傍山西方の曽我川流域であった。蘇我氏は飛鳥の開拓を進めていた東漢《やまとのあや》氏《うじ》など先進的な知識・思想・技術を身につけた渡来人を傘下に置きつつ、六世紀中頃以降、より東の畝傍山の東から豊浦にかけての一帯へ、さらに飛鳥盆地内へと拠点を拡大して、勢力を巨大化させていった。なかでも豊浦の地は稲目の向原家《むくはらのいえ》があった場所との伝えがあり、蘇我蝦夷が邸宅を構えたり、豊浦寺を整備・拡充したりするなど、とくに縁の深い場所であった。

五八八年、馬子は物部守屋を滅ぼして絶大の権力を握り、その戦勝を記念して、飛鳥盆地の真中に飛鳥寺を建立する。飛鳥寺は飛鳥盆地内に営まれた最初の大規模施設で、それは飛鳥時代の幕開けを告げる大記念物であった。飛鳥寺の造営中、蘇我氏の伝統的な拠点の地に豊浦宮が営まれる。馬子が飛鳥への遷宮を主導したことは疑いなく、こうして飛鳥時代の扉が開かれる。

飛鳥・藤原地域の宮都の歴史は五世紀後半以来、飛鳥の周辺に集まり住んだ渡来系氏族の東漢氏一族の活動と、渡来系氏族を傘下に置きながら勢力を拡張して飛鳥へと進出していった六世紀以来の蘇我氏の動向を抜きにしては理解できないのである。飛鳥周辺では、五世紀後半から七世紀にかけての渡来系氏族の活動を示す集落遺跡や古墳、そして渡来系の特徴的な遺物が各所で発見されている。

3　飛鳥の範囲

「飛鳥」とはどの範囲であったのか。多くの宮殿や寺院が営まれた飛鳥盆地内の平坦地と考える人、明日香村のほぼ全域と理解する人、もっと広く橿原市の一部をも含むと見る人がいる。古代史料では明確である。『日本書紀』によると、「飛鳥」を冠する宮殿や寺院には、飛鳥岡本宮《おかもとのみや》・飛鳥板蓋宮《いたぶきのみや》・後飛鳥岡本宮・飛鳥浄御原宮《きよみはらのみや》・飛鳥川原宮《かわらのみや》・飛鳥川辺行宮《かわらのかりみや》、そして飛鳥寺がある。考古学は、これらの諸宮や寺院が飛鳥盆地南部の明日香村飛鳥以南で、岡にかけての主に飛鳥川右岸一帯の平坦地にあったことを明らかにしている。古代に「飛鳥」と呼ばれた地域はこの範囲であったのである。推古天皇の豊浦宮や小《お》墾田宮《はりだのみや》、島宮《しまのみや》は「飛鳥」を冠していない。「小墾田」は「飛鳥」の北方、「島」は南方の石舞台古墳がある辺りで、「飛鳥」の隣接地ではあるが、本来の「飛鳥」の範囲外で、百済大宮《くだらのおおみや》も藤原宮の場合も同様である。「飛鳥」という地名の場所は、今でいえば大字に近い飛鳥盆地内の地名の一つであったのであり、「小墾田」も「島」も同様である。「島」の南には「稲淵」、「飛鳥」の西方や西南方には「檜隈《ひのくま》」や「真弓」、「身狭」(見瀬)という地名の場所が広がっていた。

ところで、歴代の天皇の宮殿や皇子宮、役所、豪族の邸宅、役人の居宅、寺院、市、天皇陵や皇子・皇女の墳墓などは、「飛鳥」の地を中心に、少なくとも、北は耳成山の辺り、南は高松塚古墳などがある檜隈や真弓、稲淵の地、東は山田寺や安倍寺の辺り、西は畝傍山付近までの南北八キロ、東西六キロ以上の広域に分布している。この範囲全体が「飛鳥」と一体の歴史を歩んだ地域であり、むろん年代による変

飛鳥盆地北部(上)　奥に香具山，その左奥に耳成山
（南上空から）／ 飛鳥盆地中央部・南部(下)　手前
の丘が雷丘，飛鳥川を間に甘樫丘（西北上空から）
（奈良文化財研究所提供）

化はあるが、飛鳥の歴史は、今の明日香村全域、そして橿原市の東南部、桜井市の西南部、高取町の西北部を含む広域で考えなければならない。本事典の項目もこの広域に分布する遺跡を取り上げている。

4　飛鳥・藤原京(新益京)の諸遺跡とその変遷

飛鳥・藤原地域には、宮殿、宮殿付属の役所や祭祀・儀礼施設・苑池、貴族・役人・民衆の居住区である京と邸宅や居宅、寺院、市、道路、天皇・皇子・皇女・貴族などの陵墓、謎の石造物などさまざまの性格の遺跡・遺物がある。古墳・宮殿・寺院などの変遷の様相やそれら諸遺跡が語る歴史的意味について概観しておこう。

まず、古墳を取り上げる。飛鳥地域では、推古朝に前方後円墳を築くことをやめて、中国系の方墳を築くようになり、墳丘も急激に小規模化していく。推古朝の葬制改革である。だが、自然石積みの巨大横穴式石室は引き継がれている。横穴式石室は七世紀中頃に切石積みとなり、やがて小型化が進むが、石室内に遺体を納めた家形石棺を安置する風習は引き継がれる。墳丘と埋葬施設の変化にはずれがある。舒明天皇没後、天皇陵の墳形は八角形墳が創出され、八世紀初頭まで継承される。七世紀後半以降、横口式石槨(石棺式石室)が主流化し、遺体を木棺や漆塗棺に納めて石槨内に運び入れるようになる。副葬品も著しく減少し、唐製品が加わる。中尾山古墳では、横口式石槨の中に火葬骨壺が納められ、古墳は消滅へと向かう。七世紀初頭頃には風水思想に基づく造墓が始まり、七世紀後半には定着する。墳形、石室構造、造墓思想、壁画など東アジアからの影響を受けながら古墳は変質していった。そして七世紀中頃以降、檜隈・真弓など飛鳥西南方の丘陵地が陵墓の地として固定化してくる。

次に宮殿の動向を見ておく。飛鳥初期の推古天皇の小墾田宮は、南の朝堂・朝庭と北の大殿（内裏）の一郭から成り、後の本格的宮殿に継承される古代宮殿の中枢部の基本型が成立していたと考えられる。舒明朝には初めて飛鳥盆地の南部に飛鳥岡本宮が建設され、「飛鳥」の地に歴代諸宮が定着する契機となった。飛鳥盆地外の東北方、磐余に造営された舒明天皇の百済大宮は壮大な宮殿であったようで、天皇発願の最初の寺である百済大寺の造営や八角形墳の創出などとともに、舒明天皇時代の歴史的意義は再評価されなければならない。

乙巳の変（大化のクーデター）後の孝徳天皇の難波《なにわ》長柄《ながらの》豊碕宮《とよさきのみや》では、朝堂院・内裏の構造が整えられ、これら中枢施設の東西に役所を配置する面積四六ヘクタールに及ぶ大規模で、画期的な内容を持つ宮殿が成立する。飛鳥還都後の斉明天皇の後飛鳥岡本宮は、飛鳥京上層の遺跡がそれに当るとされる。それは内裏に相当する内郭と外郭とを中心に構成され、内郭では三棟の正殿を南北に連ねる中枢部の構造が明らかにされている。天武・持統天皇の飛鳥浄御原宮は後飛鳥岡本宮を継承しつつ改造を加え、内郭の東南方に大極殿に当るエビノコ大殿が新建される。難波宮とは規模・構造を大きく異にしていることは注目されなければならない。飛鳥浄御原宮までの飛鳥の諸宮の建物は、すべて伝統的な掘立柱建物であった。

七世紀中頃以降、官人層が増大して官僚制の整備が進み、彼らが政治実務を執る役所が多く設けられるようになる。こうした役所は天皇が住む宮殿内だけでなく、宮殿外の飛鳥盆地内の各所に分散して配置され、盆地全体で宮殿空間を形づくった。たとえば、斉明天皇六年（六六〇）に皇太子中大兄皇子が初造した漏刻台跡の水落遺跡、雷丘付近に所在したと考えられる天武朝の民官（民部省）などである。七世紀中頃には、飛鳥盆地の平坦地は、宮殿とその付属施設、役所、官大寺などで埋め尽くされていた。盆地の縁辺の傾斜地にも、皇子宮や有力豪族層の邸宅や氏寺が構えられている。

仏教と道教的思想の導入・展開は新しい時代を象徴するものであった。仏教は、五三八年に百済から公式に伝えられた。蘇我対物部の宗教戦争を経て、五八八年に飛鳥盆地の中央に最初の伽藍寺院・飛鳥寺が造営されて本格的な歩みを始める。飛鳥寺の造営に当っては百済から造寺工や瓦工ら、そして僧侶が派遣されてきた。寺院は新しい思想・学術・文化・技術などの集積の場であり、文明開化の拠点となった。初期仏教や寺院は、蘇我氏による主導、豪族が檀越となる氏寺、百済系伽藍配置などの特徴がある。

舒明天皇十一年（六三九）、舒明天皇は磐余の百済川のほとりに百済大寺（吉備池廃寺）を造営し、九重塔を建立する。天皇発願《ほつがん》の最初の寺院である。百済大寺は、飛鳥諸寺を遥かに凌駕する壮大な伽藍であった。九重塔の建造は、東アジアの国寺での鎮護国家思想に倣ったもので、百済大寺は鎮護国家仏教、仏教国教化への出発点であった。九重塔の造営は国家筆頭大寺の象徴でもあって、その後、天武朝大官大寺、文武朝大官大寺へと引き継がれていく。鎮護国家仏教への歩みは、天武・持統朝により明確さを加えていく。天武天皇九年（六八〇）には飛鳥三大寺制が成立し、藤原京では薬師寺が加わって四大寺となり、国家仏教政策の中核の役割を果たしていくことになる。伽藍様式は、飛鳥寺式・四天王寺式・山田寺式といった高句麗・百済系の様式から始まり、百済大寺での法隆寺式や川原寺での複弁蓮華文軒丸瓦など唐様式の導入へ、薬師寺での新羅様式の双塔式の採用、そして回廊内一塔一金堂の大官大寺式へと展開していく。

道教的思想も、六世紀後半には本格的に導入される。七世紀中頃以降、道教的思想が政治を牽引する思想として浸透していた状況を示す遺構・遺物は数多い。天皇称号、大極殿の呼称なども道教的な政治思想に基づくもので、人形・土馬などの道教的祭祀遺物も七世紀後半以降増加する。高松塚・キトラ古墳の四神図・星宿図・日月図なども道教的な陰陽五行説に基づくものである。一方で、山岳信仰、河神崇拝、聖樹崇拝など古くからの伝統的な自然崇拝も色濃い。

百年間の模索を経て、七世紀後半以降、古代律令国家「日本国」が作り上げられる。その政治の中心舞台として建設されたのが藤原宮と新益京であった。藤原宮建設地が決定したのは天武天皇十三年であったが、天武天皇の病と崩御によって新都建設は頓挫してしまう。藤原宮と京の本格的な建設は、持統天皇四年(六九〇)の高市皇子《たけちのみこ》の宮地視察に始まり、新益京や藤原宮の地鎮祭と実際の建設を経て、同八年十二月に遷都が実現する。ここに古代中国の宮都の制度に学んだわが国最初の本格的宮殿と条坊制都城が誕生する。藤原宮と新益京の建設は浄御原令の編纂とともに天武天皇の政治改革路線によるものであって、持統天皇にとっては天武天皇の遺志の実現であった。

藤原宮は約一キロ四方、面積約八四ヘクタールの範囲を占め、その中央に南から北へ朝堂院・大極殿院、内裏が並び、これらの東西が中央官庁域に当てられた。諸施設を一体的に集約した機能的な宮殿で、飛鳥諸宮からは、面積・構造ともに大きく飛躍を遂げた本格的な宮殿が成立した。また、本格的な大極殿が出現し、大極殿や朝堂院の殿舎には初めて礎石建ち瓦葺きの大陸様式の建物が採用された。平城宮以降の宮殿へ引き継がれる基本形が成立した点でも画期的な宮殿であった。

碁盤目のように東西・南北に街路を通して街区を整然と区画したわが国最初の条坊制都城である新益京が成立した点でも画期的であった。最近では、新益京は南北十条、東西十坊、すなわち十里(五・三キロ)四方の京域で、京の中央に藤原宮を配置した『周礼《しゅらい》』考工記が記す古代中国の理想の都城を具現したものとする説が有力となり、定説化した感がある。十里四方の周礼型都城説は魅力的な説ではあるが、斉明朝以来の京や倭京などの位置づけ、藤原宮や京の下層で発見されている条坊遺構や建物群との関係、下ッ道など七世紀初頭以来の幹線道路が重視されている点、大官大寺と薬師寺とを京内の東西に対置する背景など、解決を要する課題は少なくない。

文武天皇五年(七〇一)、体系法典である大宝律令が完成する。同年三月には、大宝の元号が立てられ、三十年ぶりに遣唐使派遣も決定される。この年の元旦朝賀の儀式は、「天皇、大極殿に御して朝を受く。其の儀は正門に烏形幢、左に日像青竜朱雀の幡、右に月像玄武白虎の幡を樹《た》て、蕃夷の使者が左右に陳列した。文物の儀、是に備われり」とあるように、律令国家の誕生を祝うかのごとく盛大なものであった。近年、藤原宮大極殿院南門前で、この時の元旦朝賀の儀式で立てた幢竿跡と思われる柱穴列が発見された。元旦朝賀の儀式とは即位式と並んで、天皇の絶対的権威を確認する国家最重要の大儀であった。日月や四神の幢幡を立てて大儀を行うのは古代中国の道教的な陰陽五行説に基づくものである。天皇が天帝の命を受けて、天帝の常居である太極星(北極星)に擬《なぞら》えた大極殿で国家の政治や儀式を行うのも同様の政治思想に基づいている。「文明化」とは、古代中国の道教的な陰陽五行説の政治思想を重要な核として、国家をつくりあげ、文化を育んでいくことであったのである。

こうして、天皇を頂点とする律令制中央集権国家は、律令やそれに基づく中央・地方の政治・社会組織、体制、儀式などの整備、天皇称号、元号制や時刻制、大極殿に象徴される中央政治の舞台藤原宮などが揃うことで確立へと向う。高松塚・キトラ古墳の星宿・日月図や四神図は、古代国家が飛鳥・藤原の地で確立した頃を目に見える形で分かり易く物語ってくれる。

飛鳥・藤原地域地図

エリア区分図

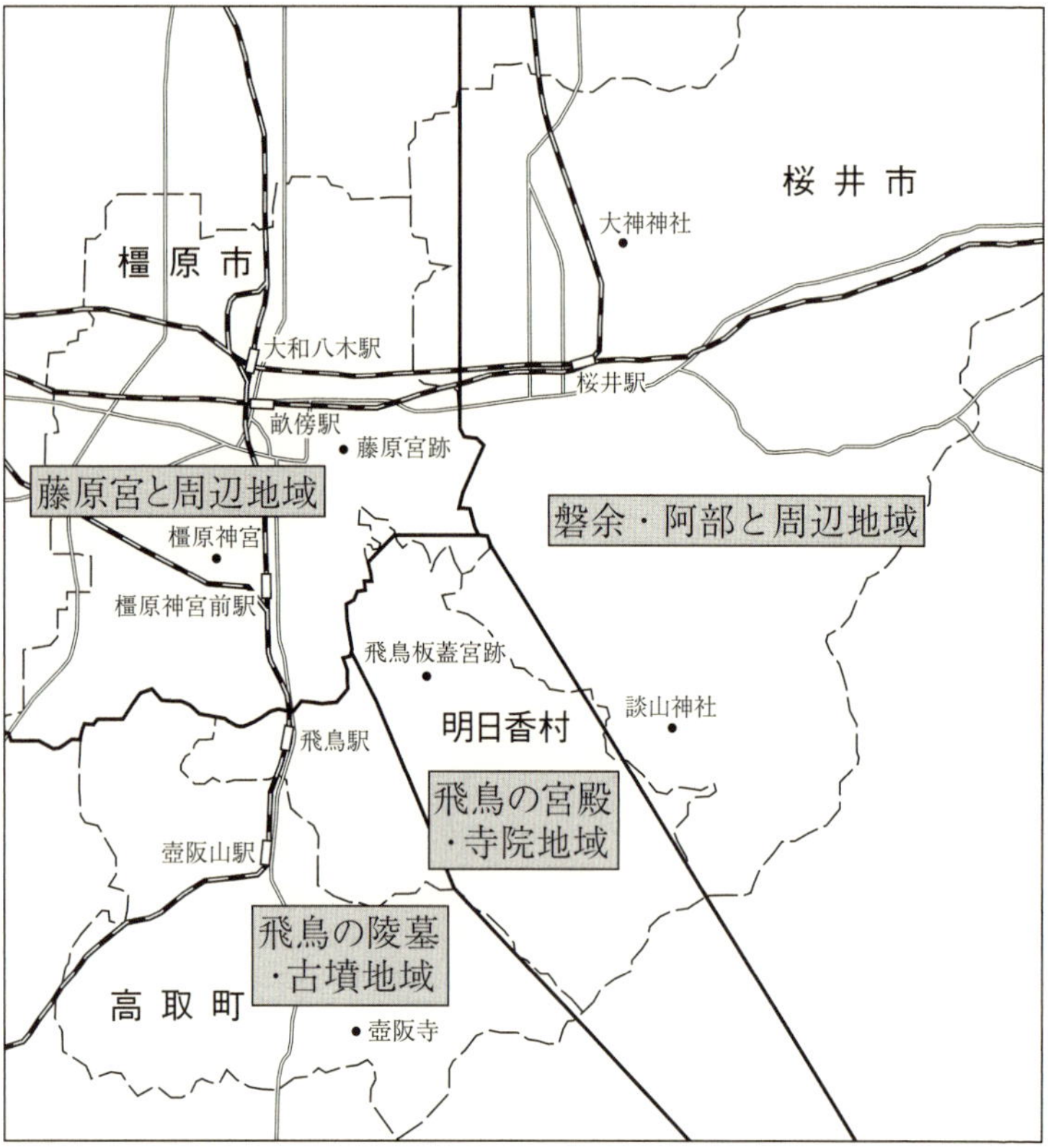
桜井市
大神神社
橿原市
大和八木駅
桜井駅
畝傍駅
藤原宮跡
藤原宮と周辺地域
磐余・阿部と周辺地域
橿原神宮
橿原神宮前駅
飛鳥板蓋宮跡
明日香村
談山神社
飛鳥駅
飛鳥の宮殿
・寺院地域
壺阪山駅
飛鳥の陵墓
・古墳地域
高取町
壺阪寺

ページ区分図

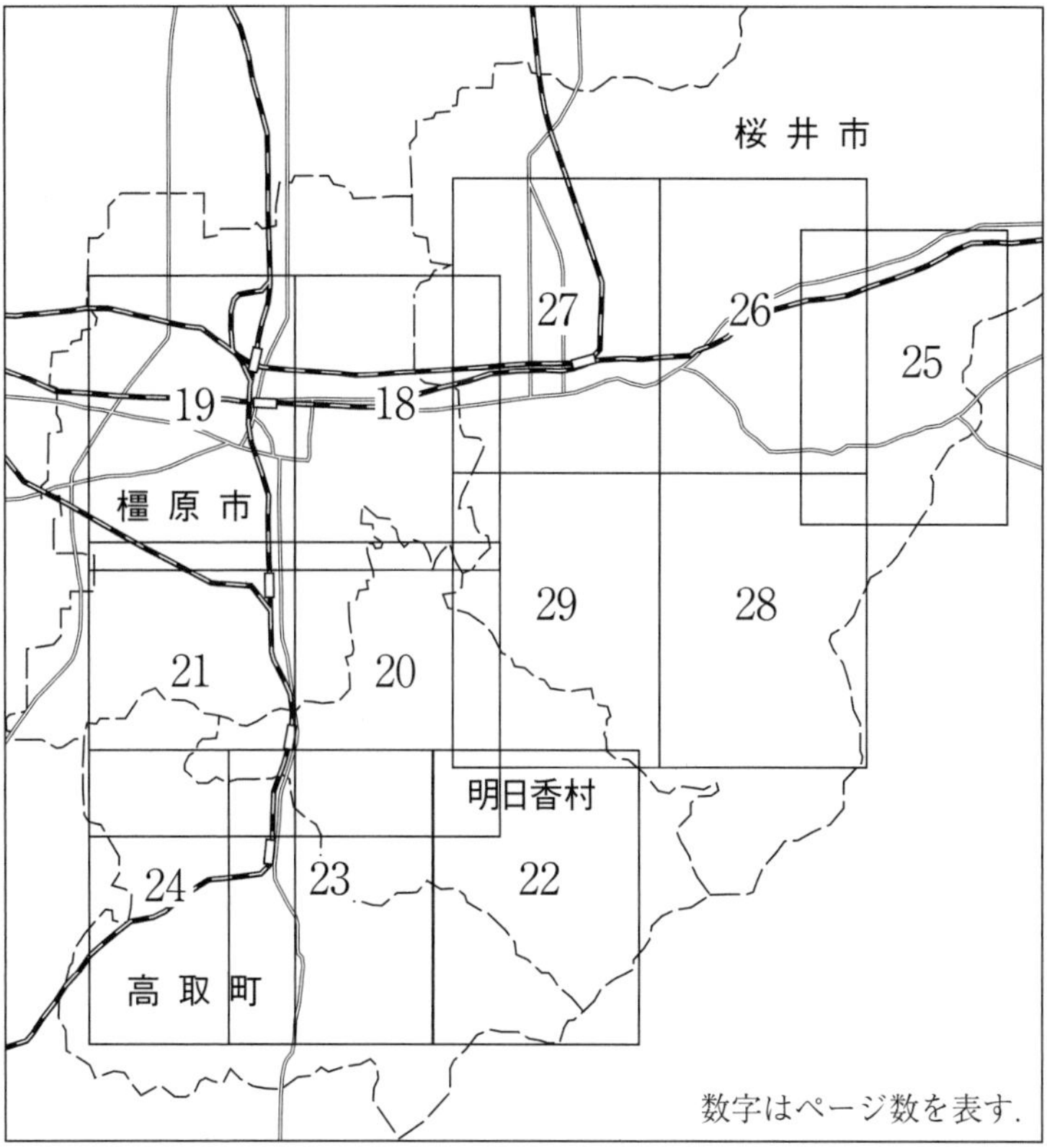

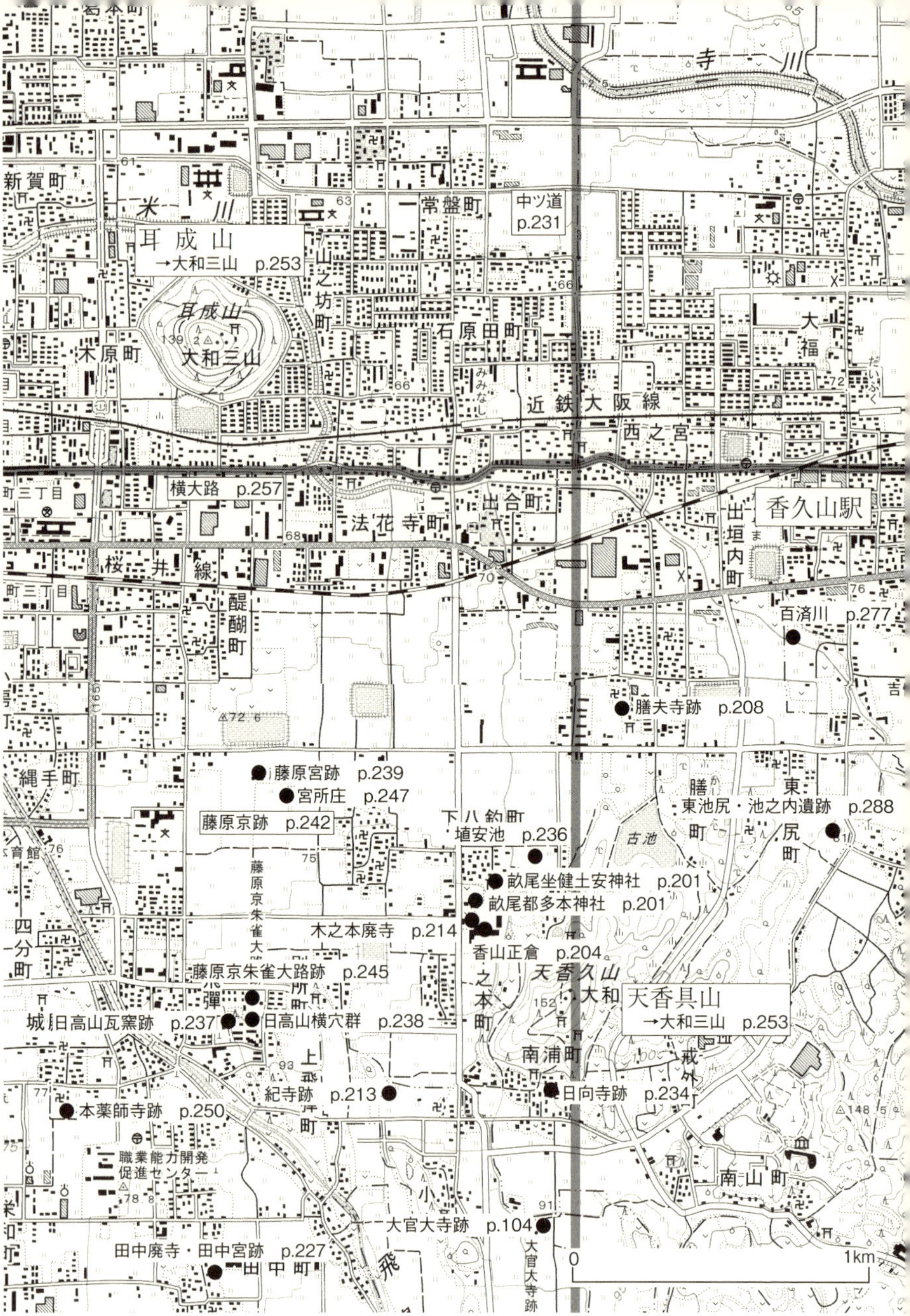

耳成山
→大和三山　p.253
中ツ道
p.231
新賀町
米川
常盤町
山之坊町
耳成山
大和三山
木原町
石原田町
大福
寺川
近鉄大阪線
西之宮
横大路　p.257
香久山駅
出合町
法花寺町
出垣内町
桜井線
醍醐町
百済川　p.277
膳夫寺跡　p.208
縄手町
藤原宮跡　p.239
宮所庄　p.247
藤原京跡　p.242
下八釣町
膳夫町
東池尻・池之内遺跡　p.288
東池尻町
古池
埴安池　p.236
畝尾坐健土安神社　p.201
畝尾都多本神社　p.201
四分町
木之本廃寺　p.214
香山正倉　p.204
藤原京朱雀大路跡　p.245
天香久山
天香具山
→大和三山　p.253
日高山瓦窯跡　p.237
日高山横穴群　p.238
南浦町
紀寺跡　p.213
日向寺跡　p.234
本薬師寺跡　p.250
職業能力開発
促進センター
南山町
大官大寺跡　p.104
田中廃寺・田中宮跡　p.227
田中町
0
1km

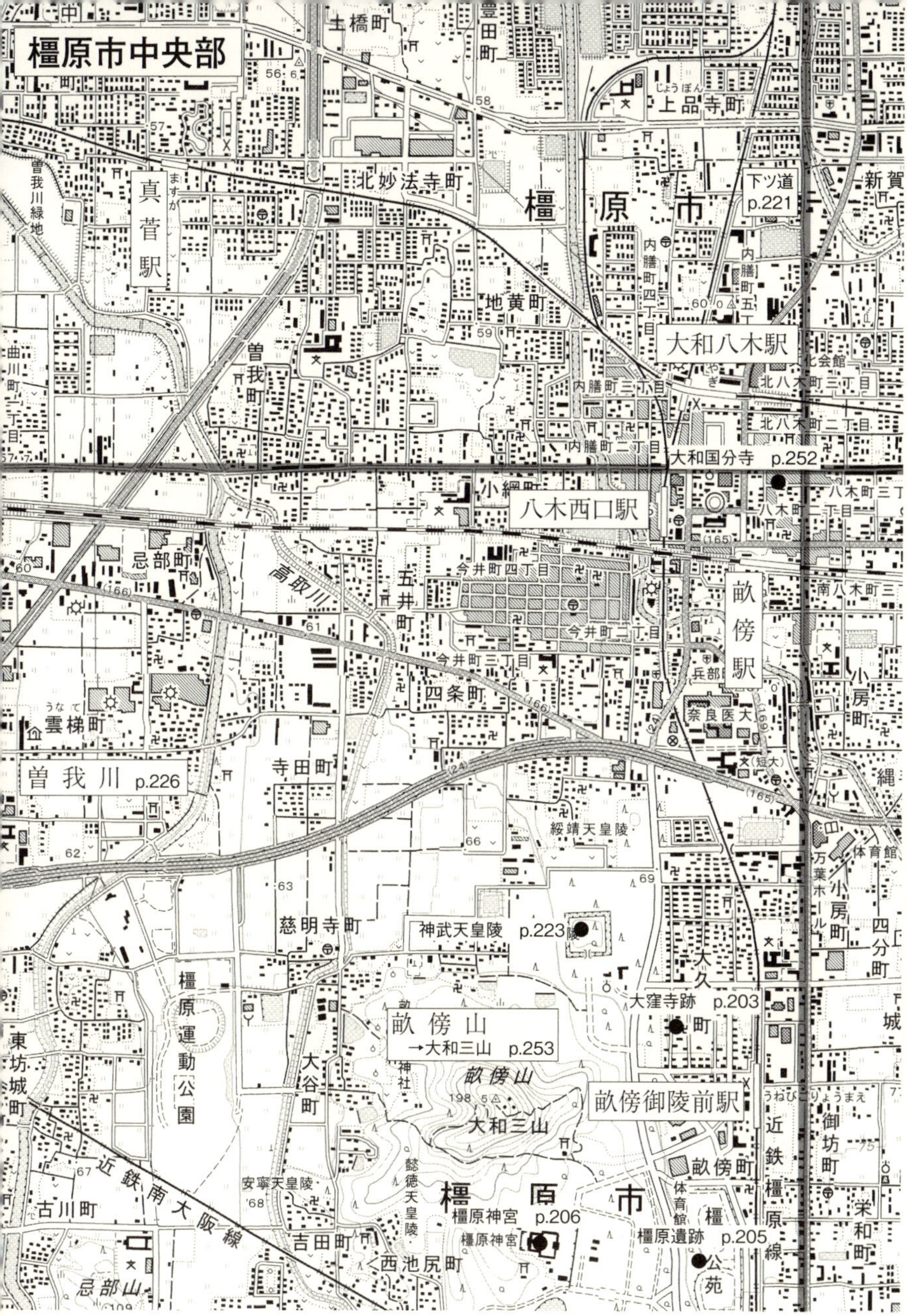

橿原市中央部
土橋町
豊田町
上品寺町
北妙法寺町
橿原市
真菅駅
下ツ道 p.221
新賀
曽我川緑地
内膳町四丁目
内膳町五丁目
地黄町
大和八木駅
曽我町
曲川町一丁目
内膳町三丁目
北八木町三丁目
北八木町二丁目
内膳町二丁目
大和国分寺 p.252
小綱町
八木西口駅
八木町三丁目
八木町二丁目
忌部町
高取川
五井町
今井町四丁目
今井町二丁目
今井町三丁目
畝傍駅
南八木町三丁目
兵部町
小房町
四条町
雲梯《うなて》町
奈良医大
曽我川 p.226
寺田町
綏靖天皇陵
体育館
万葉ホール
小房町
四分町
慈明寺町
神武天皇陵 p.223
大窪寺跡 p.203
大久町
城
橿原運動公園
畝傍山
→大和三山 p.253
大谷町
畝傍御陵前駅
東坊城町
畝傍山
大和三山
御坊町
近鉄橿原線
畝傍町
近鉄南大阪線
安寧天皇陵
懿徳天皇陵
体育館
橿原市
古川町
橿原神宮 p.206
橿原遺跡 p.205
橿原公苑
栄和町
吉田町
西池尻町
忌部山

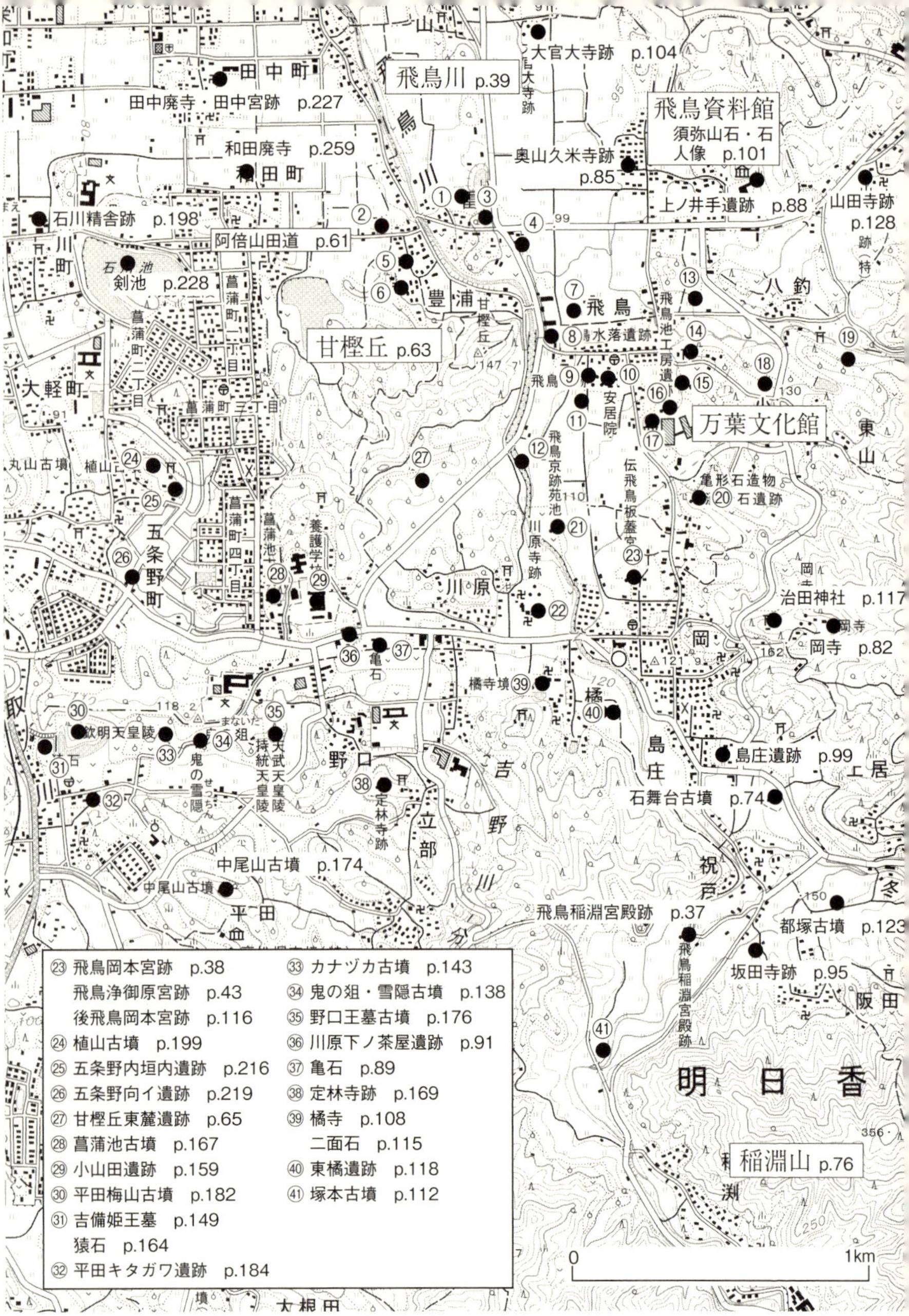

㉓ 飛鳥岡本宮跡　p.38
　飛鳥浄御原宮跡　p.43
　後飛鳥岡本宮跡　p.116
㉔ 植山古墳　p.199
㉕ 五条野内垣内遺跡　p.216
㉖ 五条野向イ遺跡　p.219
㉗ 甘樫丘東麓遺跡　p.65
㉘ 菖蒲池古墳　p.167
㉙ 小山田遺跡　p.159
㉚ 平田梅山古墳　p.182
㉛ 吉備姫王墓　p.149
　猿石　p.164
㉜ 平田キタガワ遺跡　p.184
㉝ カナヅカ古墳　p.143
㉞ 鬼の爼・雪隠古墳　p.138
㉟ 野口王墓古墳　p.176
㊱ 川原下ノ茶屋遺跡　p.91
㊲ 亀石　p.89
㊳ 定林寺跡　p.169
㊴ 橘寺　p.108
　二面石　p.115
㊵ 東橘遺跡　p.118
㊶ 塚本古墳　p.112

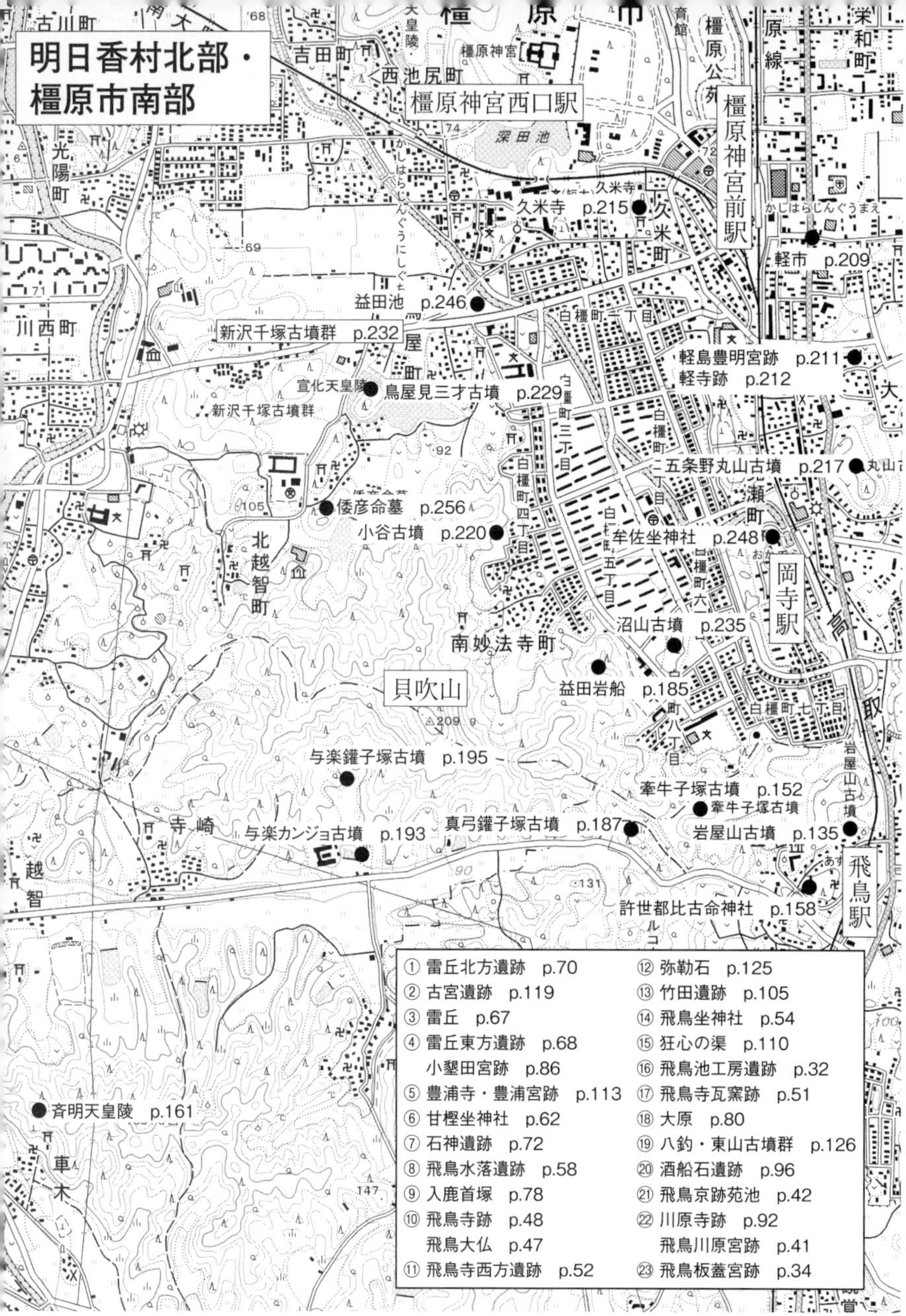
明日香村北部・
橿原市南部
橿原市
橿原神宮
橿原神宮西口駅
橿原神宮前駅
吉田町
西池尻町
深田池
光陽町
川西町
久米寺 p.215
久米町
軽市 p.209
益田池 p.246
新沢千塚古墳群 p.232
白橿町一丁目
軽島豊明宮跡 p.211
軽寺跡 p.212
宣化天皇陵
鳥屋見三才古墳 p.229
新沢千塚古墳群
五条野丸山古墳 p.217
見瀬町
倭彦命墓 p.256
小谷古墳 p.220
牟佐坐神社 p.248
北越智町
岡寺駅
沼山古墳 p.235
南妙法寺町
益田岩船 p.185
貝吹山
白橿町七丁目
与楽鑵子塚古墳 p.195
牽牛子塚古墳 p.152
寺崎
与楽カンジョ古墳 p.193
真弓鑵子塚古墳 p.187
岩屋山古墳 p.135
越智
許世都比古命神社 p.158
飛鳥駅
斉明天皇陵 p.161
車木
① 雷丘北方遺跡 p.70
② 古宮遺跡 p.119
③ 雷丘 p.67
④ 雷丘東方遺跡 p.68
小墾田宮跡 p.86
⑤ 豊浦寺・豊浦宮跡 p.113
⑥ 甘樫坐神社 p.62
⑦ 石神遺跡 p.72
⑧ 飛鳥水落遺跡 p.58
⑨ 入鹿首塚 p.78
⑩ 飛鳥寺跡 p.48
飛鳥大仏 p.47
⑪ 飛鳥寺西方遺跡 p.52
⑫ 弥勒石 p.125
⑬ 竹田遺跡 p.105
⑭ 飛鳥坐神社 p.54
⑮ 狂心の渠 p.110
⑯ 飛鳥池工房遺跡 p.32
⑰ 飛鳥寺瓦窯跡 p.51
⑱ 大原 p.80
⑲ 八釣・東山古墳群 p.126
⑳ 酒船石遺跡 p.96
㉑ 飛鳥京跡苑池 p.42
㉒ 川原寺跡 p.92
飛鳥川原宮跡 p.41
㉓ 飛鳥板蓋宮跡 p.34

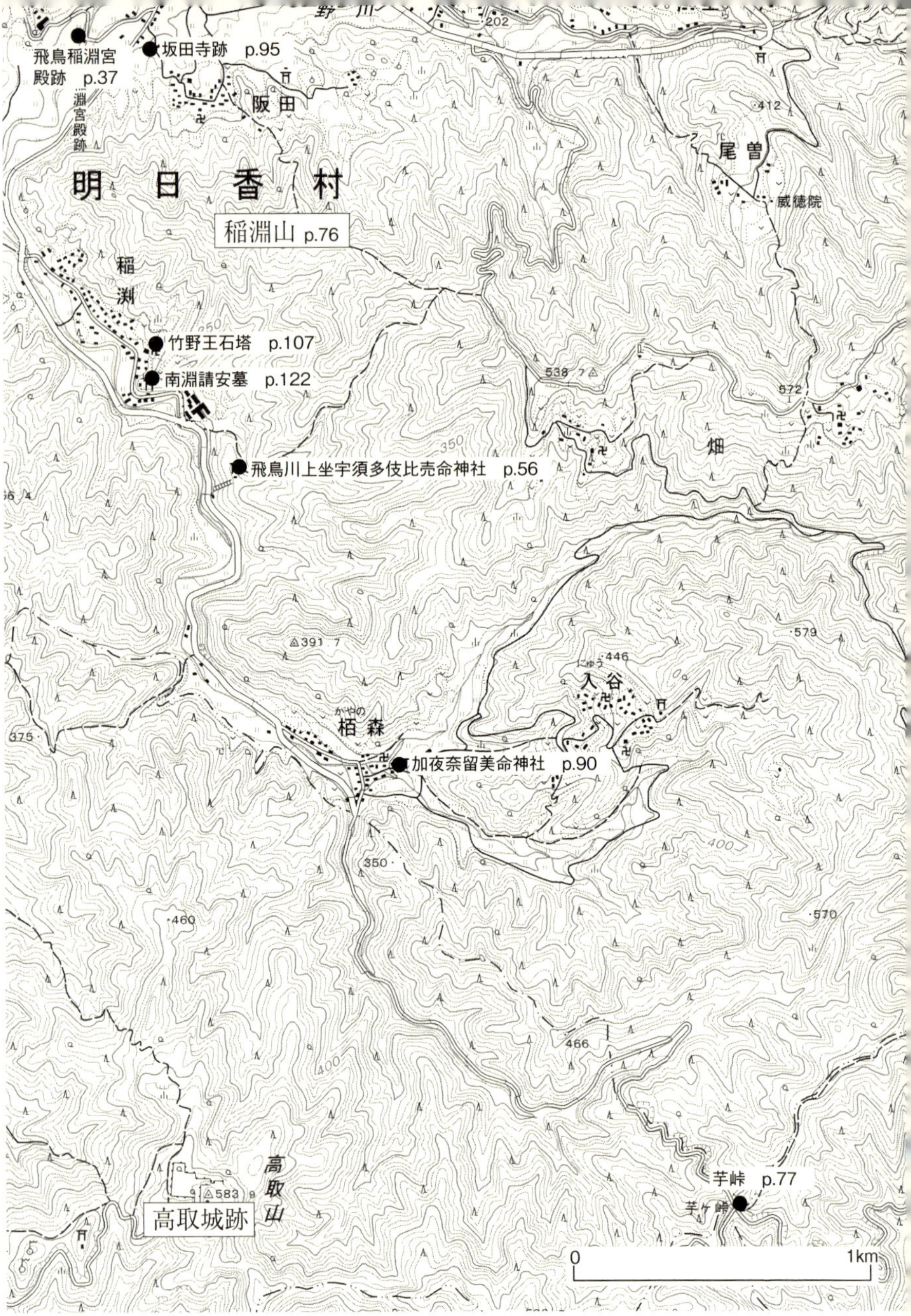
飛鳥稲淵宮殿跡 p.37
坂田寺跡 p.95
阪田
明日香村
稲淵山 p.76
稲渕
竹野王石塔 p.107
南淵請安墓 p.122
飛鳥川上坐宇須多伎比売命神社 p.56
尾曽
威徳院
畑
入谷《にゅう》
栢森《かやの》
加夜奈留美命神社 p.90
芋峠 p.77
芋ヶ峠
高取山
高取城跡
0 1km

明日香村南部・
高取町北東部
高松塚古墳 p.170
文武天皇陵 p.192
御園
佐田遺跡群 p.162
紀路 p.146
檜前
檜隈寺
於美阿志神社 p.140
檜隈寺跡 p.180
奥飛鳥の文化的景観 p.83
檜前大田遺跡 p.179
呉原寺跡 p.151
子島寺 p.157
観覚寺
光永寺人頭石 p.156
大根田
キトラ古墳 p.147
壺阪山駅
観覚寺遺跡 p.144
阿部山遺跡群 p.134
上土佐
吉備
松山呑谷古墳 p.186
清水谷遺跡 p.166
下子島
上子島
清水谷
宗泉寺
高取町
五百羅漢
壺阪寺 p.173

高取町北西部

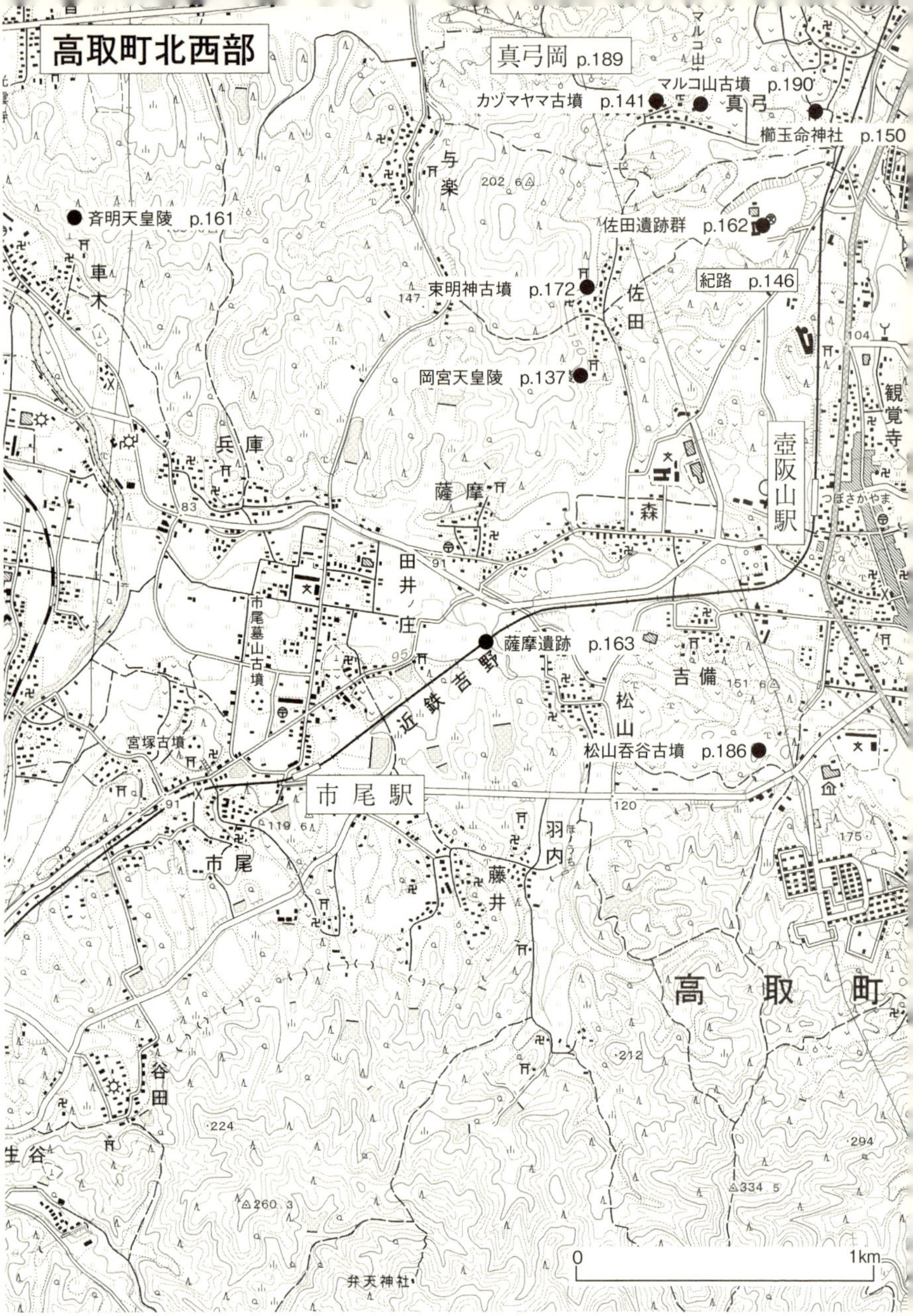

高取町北西部
真弓岡 p.189
マルコ山古墳 p.190
カヅマヤマ古墳 p.141
真弓
櫛玉命神社 p.150
与楽
斉明天皇陵 p.161
佐田遺跡群 p.162
車木
紀路 p.146
束明神古墳 p.172
佐田
岡宮天皇陵 p.137
観覚寺
兵庫
壺阪山駅
薩摩
森
つぼさかやま
田井庄
市尾墓山古墳
薩摩遺跡 p.163
近鉄吉野
吉備
松山
宮塚古墳
松山呑谷古墳 p.186
市尾駅
羽内
市尾
藤井
高取町
谷田
生谷
弁天神社
0
1km

桜井市東部
出雲
長谷寺駅
大和川(初瀬川)
狛川
狛
岩坂
竜谷
新陽明門院陵
花山塚古墳　p.287
花山塚古墳
女寄峠
女寄トンネル
ムネサカ第1号墳　p.290
ムネサカ古墳
原川
粟《おお》原
粟原寺跡　p.269
粟原寺跡
近畿自然歩道
馬取柿
半阪
0
1km

三輪山
三輪山
大神《みわ》神社境内
326
212
208
293
350
出雲
150
146
黒崎
149
脇本
大和
179
東海自然歩道
慈恩寺
141
朝倉台東三丁目
150
大和朝倉駅
朝倉台東一丁目
朝倉台東六丁目
朝倉台西二丁目
朝倉台西六丁目
やまとあさくら
外鎌山
292.4
280
竜谷
忍阪《おっさか》
赤尾
100
段ノ塚古墳 p.283
粟原
石位寺 p.264
245
鳥見山
260
ムネサカ第1号墳 p.290
166
214
赤坂天王山古墳 p.262
0
1km

桜井市西部
茅原大墓古墳
茅原
桜井市
芝運動公園
上ツ道 p.272
新屋敷
三輪駅
みわ
大神神社 p.270
三輪
海石榴市 p.285
天理教会
金屋
東新堂
上之庄
粟殿
市民会館
桜井駅
戒重
外山
桜井
さくらい
桜井茶臼山古墳 p.278
吉備
福祉センター
谷
河西
吉備寺 p.275
吉備池廃寺 p.273
文殊院
さぱか
艸墓古墳 p.276
文殊院西古墳 p.292
橋本
阿部
磐余 p.265
谷首古墳 p.280
上之宮遺跡 p.267
安倍寺跡 p.263
秋殿古墳
上之宮
池之

倉橋溜池
倉橋
200
古墳
栗原寺跡
163
総合福祉センター
崇峻天皇陵
200
下居
北音羽
556
410
500
桜井市
横柿
△462.0
700
南音羽
善法寺
538
桜井市
音羽山
△851.3
経ヶ塚山
889
百市
寺川
660
御破裂山
351
八井内
針道
650
熊ヶ岳
談山神社
武峰
談山神社 p.281
△519.8
454
飯盛塚
608
703
0
1km

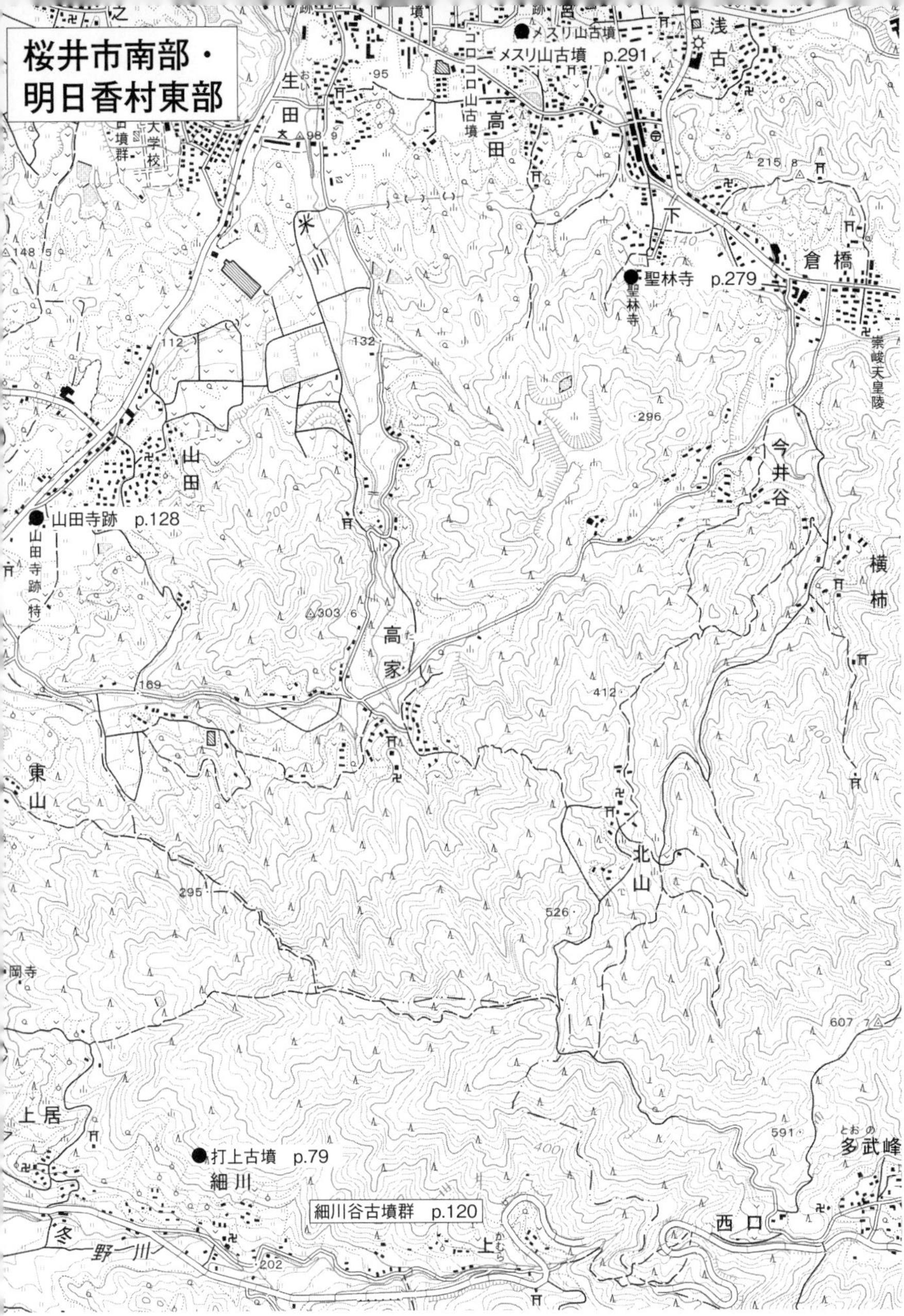
桜井市南部・
明日香村東部
メスリ山古墳
メスリ山古墳　p.291
コロコロ山古墳
浅古
生田
高田
下
倉橋
聖林寺　p.279
聖林寺
崇峻天皇陵
大学校
米川
今井谷
山田
山田寺跡　p.128
山田寺跡（特）
横柿
高家
東山
北山
岡寺
上居
打上古墳　p.79
細川
細川谷古墳群　p.120
多武峰
西口
上
冬野川
148.5
215.8
140
95
98.9
112
132
296
200
303.6
169
412
400
295
526
607.7
591
202

飛鳥の宮殿・寺院地域

飛鳥池工房遺跡《あすかいけこうぼういせき》

飛鳥寺の寺域東南の谷あいに立地する七世紀後半から八世紀初頭の工房遺跡。明日香村大字飛鳥所在。遺跡名は遺跡上に築かれた近世の溜池「飛鳥池」に由来する。一九九一年(平成三)の飛鳥池の埋め立て工事に伴う試掘調査によって発見され、一九九七年から二〇〇〇年度にかけて、奈良県立万葉文化館建設の事前調査として一万四〇〇〇平方㍍に及ぶ発掘調査が行われた。調査の結果、谷に面した丘陵斜面に各種工房が配置され、金・銀・銅・鉄を素材とした金属加工、ガラス・水晶・琥珀を組み合わせた玉類の生産、漆工、べっこう細工、屋瓦の焼成などが行われ、さらにわが国最古の鋳造貨幣「富本銭」の鋳造も確認されるなど、この遺跡が古代の手工業技術を集積した巨大な総合工房であることが判明した。工房の操業時期は、七世紀の後半、天武・持統朝を中心とする。二〇〇一年に国の史跡に指定。遺跡は、飛鳥盆地の東縁をなす低丘陵が酒船石遺跡の北で二つに分岐した谷筋に位置し、谷の出口付近に設けられた三条の東西塀を境に、工房群が展開する南地区と、官衙風建物の配置された北地区に分かれる。北地区は、飛鳥寺の南面大垣に平行して走る道路までの南北約七〇㍍、東西約五〇㍍の空間を占め、掘立柱塀で区画された内部に二基の石敷井戸、石組方形池と導・排水路、掘立柱建物群などが存在する。出土した八千点近い木簡の記載内容から、北地区は飛鳥寺や道昭が建設した飛鳥寺東南禅院との密接な関係が推測される。南地区は、二又に分岐する谷の丘陵斜面を雛壇状に造成し、西の谷筋の最奥部に金・銀・ガラス工房を、東の谷筋の両岸に銅・鉄工房を配置する。発見された炉跡は三百基以上に及び、工房の広がりは南北一三〇㍍以上に及ぶ。また谷の窪みには水溜状施

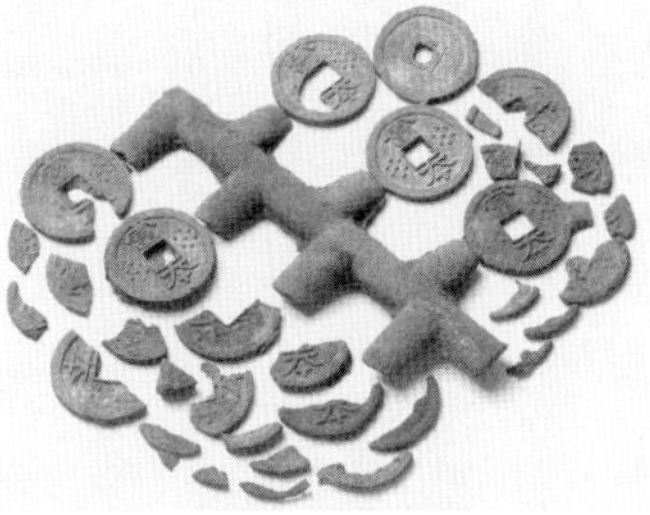

飛鳥池工房遺跡出土富本銭と鋳棹
（奈良文化財研究所提供）

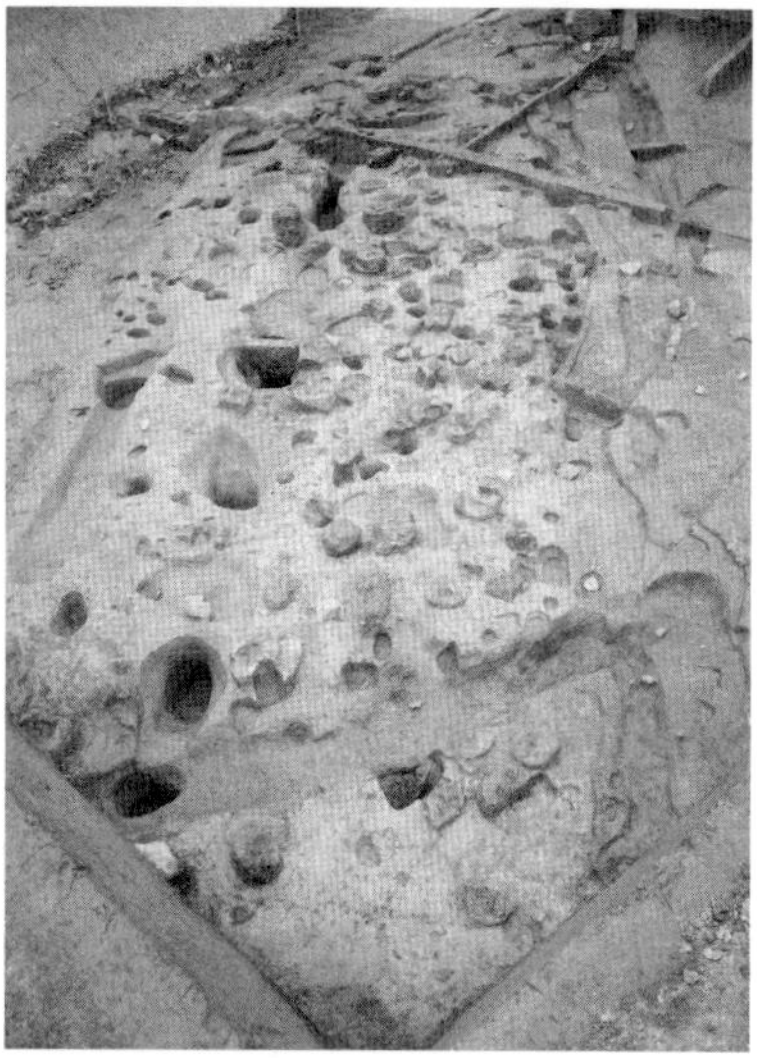

同炉跡群
（同前提供）

設が一〇《メートル》前後の間隔で七段にわたって設けられており、貯水を工房で利用するとともに、工房廃棄物を順次沈殿させながら余水を下流に流す浄化施設の機能も果たしている。この水溜状施設に堆積した工房廃棄物層を中心に、金三十三点、銀五十四点をはじめ、金・銀熔解用の坩堝《るつぼ》、五百点近いガラスやガラス小玉鋳型、ガラス坩堝、銅製品や銅切り屑、鋳銅用坩堝、鋳型、溶銅、銅滓、鉄製品や製品見本とみられる木製の様《ためし》、鉄滓一・八《トン》、完形に近い鞴《ふいご》羽《は》口《ぐち》千五百点、砥石五千点、漆付着土器五千点など、膨大な量の工房関係遺物が出土している。中でもガラスの原料である長石・石英と酸化鉛の出土は、当工房で国産ガラスの製造が行われていたことを示す資料として重要である。また富本銭の未製品五百六十点をはじめ、富本銭の鋳型や鋳棹、鋳バリ、堰、銅滴、坩堝、羽口などの鋳銭関係遺物の出土により、当工房で富本銭が生産されていたことが判明した。その鋳造年代は、飛鳥寺東南禅院の瓦を焼成した瓦窯と富本銭鋳造工房の層位関係や、富本銭と共伴した紀年木簡などから、七世紀にさかのぼることが確認され、七〇八年(和銅元)発行の和同開珎に先行する鋳造貨幣であることが明らかになった。これにより、『日本書紀』天武天皇十二年(六八三)四月壬申(十五日)条にみえる「銅銭」の実体が解明され、貨幣史上の大きな発見となった。飛鳥池工房の性格に関しては、飛鳥寺東南禅院や飛鳥寺に付属する寺院工房とみる説もあるが、南地区出土木簡の中に「詔小刀二口　針二口」「内工釘」「大伯皇子宮」「舎人皇子」「穂積□□」「散支宮」「石川宮鉄」など、宮廷や皇族の宮に関係した木簡があることや、富本銭の生産などから、西南四〇〇メートルに位置する飛鳥浄御原宮に付属する国家的な工房であった可能性が高い。遺跡地には奈良県立万葉文化館が建設され、二〇〇一年に開館した。同館の庭園北側には工房の建物跡・塀跡・石組方形池跡・石敷井戸跡が、中庭には炉跡群の遺構が復元展示されている。いずれも発掘された遺構を実物大で復元したものである。館内では富本銭など出土遺物の複製品を見学することができる。

参考文献　花谷浩「飛鳥池工房の発掘調査成果とその意義」(『日本考古学』八、一九九九)、松村恵司「飛鳥池工房遺跡の発掘調査」(『続明日香村史』上所収、二〇〇六)

(松村　恵司)

飛鳥板蓋宮跡《あすかいたぶきのみやあと》

皇極・斉明天皇の宮。六四二年(皇極天皇元)九月、皇極天皇は、遠江から安芸に至る広い地域に動員を命じて飛鳥板蓋宮の造営を開始し、翌六四三年四月に、新造なった宮に遷る。六四五年(大化元)六月に断行された大化改新のクーデター(乙巳《いっし》の変)の舞台としても著名。ただ、『日本書紀』当該条にみえる「大極殿」「十

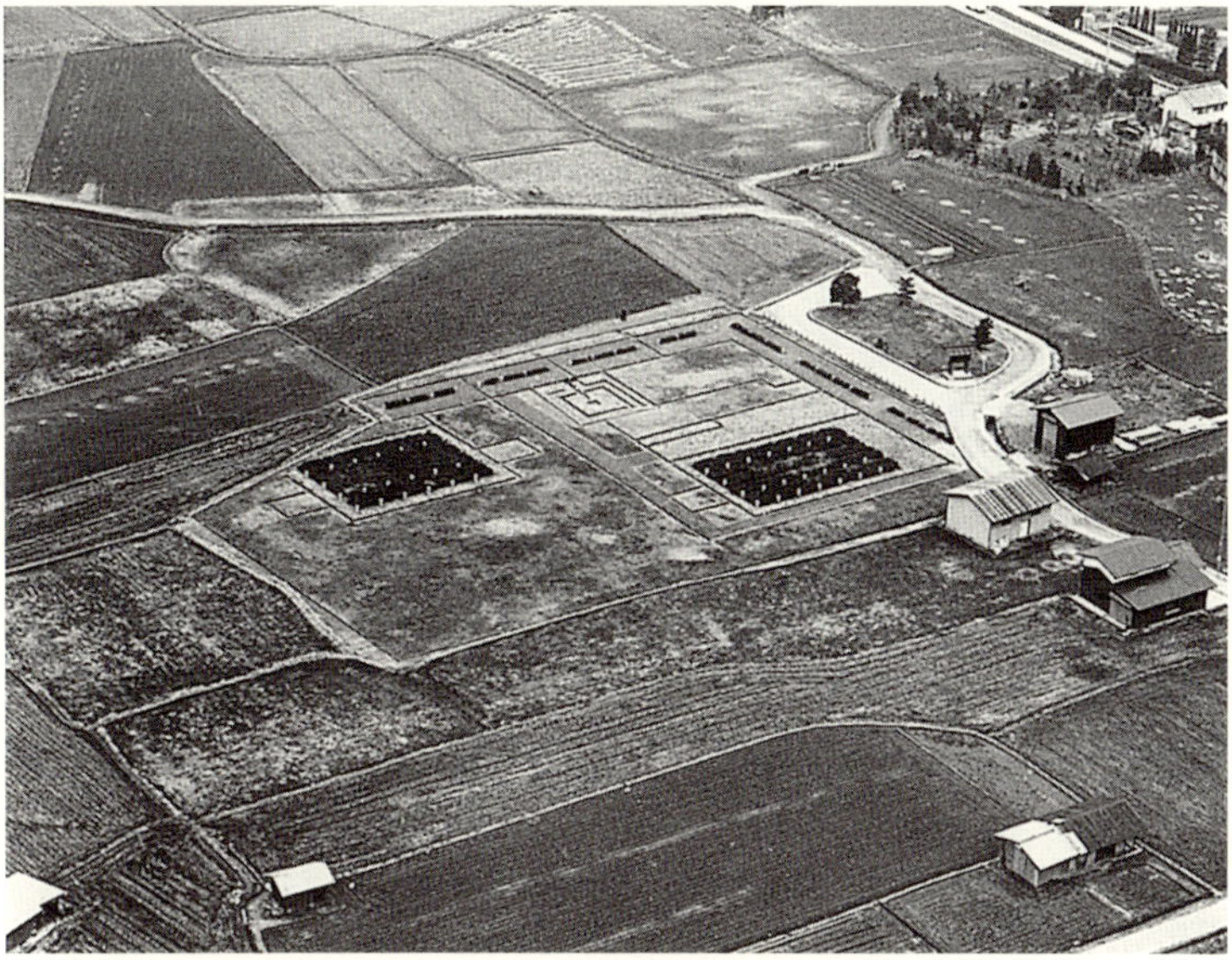

飛鳥板蓋宮跡内郭東北部の復原整備状況（西南方上空から）

同石敷井戸の
復原整備状況

二通門」は潤色である可能性が高い。つづく孝徳朝の難波《なにわ》への遷都を経て、六五五年(斉明天皇元)正月に彼女は飛鳥板蓋宮で重祚《ちょうそ》しており(斉明天皇)、難波に都がおかれた期間も、宮殿として機能しうる状態を保っていたことがうかがえる。しかし、同年冬にこの宮は焼失し、斉明天皇は飛鳥川原宮《かわらのみや》に遷った。板蓋宮という特異な宮名は、豪華な厚板で屋根を葺《ふ》いたことに対する感嘆に由来するものであろう。逆に、この点から、それ以前の宮殿の屋根は草葺であったと考えられる。

板蓋宮の所在について、『扶桑略記《ふそうりゃっき》』は「丘本宮《おかもとのみや》」(岡本宮)と同地と記し、両者は年代的にも重複しないので、舒明天皇の飛鳥岡本宮(六三〇年(舒明天皇二)—三六年)とほぼ同一の場所に存在したとみて支障がない。その具体的な位置は、一七三六年(享保二十一)刊行の『大和志』が「岡《おか》飛鳥二村間に在り」として以来、飛鳥寺南方の国史跡「伝飛鳥板蓋宮跡」(飛鳥京跡、一九七二年(昭和四十七)指定、明日香村岡)の一帯に比定する説が有力である。ここでは、五九年以降、継続的に発掘が行われ、大きく三層に分かれる掘立柱の建築群を確認しているが、年代的に、そのうちのII期(中層)の宮殿遺構が板蓋宮に該当するものとみられる。調査では、東西一九三メートル、南北一九八メートル以上の方形の中心区画の存在が明らかになっており、天皇の私的空間と公的な儀礼空間を包括した区画と推定される。この区画はIII期(上層)の内郭に重複してやや北東に位置するが、内部の構造については不明な点が多く、明確な火災痕跡も未確認である。

↓飛鳥岡本宮跡《あすかおかもとのみやあと》(38頁)　↓飛鳥川原宮跡《あすかかわらのみやあと》(41頁)　↓飛鳥浄御原宮跡《あすかきよみはらのみやあと》(43頁)　↓後《のちの》飛鳥岡本宮跡《あすかおかもとのみやあと》(116頁)

参考文献　奈良県教育委員会『飛鳥京跡』一—六(一九七一—二〇一四)、小澤毅『日本古代宮都構造の研究』(二〇〇三、青木書店)、林部均『飛鳥の宮と藤原京—よみがえる古代王宮—』(『歴史文化ライブラリー』、二〇〇八、吉川弘文館)

(小澤　毅)

飛鳥《あすか》稲淵《いなぶち》宮殿《きゅうでん》跡《あと》

明日香村稲渕に所在する宮殿遺跡。飛鳥川上流の稲淵川西岸の狭い平坦面に位置することからこの遺跡名があり、稲淵川西《かわにし》遺跡とも呼ばれる。対岸には坂田寺がある。国史跡（一九七九年（昭和五十四）指定）。七六年から翌年の発掘で、正殿《せいでん》・後殿《こうでん》と二棟の東脇殿《わきでん》が確認された。いずれも、布掘り工法を多用した掘立柱建物で、西側にも、左右対称となるように脇殿が配されていたとみられる。また、これらに囲まれた空間は、全面に玉石敷の舗装が行われている。出土土器からみて、七世紀中ごろにつくられ、七世紀末ごろには廃絶したらしい。ちなみに、六五三年（白雉四）に中大兄皇子は、難波長柄豊碕宮《なにわながらとよさきのみや》に孝徳天皇を残したまま、皇祖母尊《すめみおやのみこと》（皇極）や間人《はしひと》皇后とともに飛鳥河辺行宮《かわべのかりみや》に入っており、本遺跡は、その有力な候補とされる。ただ、当時、飛鳥と呼ばれた地域とは隔たりがあり、嶋宮《しまのみや》をはじめとする皇子宮の一つであった可能性も想定されよう。飛

飛鳥稲淵宮殿跡全景
（奈良文化財研究所提供）

鳥河辺行宮については、飛鳥川原宮《かわらのみや》と同一とみる説もある。→飛鳥川原宮跡《あすかかわらのみやあと》(41頁)

参考文献 奈良国立文化財研究所編『飛鳥・藤原宮発掘調査概報』七(一九七七)、狩野久・木下正史『飛鳥藤原の都』(『古代日本を発掘する』一、一九八五、岩波書店)

(小澤　毅)

飛鳥稲淵宮殿跡復原図
(狩野久・木下正史『飛鳥・藤原の都』1985より)

飛鳥岡本宮跡《あすかおかもとのみやあと》

舒明天皇の宮。以後、「飛鳥」を冠した宮殿が集中する端緒となった。岡本宮という名称は、飛鳥岡のほとりに営まれたことによる。舒明天皇は六三〇年(舒明天皇二)十月、この宮に遷るが、六三六年六月には火災に遭い、田中宮《たなかのみや》に遷った。したがって、飛鳥岡本宮は六年に満たない短命に終わり、舒明はその後、各地を転々とすることになる。この宮の所在については、飛鳥板蓋宮《あすかいたぶきのみや》と同地とする『扶桑略記《ふそうりゃくき》』の記載があるが、宮号の由来となった飛鳥岡は、岡《おか》寺(竜蓋寺《りゅうがいじ》)が建つ山塊に比定でき、その西麓の国史跡「伝飛鳥板蓋宮跡」(飛鳥京跡、明日香村岡)では、重複した宮殿遺構が確認されている。よって、このうち最も古いⅠ期(下層)の建物群が岡本宮に相当する可能性が高い。Ⅲ期の内郭を中心とする地域やその周辺では、北で西に二〇度ほど振れる方位をもつ建物と塀・石敷などを検出しており、建物や塀には焼失した痕跡が明瞭に認められる。しかし、上層の遺構の保全のため調査が進んでいない部分が多く、いまだ断片的な把握にとどまっている。

→飛鳥板蓋宮跡《あすかいたぶきのみやあと》(34頁)　→飛鳥浄御原宮跡《あすかきよみはらのみやあと》(43頁)　→後《のちの》飛鳥岡本宮跡《あすかおかもとのみやあと》(116頁)

参考文献　奈良県教育委員会『飛鳥京跡』一―六(一九七一―二〇一四)、小澤毅『日本古代宮都構造の研究』(二〇〇三、青木書店)、林部均『飛鳥の宮と藤原京―よみがえる古代王宮―』(『歴史文化ライブラリー』、二〇〇八、吉川弘文館)

(小澤　毅)

飛鳥川《あすかがわ》

芋峠《いもがとうげ》・竜在峠《りゅうざいとうげ》付近に発して北流し、明日香村から橿原市・磯城郡を経て奈良盆地の中央部で大和川に注ぐ川。現在は大和川に注ぐまでを飛鳥川と呼ぶが、古代には上流の稲淵川(南淵川)と細川とが合流する明日香村大字祝戸《いわいど》付近から飛鳥盆地の北西あたりまでが飛鳥川と呼ばれた。飛鳥盆地は飛鳥川によって形成された小盆地であり、川沿いの平坦地には歴代天皇の宮殿や多くの寺院が営まれた。藤原京時代には藤原京の南を守る朱雀と見立てられた。『万葉集』には二十五首が取り上げられ、多く「明日香川」の文字が用いられる。飛鳥川は小さな川ではあるが、飛鳥の歴史・文化を開花させ、人々の暮しに寄り添う母なる川であった。その流れは、「今日もかも明日香の川の夕さらず河蝦鳴く瀬の清けかるらむ」(『万葉集』三ノ三五六八)とあり、かわずの鳴声の聞こえる静かな清流であった。また「今行きて聞くものにもが明日香川春雨降りて激つ瀬の音を」(『同』一〇ノ一八七八)ともあり、雨が降れば激流になり、様相は一変して荒々しさを見せる。天平時代の万葉人には、飛鳥古京の時代への回想・憧憬・感傷の心情をもって受けとめられ、飛鳥古里の神聖さと清らかさの表徴であった。『古今集』以下の歌集にも詠歌が多い。『古今集』や『枕草子』、『徒然草』には淵瀬の定めない川で、無常の世間を象徴する川として取り上げられている。今日、明日香村役場付近から下流はきれいとはいえないが、稲淵川と細川とが合流するあたりより上流は岩の間を清澄な水流が落ちたぎり、川沿いの遊歩道をたどれば万葉歌の情趣にひたることができる。ことに、栢森《かやのもり》と稲淵の境にある「八幡だぶ」と呼ばれる渦巻く淵や、『万葉集』一一ノ二七〇一にみえる「石橋」の情景を彷彿とさせる稲淵の「飛鳥川の飛び石」など見所は多い。→奥飛鳥《おくあすか》の文化的景《ぶんかてきけい》観《かん》(83頁)

飛鳥川の飛び石

参考文献 『続明日香村史』中(二〇〇六)

(木下 正史)

飛鳥川原宮跡《あすかかわらのみやあと》

斉明天皇の宮。六五五年(斉明天皇元)正月、飛鳥板蓋《あすかいたぶきの》宮《みや》に重祚《ちょうそ》した斉明天皇は、同宮がその年の冬に焼失したため、飛鳥川原宮に遷居する。翌六五六年には、早くも後飛鳥岡本宮《のちのあすかおかもとのみや》を造営してそこに遷っているので、既存施設を利用した臨時の宮殿であろう。飛鳥川西岸の国史跡「川原寺跡」(明日香村川原《かわはら》)では、川原寺(弘《ぐ》福寺《ふくじ》)の遺構の下層で石組みの暗渠《あんきょ》や溝が検出され、飛鳥川原宮にかかわるものと推定されている。この場所は、飛鳥板蓋宮や後飛鳥岡本宮が位置した国史跡「伝飛鳥板蓋宮跡」から、飛鳥川を隔てた対岸にあたる。ちなみに、六六一年に死去した斉明の殯《もがり》は、飛鳥川原で行われており、その後、川原宮の跡地に川原寺を創建したとみるのが有力である。なお、六五三年(白雉四)にみえる飛鳥河辺行宮《あすかかわべのかりみや》を川原宮と同一とする考えもある。

→飛鳥板蓋宮跡《あすかいたぶきのみやあと》(34頁) →飛鳥稲淵宮殿《あすかいなぶちきゅうでん》跡《あと》(37頁) →川原寺跡《かわはらでらあと》(92頁) →後飛鳥岡本宮跡《のちのあすかおかもとのみやあと》(116頁)

川原寺跡下層の宮殿遺構(石組暗渠)
(奈良文化財研究所提供)

参考文献 奈良国立文化財研究所編『川原寺発掘調査報告』(『奈良国立文化財研究所学報』九、一九六〇)、

大脇潔『飛鳥の寺』（『日本の古寺美術』一四、一九八九、保育社）（小澤　毅）

飛鳥京跡《あすかきょうあと》

⇩飛鳥板蓋宮跡《あすかいたぶきのみやあと》（34頁）
飛鳥岡本宮跡《あすかおかもとのみやあと》（38頁）
飛鳥浄御原宮跡《あすかきよみはらのみやあと》（43頁）
後飛鳥岡本宮跡《のちのあすかおかもとのみやあと》（116頁）
を参照

飛鳥京跡苑池《あすかきょうあとえんち》

明日香村字岡にある飛鳥時代の庭園遺跡。宮殿遺跡である飛鳥京跡の北西に隣接し、すぐ西には飛鳥川が北流、飛鳥川をはさんで西岸には川原寺が位置する。天皇が祭祀や饗宴を行なった庭園とみられる。一九一六年（大正五）に石造物二石を発見、一九九九年（平成十一）に石造物出土地点を発掘調査し、南北約二五〇メートル、東西約一〇〇メートルの広大な苑池を発見した。二〇〇三年、国史跡に指定。苑池の東と南は総長約一八〇メートルの掘立柱塀により宮殿と区画され、苑池の中央には七世紀中ごろに造営され九世紀初頭まで維持管理されたとみられる南北二つの池がある。南池は五角形で、東西約六五メートル、南北約五五メートル、水深約三〇センチ。北池は四角形で、

飛鳥京跡苑池
（奈良県立橿原考古学研究所提供）

東西三三～三六メートル、南北四六～五四メートル、水深約二・三メートル。南池と北池を隔てる渡堤の下に設置された木樋により、両池は通水していた。北池からは総長約一〇〇メートル、幅約六メートル、深さ約二メートルの水路が北へ延び、北端は西に曲がり飛鳥川へ排水される。池と水路の護岸全体に石組み、池底全面に敷石と多量の石が用いられた。南池は段丘崖を利用した東岸が三・五メートル以上と高く、飛鳥川沿いの西岸が約一・五メートルと低い立体的構造。南池南端に設置された石造物二石を発掘調査により新たに確認。石造物合計四石のうち三石は一直線に配置され水を流す流水施設、残り一石は水槽状の石槽。南池内には石積みと中島が南北に並ぶ。中島は築造当初の島が曲線形につくり替えられていた。中島と石造物の周囲、および東岸・西岸沿いの池底には柱穴が並んでおり、儀式などを行う短期間のみ桟敷状施設がつくられていた可能性がある。南池の南東には掘立柱建物があり、上から苑池を眺めたとみられる。南池東岸や北池からの水路の形状は現在の地形から読み取れる。『日本書紀』天武天皇十四年(六八五)十一月条の「白《しら》錦後苑《にしきのみその》」にあてる説もあるが未確定。二〇一〇年より、史跡整備にむけた発掘調査が行われている。遺跡南西の飛鳥川沿いに解説板がある。

参考文献　奈良県立橿原考古学研究所編『飛鳥京跡苑池遺構調査概報』(二〇〇二、学生社)、同『史跡・名勝飛鳥京跡苑池』一(『奈良県立橿原考古学研究所調査報告』一一一、二〇一二)

(東影　悠)

飛鳥浄御原宮跡《あすかきよみはらのみやあと》

天武・持統両天皇の宮。六九四年(持統天皇八)に藤原宮へ遷るまで用いられた。これに先だち六五六年(斉明天皇二)に造営された後飛鳥岡本宮《のちのあすかおかもとのみや》は、少なくとも六七二年(天武天皇元)の壬申の乱ののちまで存続した

飛鳥浄御原宮内郭正殿発掘遺構
(奈良県立橿原考古学研究所提供)

が、同年、その南に宮室が造営される。そして翌六七三年二月、天武は飛鳥浄御原宮に即位した。この宮号は、天武死去直前の六八六年(朱鳥元)七月にようやく命名されたもので、しかも地名によらない嘉号《かごう》であった。その間、天武紀には「新宮」「旧宮」の語がしばしば登場するが、「旧宮安殿の庭」が「新宮の西庁」「新宮の井」の後までみえることから、両者は同時に併存したこと、つまり平面的に分離していたことがうかがえる。おそらく「旧宮」は後岡本宮以来の中核部分を指し、「新宮」は天武朝に新設した部分を指すのであろう。よって飛鳥浄御原宮は、当時健在であった後飛鳥岡本宮を継承し、それを拡充・整備した宮殿と推定される。天武初年の造営から遷居までの期間がきわめて短く、かつ命名が遅延した末に特殊な宮号が定められたのは、こうした成立の経緯にかかわる可能性が高い。なお、この宮に関しては、大極殿、大安殿、外安殿、内安殿、向小殿をはじめとする数多くの殿舎名が記され、天武朝の官制の整備に対応した構造をそなえていたことがわかる。大極殿は、皇極朝の飛鳥板《あすかいた》蓋宮《ぶきのみや》に関してみえるのが初出だが、潤色の疑いが強く、本例をもって確実な初例とするべきだろう。浄御原宮の所在については、飛鳥寺(法興寺)と同じく「真神《まかみ》の原」に位置したことが知られ、同寺北方の石神《いしがみ》遺跡周辺(明日香村飛鳥)に求めるのがかつての通説であった。しかし、その後の発掘調査で、石神遺跡の性格は饗宴施設や客館《きゃっかん》(斉明朝)あるいは官衙《かんが》(天武朝)と判明する。

一方、飛鳥寺南方の国史跡「伝飛鳥板蓋宮跡」（飛鳥京跡、明日香村岡《おか》）では、三層の宮殿遺構が重複し、そのうちIII期（上層）の遺構が、年代的に後飛鳥岡本宮と

飛鳥浄御原宮の復原模型
（同前所蔵）

飛鳥浄御原宮に相当することが明らかとなった。また、この両宮の東には山が存在したことがみえ、飛鳥岡本宮《あすかおかもとのみや》の宮号の由来となった飛鳥岡にあたると考えられるが、そこに石を重ねて垣をつくったという記事（斉明天皇二年是歳条）に該当する版築《はんちく》土塁も、近年この遺跡の東側で確認されている（酒船石《さかふねいし》遺跡）。出土木簡の年紀および記載内容とあわせて、「伝飛鳥板蓋宮跡」III期遺構がこれらの宮に該当することは確実といえよう。遺構の状況から、III期はA・Bの二小期に区分できるので、III-A期＝後飛鳥岡本宮、III-B期＝飛鳥浄御原宮と考定される。ちなみに、II期遺構は飛鳥板蓋宮、I期遺構は飛鳥岡本宮にあてることができ、宮号に「飛鳥」を冠する宮殿は、ほぼ同地に重層的に営まれたことになる。発掘調査で判明した浄御原宮（III-B期）の構造は、東西一五二～一五八メートル、南北約一九七メートルの内郭とその南東に位置する東西九四メートル、南北五五メートルの東南郭（「エビノコ郭」）を中心とし、これを広大

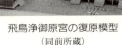

な外郭が取り囲む。内郭は後岡本宮以来の中核部分で、北側四分の三を占める玉石敷の空間と南側四分の一の砂利敷の空間からなり、それぞれに正殿とよびうる殿舎をそなえていた。浄御原宮段階では、内裏としての機能を果たしたらしい。一方、東南郭は天武朝の新設とみられる区画で、内郭中軸線の東に位置するのは、飛鳥川の河谷による制約を受けたためであろう。この正殿は九×五間の規模をもち、天武紀にみえる大極殿にあたる可能性が高い。外郭は、その多くが官衙域と推定されるが、内郭の北西では、大規模な苑池《えんち》も確認されている。ただ、構造的には、孝徳朝の難波長柄豊《なにわながらとよ》碕宮《さきのみや》と推定される前期難波宮《なにわのみや》と異なる部分が多く、特に朝堂《ちょうどう》や朝庭《ちょうてい》部分の相違は著しい。したがって、難波長柄豊碕宮から藤原宮へ至る宮都の系列のなかにどう位置づけるか、また、史料にみえる殿舎と発掘遺構をどう関係づけるかが課題となっている。宮城の東限は飛鳥板蓋宮や後飛鳥岡本宮とほぼ同じとみられ、西限も後飛鳥岡本宮と変わらないが、南限と北限は拡張され、宮域は低位段丘面(岡面)のほぼ全域に及んでいた。また、飛鳥寺を隔てた北方の石神遺跡をはじめ、関連する官衙が広範囲に配置されていたとみられる。後岡本宮以来の内郭の東北部と東南部では、復元整備された石敷や井戸、建物・塀の柱位置の表示などが見学できる。→飛鳥岡本宮跡《あすかおかもとのみやあと》(38頁)　→飛鳥板蓋宮跡《あすかいたぶきのみやあと》(34頁)　→後飛鳥岡本宮跡《のちのあすかおかもとのみやあと》(116頁)

参考文献　奈良県教育委員会『飛鳥京跡』一―六(一九七一―二〇一四)、岸俊男『日本古代宮都の研究』(一九八八、岩波書店)、今泉隆雄『古代宮都の研究』(『日本史学研究叢書』、一九九三、吉川弘文館)、小澤毅『日本古代宮都構造の研究』(二〇〇三、青木書店)、林部均『飛鳥の宮と藤原京―よみがえる古代王宮―』(『歴史文化ライブラリー』、二〇〇八、吉川弘文館)

(小澤　毅)

飛鳥《あすか》大仏《だいぶつ》

最古の寺院飛鳥寺の中金堂に安置された本尊で、金銅釈迦如来坐像。重要文化財。飛鳥大仏は通称。『日本書紀』や『元興寺伽藍縁起』が引く「丈六光銘」に造像記事があり、推古天皇が鞍作止利《くらつくりのとり》に命じて六〇五年（推古天皇十三）四月八日に造像の工を起し、六〇九年四月八日に完成したとするのが定説。日本彫刻史のはじまりを飾る作品である。一一九六年（建久七）の落雷によって堂塔が焼失し、金銅釈迦如来像も大きな損傷を受けた。頭部と右手指などに当初の姿をとどめるだけであるが、修理はもとの姿を写しつつ行われたと見られ、古い形式が残されている。円筒形の頭部、杏仁形の両眼、眉弓に連なる大きめの鼻梁など法隆寺釈迦三尊像と共通する止利様式の特徴が認められ、六〇九年の止利の製作と見る説が有力である。一九五六年（昭和三十一）・八四年の調査によって、竜山石（兵庫県高砂市付近産）の切石による巨大な台座とその上に宣字形須弥座が据えられていることがわかり、当初からその位置を動いていないことが確認された。金銅釈迦如来像が宣字形須弥座上に安置された姿は法隆寺金堂本尊の意匠とよく似た形になる。明日香村飛鳥にある現安居院《あんごいん》の本尊で、本堂内で間近に拝観できる。

飛 鳥 大 仏

参考文献 大脇潔『飛鳥の寺』（『日本の古寺美術』

一四、一九六九、保育社)、『続明日香村史』中(二〇〇六)

(木下　正史)

飛鳥寺跡《あすかでらあと》

明日香村飛鳥に存した飛鳥時代の寺院。遺跡は一九六六年(昭和四十一)国指定史跡。日本で最初の本格的寺院で、法興寺《ほうこうじ》、大法興寺、元興寺《がんごうじ》とも号し、平城京の元興寺に対して本《もと》元興寺と呼ぶ。『日本書紀』によると、五八七年物部守屋《もののべのもりや》討滅時に蘇我馬子が創建を発願し、五八八年百済から仏舎利、僧侶や寺工・鑪盤博士・瓦博士・画工らが来日して、飛鳥衣縫造《あすかのきぬぬいのみやつこ》の祖樹葉《このは》の家を寺地に選定し飛鳥真神原《まかみのはら》で造営が始まった。五九〇年山で寺材を取り、五九二年仏堂・歩廊を起工し、五九三年(推古天皇元)仏舎利を刹柱礎中に置き刹柱を立てたといい、この時蘇我馬子らは百済服を着して列席したとある(『扶桑略記《ふそうりゃっき》』)。五九六年には高句麗僧慧慈《えじ》・百済僧慧聡《えそう》が飛鳥寺に居住し、馬子の子徳善《とくぜん》が寺司になったというので、このころには寺容が整っていたと考えられる。六〇五年には推古天皇と諸臣が共同で銅・繡の丈六仏像各一軀を発願し、この時高句麗王が黄金三百両を貢上したとみえる。翌年(『元興寺伽藍縁起』によると六〇九年)鞍作鳥《くらつくりのとり》(止利仏師)作の丈六銅像を金堂に安置した。飛鳥寺は一九五六年・五七年に発掘調査が行われ、塔を中にして北と東と西に金堂を配し、塔前の中門の左右から回廊が出て塔と三金堂を囲み、中門の前に南大門、回廊の北に講堂、回廊の西に西大門があるという中心伽藍の様相が判明しており、大門に続く外郭の築地が存した。この一塔三金堂形式の伽藍配置は、高句麗また百済にもその存在の可能性が指摘されており、文献史料が語る造営経緯との相関を窺わせる。その後の周辺の発掘調査により寺域が判明し、西辺約二九〇メートル、北辺二一〇メートル、東辺約二五〇メートル、東

飛鳥寺参道・南門・中門の遺構と安居院本堂（南上空から）
（奈良文化財研究所提供）

南辺約九〇メートル、南辺一七〇メートル余の不整形の五角形状を呈する敷地の中に、西南部に偏在する形で中心伽藍が配置されていたことがわかった。東南隅にはのちに入唐僧道昭《どうしょう》が東南禅院を造営している。また南門前の発掘では幅二メートルで四五メートル続く石敷きの参道とその南方に石敷き広場が検出されており、ここからは飛鳥寺造営に用いられたと見られる瓦が出土しているので、寺域南面の整備は七世紀前半ごろと目されている。現在新義真言宗の安居院《あんごいん》が所在する場所が中金堂跡地で、本尊の丈六銅造釈迦如来坐像(飛鳥大仏、重要文化財)は一一九六年(建久七)の雷火で破損、わずかに頭と手の一部が原形を留めているにすぎないが、旧位置の石座で安居院の本堂に残っている。東西金堂は上下二段の基壇で、下成基壇の上面に小礎石が並んでいるのは、高句麗・百済の寺院に類例があり、半島伝来の工法によることを示す。塔跡の地下の心礎の上面中央には舎利を納める方孔を穿ち、もとは石蓋があった。建久の火災後に再埋納された舎利や玉類・金環・金銀延板・金銅飾金具と鈴・銅馬鈴・鉄挂甲《けいこう》などが心礎上から発見され、古墳の副葬品と共通する内容から、従来の古墳造営に代わる豪族の権威を示すための造寺という見方が呈されている。当初の軒丸瓦の文様は百済の瓦と酷似しており、飛鳥寺東南の丘陵の飛鳥寺瓦窯跡は丘陵斜面をくり抜いて作った地下式有階有段登窯で、全長一〇メートル余、焼成室には二十の段が存し、百済の瓦窯と同形式とされ、百済工人の指導で創建瓦を焼成したのであろう。その他、飛鳥寺東南に存する飛鳥池遺跡で検出された工房跡も飛鳥寺の荘厳具を作製していたとする見方が示されている。飛鳥寺は首都飛鳥の中心に存し、寺の西の槻樹《つきのき》の広場は六四五年(皇極天皇四)の乙巳《いっし》の変で蘇我本宗家を滅ぼした中大兄皇子と中臣鎌足が出会ったという蹴鞠が行われるなど、国家的行事の場として機能した。六二四年飛鳥寺に居住する百済僧観勒《かんろく》が僧正に就任し、僧都は鞍部徳積《くらつくりのとくしゃく》、法頭は阿《あ》曇連《ずみのむらじ》某と、いずれも蘇我氏に関係の深い人物であり、また奈良時代までの受戒の場は飛鳥寺に限られていたので(『西琳寺《さいりんじ》文永注記《ぶんえいちゅうき》』)、この仏教機関は飛鳥寺に置かれたことが窺われる。飛鳥寺は蘇我氏の氏寺であるとともに、蘇我氏主導の仏教興隆の中心として、国家的役割も担っていたのである。乙巳の変後も六七一年(天智天皇十)天智天皇の病気平癒のため袈裟・金鉢や珍財を仏前に奉り、六七七年(天武天皇六)飛鳥寺の一《いっ》切経会《さいきょうえ》に天皇が礼拝したという。六八〇年飛鳥寺は官司の治めるところではないが、先例や功績もあり、特に官治の扱いとすると定め、天武天皇の病気平癒や冥福祈願などの法会も行われた。七一八年(養老二)元興寺は平城京に移転したが、金堂・塔などは旧地に残し、一部の建物のみを移したらしい。

[参考文献]　奈良国立文化財研究所編『飛鳥寺発掘調査報告』(『奈良国立文化財研究所学報』五、一九五八)、福山敏男『日本建築史研究』(一九六八、墨水書房)、水野柳太郎『日本古代の寺院と史料』(一九九三、吉川弘文館)、奈良文化財研究所編『飛鳥藤原京木簡』一、解説(二〇〇七)

(森　公章)

飛鳥寺瓦窯跡《あすかでらがようあと》

明日香村飛鳥に所在する六世紀末に飛鳥寺所用瓦を焼いた日本最古の瓦窯跡。一九六六年(昭和四十一)、「飛鳥寺跡」として国史跡に指定された。飛鳥寺寺域のすぐ東南にある低丘陵の西斜面に位置する。五三年、農道改修工事で発見。発掘の結果、花崗岩岩盤の丘陵斜面を裾から上に向って斜めにトンネル状にくりぬいて作った全長一〇・一メートルの登窯と判明。最下部に狭い焚口があり、その奥に薪を焚く燃焼室(間口・奥行一・五メートル、高さ二メートル)、その上に瓦を詰めて焼きあげる焼成室が連なる。焼成室は長さ約七・七メートル、高さと幅は約一・三二メートル。床面は約二五度の傾斜で、瓦を並べるために二十段の階段状になる。焼成室の最上部に径約〇・五メートルの煙突を設け、丘陵斜面に口をあける。燃焼室から焚口にかけて、飛鳥寺創建時のものと同じ丸瓦・平瓦が残っていた。百済の古都扶余に同構造の瓦窯があり、『日本書紀』その他の史料が伝えるとおり、百済派遣の瓦工らの指導によって日本最初の寺院飛鳥寺が造営されたことが裏づけられた。七七年、集中豪雨による崖崩れで南一〇メートルで瓦窯一基が発見され、複数の瓦窯があったことが判明した。道路際に瓦窯の説明板がある。なお飛鳥池工房遺跡でも、七世紀後半の飛鳥寺瓦を焼いた瓦窯が発見されている。

飛鳥寺出土軒丸瓦
（奈良文化財研究所提供）

参考文献　坪井清足『飛鳥の寺と国分寺』(『古代日本を発掘する』二、一九八五、岩波書店)

（木下　正史）

飛鳥《あすか》寺《でら》西方《せいほう》遺跡《いせき》

明日香村大字飛鳥にある飛鳥時代の饗宴広場の遺跡。飛鳥寺の西側で、飛鳥寺西門跡から甘橿丘を望む飛鳥川右岸に位置する。東に飛鳥寺、西に飛鳥川、北に水落遺跡が隣接し、遺跡の中央東寄りに入鹿首塚がある。一九六六年(昭和四十一)に飛鳥京跡の一環で発掘が行われ、石敷帯や石組溝が確認された。一九九八年(平

飛鳥寺西方遺跡の石敷広場　石敷の向こうに（伝蘇我）入鹿首塚
（明日香村教育委員会提供）

成十)には飛鳥寺西門付近の整備事業に伴う発掘調査が行われ、西門の規模や構造、門前の景観が明らかとなってきた。こうした西門付近の調査成果が隣接する水落遺跡や飛鳥寺南方遺跡などと異なる様相を見せることから、飛鳥寺西門門前に広がる遺跡として飛鳥寺西方遺跡と認定、呼称されるようになった。飛鳥寺西方遺跡は、飛鳥寺西側に立地することから、『日本書紀』に登場する「飛鳥寺西」「飛鳥寺西槻下」「甘樫丘東川上」との関連が指摘されている。飛鳥寺西の槻樹《つきのき》の下は、大化の改新前夜の蹴鞠《けまり》、斉明紀の須弥山《しゅみせん》像の設置、辺境の民である蝦夷、都貨羅《とから》人の饗宴、壬申の乱の軍営、天武・持統紀の饗宴や隼人の相撲といった飛鳥時代のエポックとなった舞台であり、通称「槻樹の広場」の存在が考えられている。この槻樹の広場の解明にむけて、二〇〇八年から遺跡の範囲確認調査が始まり、十ヵ年計画で調査が進められている。これまでに発見された遺構は、石敷、石敷帯、砂利敷、石組

溝、土管暗渠、木樋、土坑、建物跡、掘立柱塀である。遺跡は砂利敷や石敷が面的に施され、そこに石組溝や掘立柱塀が配置されている。石敷の下には土管暗渠や建物跡があったことがわかっている。飛鳥時代の遺構であるが、出土遺物が少なく遺構の詳細な時期は明らかではない。現状は水田であるが、水田の畦畔や西にむけて段々に低くなる地形は、古代の地形を遺しているとされる。遺跡は整備されていないが、飛鳥寺西門の位置に石積みによる基壇が表示され、その西側には、柱跡や土管暗渠の遺構表示と「飛鳥寺西」に関する解説板がある。

参考文献　今泉隆雄「飛鳥の須弥山と斎槻」(『古代宮都の研究』所収、一九九三、吉川弘文館)、木下正史「飛鳥寺西辺の儀礼空間」(『国立歴史民俗博物館研究報告』七四、一九九七)

(長谷川　透)

飛鳥坐神社《あすかにいますじんじゃ》

明日香村飛鳥字神奈備《かんなび》に鎮座する神社。飛鳥寺(安居院)の東北方で、多武峰《とうのみね》山麓から西に延びる尾根先端の鳥形《とりがた》山に位置する。式内大社。式内社とは十世紀に編纂された『延喜式』神名帳上に記載された神社のことで、毎年の祈年祭には神祇官または国司から奉幣にあずかる官社のこと。式内社は大和国に多い。なかでも高市郡には五十四座と特に多く、かつ格式の高い神社が多数ある。飛鳥坐神社の祭神は、事代主神《ことしろぬしのかみ》・高皇産霊《たかみむすびの》神《かみ》・飛鳥三日比売神《あすかみかひめのかみ》・大物主神《おおものぬしのかみ》の四柱の神である。『延喜式』出雲国造神賀詞によると、その創祀は大己《おおなむ》貴命《ちのみこと》の女の賀夜奈留美命《かやなるみのみこと》の御魂を飛鳥の神奈備に座せて、皇孫の命に近い守神として奉祀したことに始まるという。『日本書紀』朱鳥元年(六八六)七月条には、天武天皇の病気平癒のために「幣を紀伊国に居す国懸《くにかかす》神・飛鳥四社・住吉大社に奉り」とあり、創祀は飛鳥時代まで遡り、飛鳥の地を鎮護する大きな社であった。『日本紀略』天長六年(八二九)三月条には、神の託宣によって「高市郡賀美郷甘南備山飛鳥社」を同郡同郷の鳥形山に遷したとあり、甘南備山から鳥形山へと遷された。これが現在地の飛鳥坐神社であり、『延喜式』神名帳上には、高市郡五十四座の一つとして「飛鳥坐神社四座」とみえる。旧飛鳥神奈備については、雷《いかずちの》丘《おか》や甘樫丘、大字橘のミハ山に比定する説があり、ミハ山説が有力である。八五九年(貞観元)九月には、飛鳥神に使者を遣して風雨を祈り奉幣している(『日本三代実録』)。八七四年六月の太政官符には、飛鳥神の後裔四社として、天太玉《あめのふとたま》・臼滝比女《うすたきひめ》・賀屋鳴比女《かやなるひめ》神の名がみえる(『類聚三代格』)。この四社は『延喜式』神名帳上にみえる「太玉命神社四座」「飛鳥川上坐宇須多伎比売命神社」「加夜奈留美命神社」、そして「櫛玉命神社四座」のことで、鳥形山に遷った「飛鳥坐神社四座」とは別に掲げられている。飛鳥坐神社は、国史に神位昇叙の記載はみえないが、月次祭・相嘗祭・新嘗祭に際して官幣にあずかり、また四時祭では絹八疋・酒稲二百束があてられるなど、格の高い神社であった。

飛鳥坐神社

だが、平城・平安京遷都後は、皇居に近い守護神としての役割が薄れ、次第に衰退して、中世・近世には飛鳥地方の郷社となる。植村氏の高取城入封後は、城の鬼門の神として尊崇されるようになる。飛鳥坐神社を訪れると、西向きの大鳥居の傍らに飛鳥井があり、正面の石段を登ると中ほどに折口信夫が飛鳥を詠んだ歌碑がある。折口信夫の祖父は飛鳥坐神社の宮司飛鳥家の出身である。かつて八十の末社があったと伝えるが、一七二五年(享保十)二月の火災で本殿以下を焼失し、旧態は失われた。現在の本殿は一七八一年(天明元)の再建。現在、本社・中之社のほか、式内社飛鳥山口坐神社・八坂神社以下四十八の末社、拝殿・神楽殿などがある。境内には多数の陰陽石が祀られ、子授け神としての信仰が篤い。毎年二月の第一日曜日に行われる豊作祈願の御田植神事(おんだまつり)は大和の奇祭として知られる。なお、飛鳥山口坐神社は式内大社で、風雨を祈る遣使奉幣祈雨神八十五座の一つで(『日本三代実録』)、祈雨の神として崇められた。本来の社地は不明。江戸時代に飛鳥坐神社に遷座された。

参考文献　和田萃「飛鳥の神々」(井上光貞・門脇禎二編『古代を考える 飛鳥』所収、一九八七、吉川弘文館)、網干善教「神社」(『続明日香村史』上所収、二〇〇六)、明日香村教育委員会文化財課編『飛鳥の神社―神々がやどる社―』(『飛鳥の考古学図録』六、二〇〇八)

(木下　正史)

飛鳥川上坐宇須多伎比売命神社《あすかのかわかみにいますうすたきひめのみことじんじゃ》

明日香村稲渕字宮山にある神社。延喜式内社。飛鳥川に沿って遡り、稲淵の集落を通り過ぎてほどなく飛鳥川右岸の丘陵中腹に鎮座する。神社前の飛鳥川は川幅が狭く、露岩の間を水が渦巻いている。社名は、渦巻き滝つ瀬となっている川水の様を「うずたぎ」と形容して女神として祀ったものであろう。祭神は宇須多伎比売命・神功皇后・応神天皇。神殿はなく、拝殿奥の三輪山型の山をご神体とする古い信仰形態を残す。

飛鳥川上坐宇須多伎比売命神社

『類聚三代格』に引く八七四年（貞観十六）六月の太政官符には、飛鳥神の後裔として「臼滝比女」の名がみえる。『日本書紀』皇極天皇元年（六四二）八月条には、天皇が南淵《みなぶち》の河上へ行幸して四方を拝み天を仰いで雨ごいを行なったとある。この雨ごいを行なった場所は、飛鳥川上坐宇須多伎比売命神社の所在地付近が有力視される。「飛鳥川上坐」という社名もそれに相応する。また、明治初年まで、雨ごいのナモデ踊を「本なもで」と称して当社で興行したと伝えている。地元では、古くから宇佐八幡と称しており、境内には天文二十二年（一五五三）の「稲淵宇佐八幡」の銘を持つ湯釜がある。平安時代前期の作と推定される男女二体の神像を所蔵する。　→奥飛鳥《おくあすか》の文化的景観《ぶんかてきけいかん》（83頁）

参考文献　和田萃「飛鳥の神々」（井上光貞・門脇禎二編『古代を考える　飛鳥』所収、一九八七、吉川弘文館）、網干善教「神社」（『続明日香村史』上所収、二〇〇六）、明日香村教育委員会文化財課編『飛鳥の神社―神々

がやどる社―』(『飛鳥の考古学図録』六、二〇〇八)

(木下　正史)

飛鳥《あすか》水落《みずおち》遺跡《いせき》

明日香村字水落にある飛鳥時代の漏刻(水時計)と漏刻台の遺跡。飛鳥盆地の南北の中央で、日本最初の本格的寺院飛鳥寺の西北方、甘樫丘を西に見上げる飛鳥川右岸の川岸に立地する。北側に石神遺跡が続き、東八〇《メートル》で飛鳥寺の西面大垣に至る。一九七二年(昭和四十七)、民家新築に伴う事前発掘によって貼石を伴う楼状建物が発見され、七六年、国史跡に指定。史跡整備に伴い八一年から全面発掘が行われ、遺跡の構造、特色、年代、性格が判明。発見遺構は楼状建物、その基壇と化粧、楼状建物と一体で設けられた水利用の諸施設、楼状建物の周囲に建てられた四棟以上の掘立柱建物、掘立柱塀、建物周囲の石敷などであり、飛鳥の宮殿施設の中でも超一級の規模、内容を誇る。楼状建物は一辺一一《メートル》の四間四方の正方形平面で、中央を除き二十四本の柱(径四〇《センチ》)を立てる総柱様建物。造営精度は非常に高く、基礎工法もきわめて入念、堅固で、他に例を見ない特異なものである。まず地面を四〇《メートル》四方、深さ三《メートル》ほど掘込み、中を版築工法で埋め、その途中に礎石二十四個を据える。礎石は各礎石間と外側に大石を並べる地中梁工法によって固められる。柱は礎石上面にあけた径四〇《センチ》、深さ一三《センチ》の円形穴の中に根元を差込み、厚さ約一《メートル》の版築基壇土で埋め立てられる。基壇は高さ五〇《センチ》ほどの方形で、大石を使った貼石溝で化粧される。水利用の施設は黒漆塗木箱(水槽)、木樋暗渠群、桝、銅管、小銅管からなり、基壇土中や半地下に埋設されている。建物の中心には花崗岩切石の台石上に大小二つの黒漆塗水槽が据えられている。小型水槽は内法三七《センチ》四方で、大型水槽内の

飛鳥水落遺跡全景（東上空から）
（奈良文化財研究所提供）

水時計台建物内部の復原図
（狩野久・木下正史『飛
鳥藤原の都』1985より）

同復原整備状況（北から）

北寄りに納まり、建物の真中に位置する。深さは一メートルほどで、建物内に口を開けていた。水槽の東には東辺貼石溝の下を抜けて建物中央に水を引く木樋暗渠、その導水を塞き止める桝、木樋内の貯水を汲み上げる銅管がある。木樋内の余水は桝から大型水槽を迂回して北へ延び、北辺貼石溝下を抜ける木樋暗渠によって石神遺跡へと導かれる。大型水槽の西辺南寄りには排水口があり、木樋暗渠によって西辺貼石溝下から飛鳥川の方へ排水される。大型水槽の西一・二メートルには小銅管があり、北辺貼石溝下を抜けて石神遺跡へと延びる。噴水などへの通水管であろう。楼状建物は七世紀中ごろ過ぎの造営であり、水落遺跡は『日本書紀』斉明天皇六年（六六〇）五月条に「皇太子中大兄皇子が初めて漏刻を造り民に時を知らせた」とある漏刻の遺跡と判断できる。小型水槽は、時刻目盛りを刻んだ箭《や》を浮べる受水槽であろう。楼状建物は二階建てで、下階に漏刻、上階に鐘や鼓を設置して飛鳥の都に時刻を報せたと考えられる。漏刻台や掘立柱建物群は南北六五メートル、東西八〇メートルほどの一郭を構成したようで、時刻、暦、天文、占いの仕事を合せ行う律令制下の陰陽寮に相当する役所であった可能性が高い。斉明天皇の後《のちの》飛鳥《あすか》岡《おか》本宮《もとのみや》から離れた場所にあり、宮殿と役所の位置関係が注目される。斉明紀や天武紀にたびたび登場する飛鳥寺西での蝦夷や隼人などに対する服属・饗宴儀礼との関わりも注目される。水落遺跡の北に続く石神遺跡はその服属・饗宴儀礼施設であり、両遺跡は密接な関係にある。古代中国では、皇帝は領土とともに民衆の時をも支配するという政治思想があった。中大兄皇子は中国の政治思想にならって、時の支配をめざす漏刻台と領土の支配を象徴する服属儀礼施設を一体的に造って、政治改革の推進を図ったのではないか。斉明天皇時代には官僚制の整備が進んで、貴族・役人が集住する政治都市「京」が成立し、飛鳥の都づくりも本格化する。水落遺跡の大規模で精緻な建築工事はそれを象徴的に示している。漏刻台で撃ち鳴らす鐘鼓の音は京内にとどろき、貴族・役人は宮殿や役所への出退の時刻を知り、都民の生活も時刻制によって律せられることとなった。水落遺跡は斉明天皇の皇太子中大兄皇子の政治理念を象徴的に物語る遺跡としてことさら重要である。現地では建物や水利用施設が平面的に表示され、柱の立て方や地中梁工法の一部が復原されている。当初の基壇貼石も露出整備されており、豪壮さが体感できる。簡潔で工夫をこらした解説板が遺跡の理解を助ける。 →石神遺跡《いしがみいせき》(72頁)

参考文献　狩野久・木下正史『飛鳥藤原の都』(『古代日本を発掘する』一、一九八五、岩波書店)、木下正史『飛鳥・藤原の都を掘る』(『地中からのメッセージ』、一九九三、吉川弘文館)、同「古代の水時計と時刻制」(高岡市万葉歴史館編『時の万葉集』所収、二〇〇一、笠間書院)

(木下　正史)

阿倍山田道《あべのやまだみち》

桜井市中心部の安倍《あべ》から南西に向かい、山田寺のある桜井市山田、明日香村雷《いかづち》を経て、橿原市南部の軽《かる》に達する古代の主要道路の一つ。東端は古道の横大路《よこおおじ》と交わって上ツ道《かみつみち》につながり、西端は古道の下ツ道《しもつみち》と直交する。山田道ともいう。この古道の大半は現在も道路として踏襲されている。史料としては『日本霊異記』上第一話に雄略天皇の命を受けた少子部栖軽《ちいさこべのすがる》が鳴雷を求めて「阿倍山田の前の道」「豊浦寺の前の道」を通り「軽の諸越《もろこし》の衢《ちまた》」に至った記事がある。『万葉集』一三ノ三二七六にも「山田の道」と歌われている。山田寺の発掘調査では、南門の前で側溝をもつ新旧二条の山田道を検出。新道は山田寺建立に伴って七世紀中ごろに整備された幅約一〇・八メートルの東西道路、旧道は山田寺創建以前につくられた推定幅約一〇メートルの斜行する道路である。現在の道路は山田寺の北を通っているが、これは山田寺が廃絶した中世以降のものである可能性が高い。山田寺以西の山田道は、雷丘東側の村道拡幅や石神遺跡北辺の発掘調査によって、現在の東西道路にほぼそってあること、七世紀中ごろに整備され藤原宮の時期にも存続したこと、道路は北と南に側溝を伴い、路面幅約一八メートル、側溝心心間距離で二一～二二メートルであることなどが明らかになっている。　↓上《かみ》ツ道《みち》（272頁）

阿倍山田道発掘遺構
（奈良文化財研究所提供）

参考文献　岸俊男「大和の古道」（奈良県立橿原考古学研究所編『日本古文化論攷』所収、一九七〇、吉川弘文館）、西口壽生「石神・小墾田・山田道」（『季刊明日香風』七九、二〇〇一）、小澤毅「阿倍山田道について」（奈良文化財研究所編『山田寺発掘調査報告』、二〇〇二）、奈良文化財研究所「石神遺跡の調査（第一九・二〇次）」（『奈良文化財研究所紀要』、二〇〇八）
（毛利光俊彦）

甘樫坐神社《あまかしにいますじんじゃ》

明日香村豊浦字寺内に所在する神社。甘樫丘から北西に延びる舌状尾根の東麓に立地し、豊浦寺（現向原寺）の西隣に鎮座する。『延喜式』神名帳上の高市郡五十四座のうちに、「甘樫坐神社四座」とみえる延喜式内大社である。四座とは、八十禍津日命《やそまがつひのみこと》、大禍津日命《おおまがつひ》、神直毘命《かむなおび》、大直毘命《おおなおび》であったが、主神であった八十禍津日命に代わって伊邪奈岐命《いざなぎ》を祭祀するようになったといわれる。八五九年(貞観元)正月には、従五位下から従五位上に神階が昇叙されており(『日本三代実録』)、式内大社として月次祭・相嘗祭・新嘗祭に際して官幣にあずかる格の高い神社であった。『延喜式』四時祭上には山口神の一つとある。現在の祭神は推古天皇・八幡大神・春日大明神・天照皇大神・八咫烏神・住吉大明神・熊野権現で、大字豊浦・雷の氏神である。允恭天皇四年九月、允恭天皇は味橿丘《うまかしのおか》に探湯瓮《くかへ》を据えて盟神探湯《くかたち》を行なったとあり(『日本書紀』)、毎年四月第一日曜日には、この故事にちなんで境内で盟神探湯神事が行われる。境内には片麻岩の板状の巨石が東面して立っている。

甘樫坐神社と立石

参考文献　網干善教「神社」(『続明日香村史』上所収、二〇〇六)、明日香村教育委員会文化財課編『飛鳥の神社―神々がやどる社―』(『飛鳥の考古学図録』六、二〇〇八)

(木下　正史)

甘樫丘《あまかしのおか》

明日香村豊浦《とゆら》にある丘陵。甘檮岡、味橿丘とも書く。

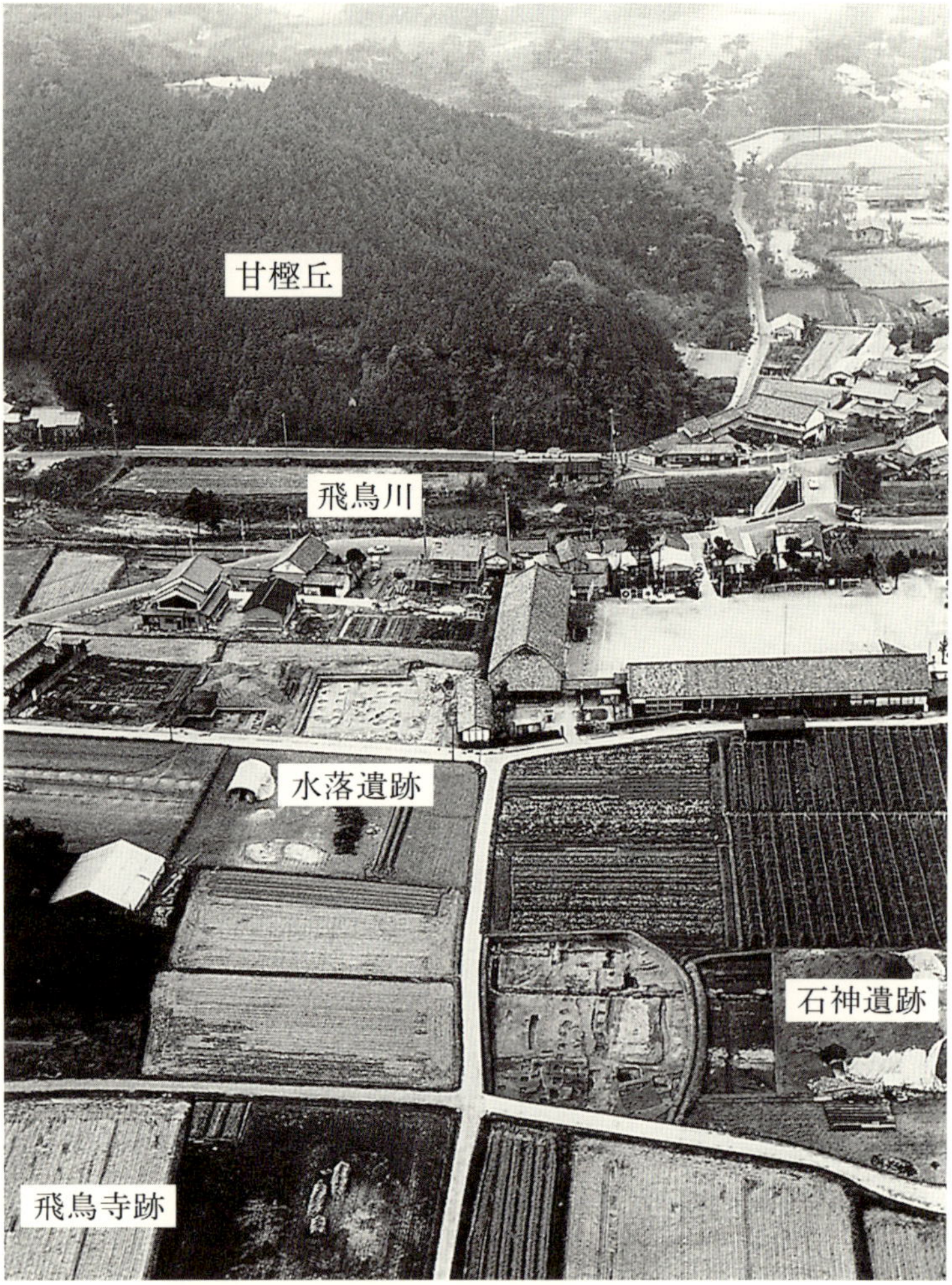

甘樫丘　手前に飛鳥水落遺跡・石神遺跡（東上空から）
（奈良文化財研究所提供）

現在は飛鳥川の西側にある標高一四八メートルの豊浦山を甘樫丘と呼んでいるが、『延喜式』神名帳にみえる甘樫《あまかしに》坐神社《いますじんじゃ》は丘の西北麓にあり、古代にはもう少し広い範囲を指したようである。『日本書紀』によれば、允恭《いんぎょう》天皇の時、氏姓の乱れをただすために、この丘に探湯《くか》瓮《へ》をすえて盟神探湯《くかたち》を行なったという。皇極天皇三年(六四四)十一月条に、蘇我蝦夷・入鹿の父子が甘檮岡に家を並べ建てたと記す。斉明《さいめい》天皇五年(六五九)三月条には、甘檮丘の東の川のほとりに須弥山《しゅみせん》を造り、陸奥と越《こし》の蝦夷を饗応した、とある。丘の東の川とは飛鳥川であり、この時の須弥山にあたると見られる石造物が、丘の東北の石神で一九〇二年(明治三十五)に発見された。現在、甘樫丘は飛鳥歴史公園として整備されて、その展望台からは飛鳥・藤原京、平城京へと展開する古代宮都を眺望でき、宮都が発展していく様子が印象深く伝わってくる。また、二上山や金剛山・葛城山、そして難波へと続く風景を見渡せる。中腹には、都が飛鳥から藤原へ遷った後の風景を志貴皇子が詠んだという歌(『万葉集』一ノ五一)を刻んだ万葉歌碑がある。

→須弥山石《しゅみせんせき》・石人像《せきじんぞう》(101頁)

参考文献 『明日香村史』(一九七四)

(寺崎 保広)

甘樫丘東麓《あまかしのおかとうろく》遺跡《いせき》

明日香村字川原にある飛鳥時代から奈良時代の建物跡など。甘樫丘は飛鳥川西岸の丘陵で、『日本書紀』には、皇極天皇三年(六四四)条に蘇我蝦夷・入鹿の邸宅が営まれたことを記す。丘陵の南東に開く谷で一九九三年(平成五)以降発掘調査を行い、七世紀から八世紀初頭にかけて谷を大規模に造成し、活発な土地利用を行なった様相が明らかとなった。七世紀前半には、谷の奥部に石垣を設け、その南西側に広がる谷の両側に総柱建物などを配する。谷の入り口部では、被熱した

甘樫丘東麓遺跡　谷の奥部の石垣と谷埋立て後の柱穴など
(奈良文化財研究所提供)

面、建物、溝などを確認し、炭や焼けた壁土が出土した。工房的な施設の存在をうかがわせるが、削平が著しく詳細は不明である。さらに谷の下部では、焼土層から焼けた壁土、炭化材が出土している。北側の丘陵尾根では、中腹の平坦部に柱列を繞《めぐ》らせる。七世紀後半には、谷を大規模に埋め立てて整地し、柵で囲まれた掘立柱建物群を建て、七世紀末にも再び整地を行い、建物や炉などを設ける。北側の丘陵尾根を挟み、さらに北側の谷部でも、七世紀前半に谷を大規模に埋め立てて整地し、建物を建てるなどして利用しており、七世紀前半に甘樫丘の広い範囲にわたって大規模な土地利用が始まったことが判明した。国営飛鳥歴史公園甘樫丘地区川原駐車場が遺跡の東に隣接するが、遺跡の位置や概要を示す解説板などはない。

参考文献　次山淳他「甘樫丘東麓遺跡の調査」(『飛鳥・藤原宮発掘調査概報』二五所収、一九九五)、西田紀子他「甘樫丘東麓遺跡の調査—第一四六次—」(『奈良文化財研究所紀要二〇〇七』)、豊島直博他「甘樫丘東麓遺跡の調査—第一五一・一五七次—」(『同二〇〇九』)、次山淳他「甘樫丘東麓遺跡の調査—第一五七・一六一次—」(『同二〇一〇』)、番光他「甘樫丘東麓遺跡の調査—第一六一次—」(『同二〇一一』)、清野孝之他「甘樫丘東麓遺跡の調査―第一七一・一七七次―」（『同二〇一三』）、大林潤他「甘樫丘東麓遺跡の調査―第一七七次―」（『同二〇一四』）

（清野　孝之）

雷《いかずちの》丘《おか》

明日香村雷に所在する平地との比高差一〇メートル余の小丘。飛鳥時代からその名が見える。北側の「城山」と南側の「上の山」との間は切り通しとなり、古代の阿倍山田道を踏襲した道が通る。『日本霊異記』上一、雷を捉ふる縁に、「豊浦寺と飯岡の間」に落ちた雷神を捉えて雄略天皇に献じたので、そこを「雷岡」と名づけたという地名起源説話がある。雷丘は万葉歌にも詠まれ、「天皇、雷岳に御遊しし時、柿本朝臣人麻呂の作る歌一首」の「大君は神にし座せば天雲の雷の上に盧《いほ》らせるかも」（三ノ二三五）や、山部赤人の「三諸の神《かむ》名備山《なびやま》に五百枝《いほえ》さし（中略）明日香の旧き京師は」（三ノ三二四）など、雷丘は神が宿る「神岳」と歌われてい

雷　丘

る。『三代実録』や『延喜式』神名帳にも「気吹雷神」などの神名が見え、その後も永らく「神岳」とされていた。中世には雷城が築かれる。頂上部に城に伴う平坦面や空堀が認められ、丘の旧状は失われているであろう。東麓の道路際に万葉歌を記した案内板がある。

参考文献　『角川日本地名大辞典二九　奈良県』(一九九〇、角川書店)、『続明日香村史』中(二〇〇六)

(木下　正史)

雷《いかずちの》丘《おか》東《とう》方《ほう》遺《い》跡《せき》

明日香村雷にある宮殿遺跡。飛鳥盆地の中央部北寄り、雷丘の東麓で南・東・北に開ける平坦地に立地。遺跡名はその位置による。一帯は早くから飛鳥浄御原宮や飛鳥岡本宮の推定地の一つとなっていた。一九七〇年(昭和四十五)に発掘。七世紀後半―九世紀前半の掘立柱建物、掘立柱塀、溝などが発見された。遺構は四時期に区分でき、特に七五〇年(天平勝宝二)ごろのII期、八世紀後半のIII期、九世紀前半のIV期の遺構が注目される。広範囲を整地した上で、南北七間、東西四間の廂付き建物を含む大規模な掘立柱建物群を整然と配置。継続的に営まれた一連の遺跡である。平城宮式の軒瓦や鬼瓦が出土し、屋根の一部に瓦を飾っている。宮殿や官衙以外のものとは考え難い遺跡で、しかも平城宮との深い関連が想定できる。『続日本紀』によると、淳仁天皇は平城宮改作中の七六〇年(天平宝字四)八月、小治田宮に遷って仮宮と定め、諸国調庸物を小治田宮に納めるよう命じる。翌年正月には平城宮に戻っている。七六五年(天平神護元)十月、称徳天皇も紀伊国行幸の途中、小治田宮に滞在する。一九八七年に七〇年の調査地の西一〇〇メートルの地点を発掘。大井戸が発見され、井戸の底から「小治田宮」と墨書した土器が多数出土した。墨書土器や伴出の土器は八世紀末から九世紀初頭のもので、井戸は九世紀前半まで使用され、九世紀後半に埋められている。『日本霊異記』(八二二年(弘仁十三)ごろ成立)の「雷丘」地名起源説話に「雷丘は古京小治田宮の北にあり」とあり、考古学の成果と文字史料から雷丘東方遺跡が『続日本紀』に記された小治田宮跡であること、それは九世紀前半まで確実に存続

雷丘東方遺跡の井戸　底に墨書土器
(明日香村教育委員会提供)

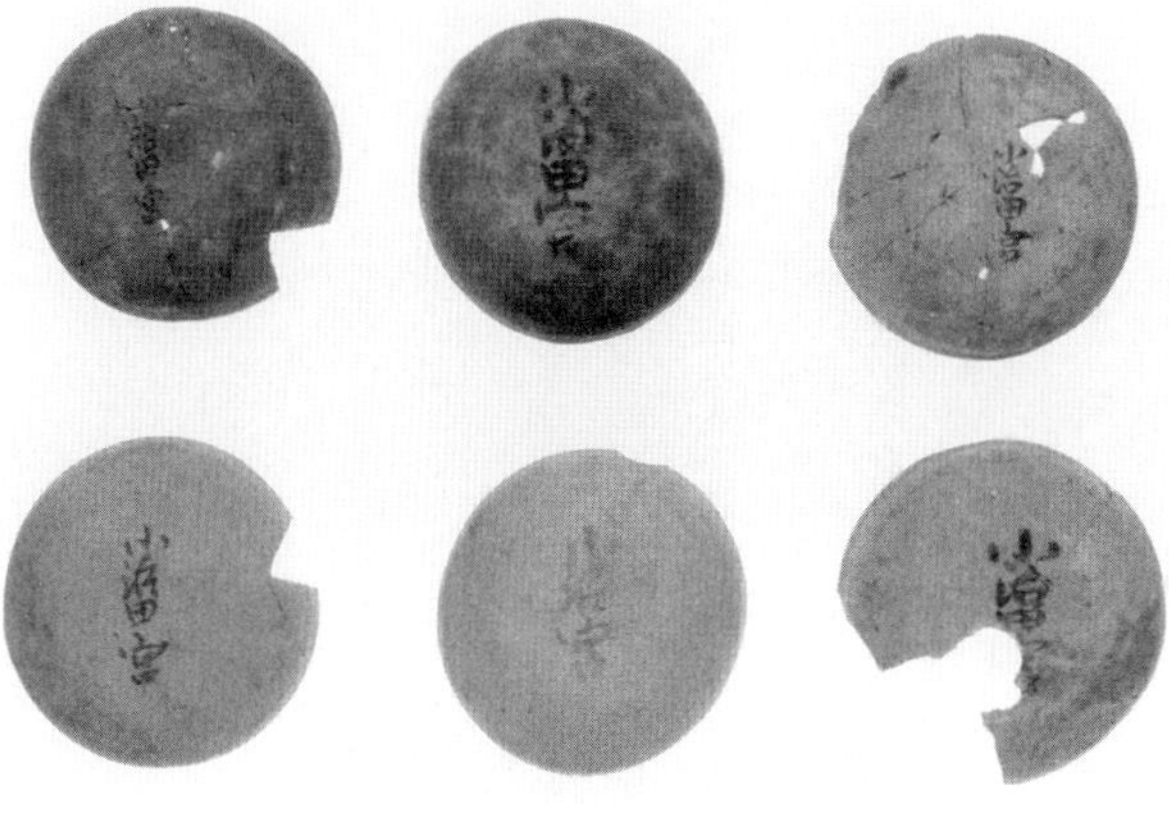

同出土「小治田宮」墨書土器
(同前提供)

したことが明らかとなった。山田道を挟んだ北側でも八世紀後半の礎石建ち倉庫群などが発見され、小治田宮は南北三〇〇メートルほどに及ぶことがわかった。また、山田道の南では七世紀初頭ごろの大規模な石組池の一部が見つかり、雷丘西麓の雷内畑遺跡でも、七世紀中ごろの石敷を伴う苑池状遺構や石組溝・石敷などが見つかっている。推古天皇の小墾田宮をこの地にあてる説もあり、飛鳥の宮殿遺跡の中でもとりわけ重要な遺跡である。大井戸の木枠や「小治田宮」の墨書土器は雷丘東方遺跡の南方にある明日香村埋蔵文化財展示室で見学できる。→小墾田宮跡《おはりだのみやあと》(86頁)

参考文献　木下正史『飛鳥・藤原の都を掘る』(『地中からのメッセージ』、一九九三、吉川弘文館)

(木下　正史)

雷《いかずちの》丘《おか》北方《ほっぽう》遺跡《いせき》

明日香村字雷にある飛鳥時代の宮殿ないし官衙跡。雷丘の北北西約二〇〇メートルに位置し、藤原京左京十一条三坊の中心部にあたる。一九九一年(平成三)以降の発掘調査により、七世紀後半の東・西・南辺を塀で画し建物を整然と配する施設などを検出した。正殿は身舎が桁行三間、梁行二間の四面廂付き東西棟建物で、その東西には、南北に二棟が連なる脇殿が並ぶ。南の脇殿は身舎が桁行十七間、梁行二間に東西廂が付く南北棟建物と推定され、北へ約四メートル離れて北の脇殿を配する。正殿の南約二七メートルには、身舎が桁行十七間、梁行二間に南廂が付く東西棟と推定される建物があり、身舎の南側柱列が南の脇殿の南妻柱列と揃う。正殿の中心が藤原京左京十一条三坊西南坪の南北中軸線とほぼ一致

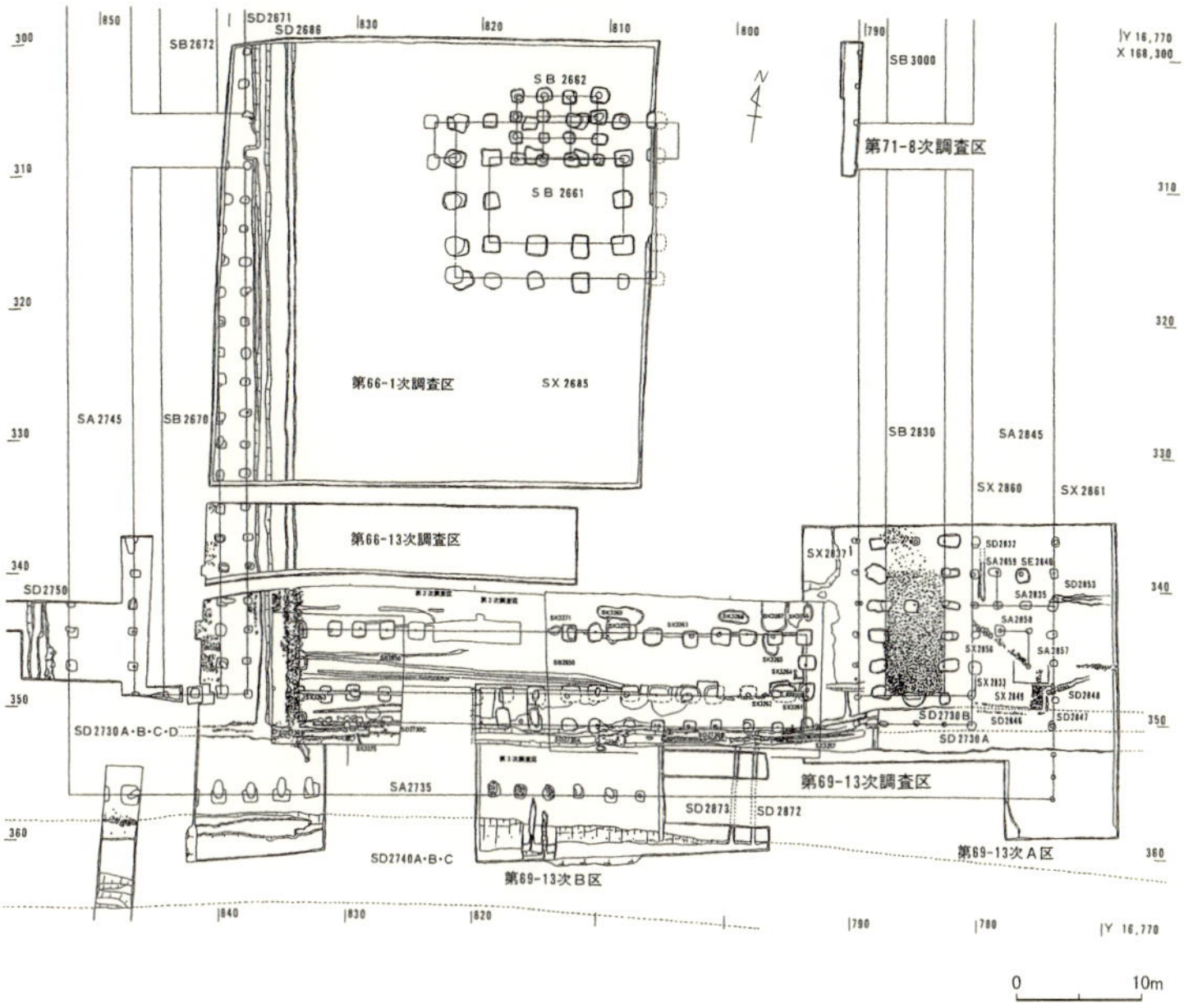

雷丘北方遺跡遺構平面図

（奈良文化財研究所編『長舎と官衙の建物配置』資料編，2014より）

し、南の脇殿の南妻位置も坪の南北二分線に合うが、その時期から藤原京期の条坊ではなく、先行条坊に則したものと考えられる。正殿の周囲を長大な建物で囲む配置は飛鳥稲淵宮殿跡などと類似する。また、北の脇殿は西北坪まで及ぶことが確実で、南北二坪を占地したことが明らかである。現状は道路、宅地、水田で、現地に遺跡の位置や概要を示す解説板などはない。

参考文献　山本忠尚他「左京十一条三坊の調査―第六六-一・一三次(雷丘北方遺跡)―」(『飛鳥・藤原宮発掘調査概報』二二所収、一九九二)、岩永省三他「左京十一条三坊(雷丘北方遺跡)の調査―第六九-一三・第七一-八次―」(『同』二四所収、一九九四)、西口壽生他「左京

十一条三坊（雷丘北方遺跡第四次）の調査―第七一―一三次―」（『同』一二五所収、一九九五）　（清野　孝之）

石神遺跡《いしがみいせき》

明日香村石神に所在する宮殿関連遺跡。遺跡名は地名に基づく。飛鳥盆地の中央部西寄りで、飛鳥川右岸の平坦地に立地。飛鳥寺の西北に接する水田から一九〇二年（明治三十五）に須弥山石《しゅみせんせき》と石人像が掘り出された遺跡として早くから著名で、一帯は天武天皇の飛鳥浄御原宮の有力な推定地の一つであった。一九三六年（昭和十一）に石造物出土地を発掘。石造物の原位置は明らかにならなかったが、大規模な石組溝や石敷が見つかり、宮殿らしい大規模遺跡の存在が想定された。八一年から奈良国立文化財研究所が継続調査を実施。複雑に重層した大規模な遺構群が発見された。遺構群は大きく斉明期（七世紀中ごろ）、天武期（七世紀後半）、藤原宮期（七世紀末）の三時期に区分できる。斉明期には一郭の南を限る掘立柱大垣が設けられ、水落遺跡との間が区分される。大垣の北の遺構群は大きく東区と西区とに二分される。東区の南部は南北四〇メートル、東西五〇メートル以上の石敷・バラス敷の広場となる。その東端が須弥山石と石人像の出土地であり、付近から石組の南北大溝が発見された。石敷広場の北端には石敷の洗い場を備えた大規模な井戸がある。儀礼で使う霊水を汲むなど特殊な用途の井戸と判断できる。井戸の北側には建物四棟で東西二五メートル、南北五〇メートルの範囲を長方形に囲った一郭がある。区画内には四面廂付の大規模建物と付属建物があり、計六棟の建物が整然と建ち並ぶ。井戸からの水を受ける石組溝が長方形区画の西を迂回して、一四〇メートルにわたってのび一郭の北を限る大溝に注ぐ。石組溝の周囲は全面石敷で舗装する。西区は長廊状建物などによって南北一〇六メートル、東西推定七一メートルの範囲を長方形に囲った一郭である。区画の中央に大規模な四面廂付建物による正殿があり、正殿の東北方にも四面廂付の大規模建物があるなど、格式の高い建物群が整然と配置されている。建物周囲や空間地は全面石敷で舗装される。西区の建物群は火災によって廃絶する。東区・西区の掘立柱建物や塀、井戸、石組溝、石敷は飛鳥の宮殿遺跡の中でも超一級の規模と内容を誇っている。両区の北側には高床倉庫などが建ち並び、南限大垣から北へ約一八〇メートルの位置に北を限る掘立柱塀と石組大溝を設ける。東区の東側には東を限る掘立柱塀がある。『日本書紀』斉明紀には飛鳥寺の西に須弥山を作って蝦夷らを饗宴した記事が三度登場し、石神遺跡からは東北日本で作った食器が多量に出土しており、これらの大規模施設は、斉明紀に登場する宮廷付属の服属・饗宴儀礼施設の一郭であったと考えられる。天武期には旧位置を踏襲して南限大垣を設け、その北方は南北塀で多数の区画を設け、それぞれに南北棟や倉庫が配置される。藤原宮期には南北七〇メートル、東西三三メートル以上の範囲を掘立柱塀で区画した中に小規模建物や井戸が設けられる。斉明期の遺構群の配置・構造とは大差がある。斉明期の北限塀のあたりから山田道までの南北約一〇〇メートルの範囲では、天武・持統期を中心とした時期の木簡が三千点以上出土しており、石

石神遺跡の石組井戸と建物（東から）
（奈良文化財研究所提供）

神遺跡は行政実務を行う官衙に変わっていた可能性が高い。ただ天武期には石組池などもあり、一時期、饗宴場であった可能性がある。明日香村埋蔵文化財展示室の北側に長廊状建物で囲まれた内側の石敷が露出整備されており、石神遺跡の解説板がある。　→飛鳥水落遺跡《あすかみずおちいせき》（58頁）　→須弥山石《しゅみせんせき》・石人像《せきじんぞう》（101頁）

参考文献　木下正史『飛鳥・藤原の都を掘る』（『地中からのメッセージ』、一九九三、吉川弘文館）、木下正史「古代の水時計と時刻制」（高岡市万葉歴史館編『時の万葉集』所収、二〇〇一、笠間書院）、市大樹『飛鳥の木簡―古代史の新たな解明―』（『中公新書』、二〇一二、中央公論新社）

（木下　正史）

石舞台古墳《いしぶたいこふん》

明日香村島庄《しまのしょう》にある、日本を代表する大型の横穴式石室墳。国営飛鳥歴史公園石舞台地区の中核的存在。古墳は東から西へ張り出す緩斜面に立地しており、嶋宮と推定される島庄遺跡に含まれている。早くから封土が失われて天井石が露出しており、古墳名は石の上で狐が踊ったとの伝承にちなむとも「石太屋」からの転訛ともいわれる。一九三三年（昭和八）と三五年に京都帝国大学と奈良県によって発掘調査が行われ、以後、復元整備や公園建設に伴う調査が数回実施されている。古墳の周囲には最大幅八・四メートルの周壕と幅七メートルの外堤が方形に巡っており、墳形は一辺五〇メートルの方墳と推定される。墳丘基底および外堤斜面には人頭大の玉石を貼っている。石室は全長一九・四メートル、玄室長七・七メートル、幅三・五メートル、高四・七メートル、羨道《せんどう》長一一・七メートル、幅二・六メートル、高二・四メートル。平滑に加工した巨石で構築しており、天井石の一石は重量七七トンと推定。築造に伴って小古墳を数基破壊しており、被葬者の権力の強大さを物語る。古くから蘇我馬子の桃原墓にあてる説がある。遺構の

石舞台古墳全景（東北から）

同横穴式石室

構造解明を目的とした調査が行われた遺跡として、かつ飛鳥地域における記念碑的な遺跡として重要である。一九五二年特別史跡に指定。石室の見学は可能(有料)。古墳の周辺約四・五ヘクタールは歴史公園として整備され、棚田地形を生かした芝生広場があり、各種イベントに供されている。二〇〇六年(平成十八)、古墳東側の丘陵部で大型の柱穴や砂利敷きが検出され、蘇我一族が傍らで駐在しながら造墓したという『日本書紀』舒明天皇即位前紀の記事との関連が注目される。↓島庄遺跡《しまのしょういせき》(99頁)

参考文献　『大和島庄石舞台の巨石古墳』(『京都帝国大学文学部考古学研究報告』一四、一九三七)

(卜部　行弘)

稲淵川《いなぶちがわ》　⇩飛鳥川《あすかがわ》(39頁)を参照

稲淵山《いなぶちやま》

談山神社がある桜井市御破裂山《ごはれつやま》(六〇八メートル)から南へ竜《りゅう》在峠《ざいとうげ》・芋峠とつながる山稜から西の坂田・稲淵に延びる支脈の山。石舞台古墳から東南方に見える山塊である。稲淵山は平安時代以降の呼名で、飛鳥時代には南《みな》淵《ぶち》山と呼ばれた。南淵・稲淵は水淵《みのぶち》で、水源地を意味し、西側を流れる飛鳥川の水源となる山である。『日本書紀』皇極天皇元年(六四二)八月条に、「天皇、南淵の河上に幸して、跪きて四方を拝む。天を仰ぎて祈ひたまふ。即ち雷なり大雨ふる(中略)あまねく天下を潤す」と四方拝による雨ごいを行なったとある。『同』天武天皇五年(六七六)五月条では、「南淵山、細川山を禁《いさ》めて、並に蒭薪《くさかりきこ》ること莫れ」と禁野に指定され、山林の伐採が禁じられた。万葉歌にも多く詠まれ、柿本人麻呂が天武天皇の皇子弓削皇子《ゆげのおうじ》に献じた歌に「御《み》食向《けむか》ふ南淵山の巌には落《ふ》りしはだれか消え残りたる」(『万葉集』九ノ一七〇九)とあり、巌がごつごつした山容が歌われる。稲淵山は今も樹木が繁茂した緑豊かな青山で、神々しさに満ちている。→奥飛鳥《おくあすか》の文化《ぶんか》的景観《てきけいかん》(83頁)

稲　淵　山
(相原嘉之提供)

参考文献　『角川日本地名大辞典二九 奈良県』(一九九〇、角川書店)、『続明日香村史』中(二〇〇六)

(木下　正史)

芋《いもが》峠《とうげ》

明日香村栢森《かやのもり》・高取町高取と吉野郡吉野町千股《ちまた》の境にある峠。飛鳥と吉野川流域との分水嶺をなす。標高は五一〇メートル。妹峠・斎峠・忌峠とも書かれる。近世には疱瘡峠とも書かれ、悪疫の侵入を防ぐ峠と観念されていた。斉明天皇は六五六年(斉明天皇二)に吉野宮を造り、天武天皇・持統天皇は吉野離宮にたびたび行幸し滞在している。持統天皇の吉野行幸は、六八九年(持統天皇三)から七〇一年(大宝元)の十二年間に三十二

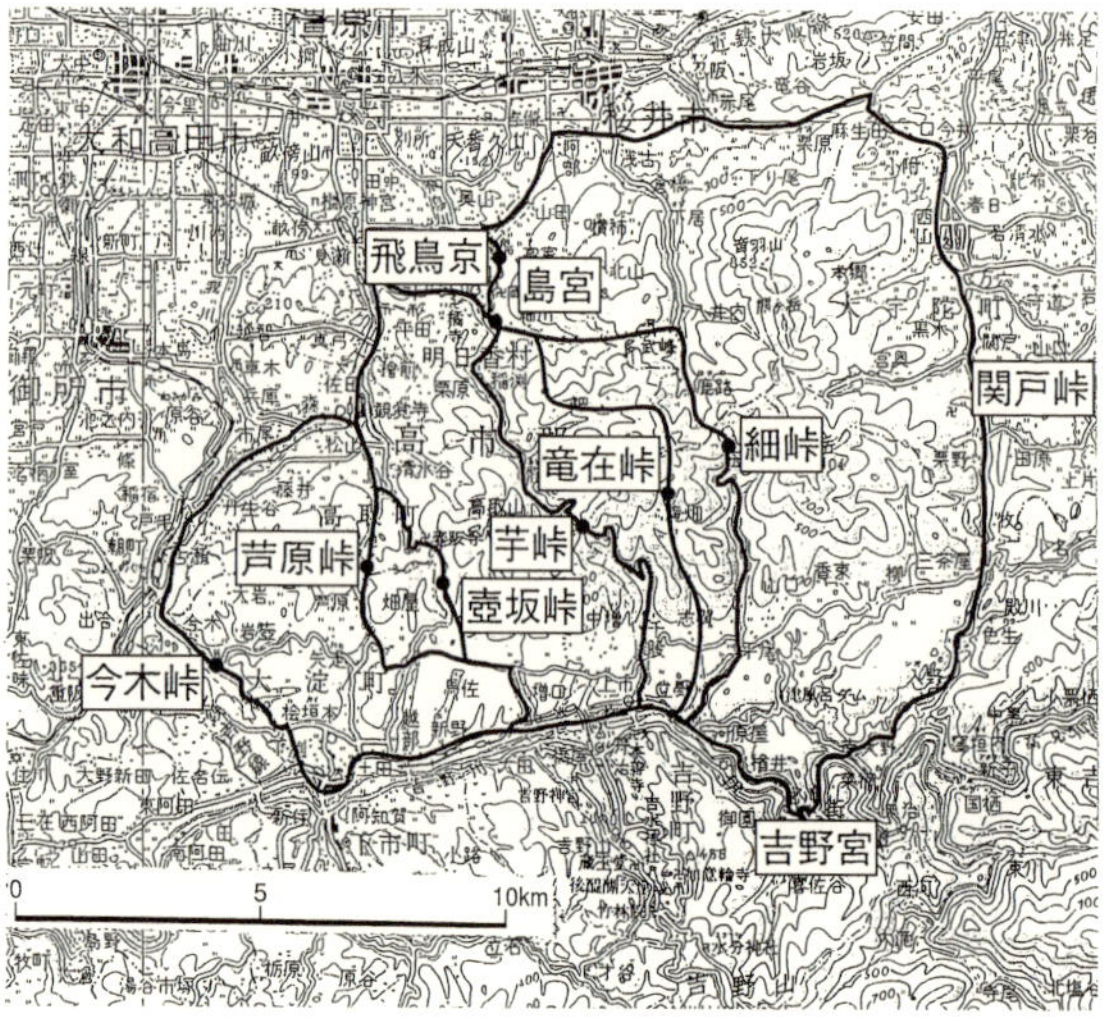

芋峠　飛鳥から吉野への道

回に及ぶ。文武天皇や元正天皇、聖武天皇も吉野宮に行幸。吉野は道教的な不老長寿の生命あふれる神仙境であったからである。飛鳥から吉野への道は壺坂峠越えや芋峠越えなどがあったが、最短経路は飛鳥川を遡って芋峠を越え、吉野上市《かみいち》に通じる道であった。飛鳥から吉野宮までは一八キロ。天武天皇や持統天皇の行幸は芋峠越えを使ったのであろう。現在は自動車道が開かれているが、古い峠道は栢森の綱掛け神事が行われる場所付近から登り始める。ハイキングコースとして人気がある。

参考文献　『角川日本地名大辞典二九　奈良県』(一九九〇、角川書店)、『増補　吉野町史』(二〇〇四)

(木下　正史)

入鹿首塚《いるかのくびつか》

明日香村大字飛鳥にある石造物の一つ。飛鳥寺旧境内の西側に位置し、飛鳥寺(現安居院《あんごいん》)西門から西へ八〇メートルのところにある。本居宣長の『菅笠日記』にも記録がある。かつては田畑の間に五輪塚と呼ばれた土盛りの上に五輪塔が立っていた。これがいつしか蘇我入鹿の墓といわれるようになったが、本来は別の場所にあったとも、二つ並んであったともいわれている。ただ五輪塔という墓の形式からみても入鹿首塚ではあり得ない。五輪塔は花崗岩製で、高さ一四九センチを測る。地輪が高く水輪は下膨れ気味の球形で、火輪は背が高く軒端が厚く隅が反り、半球形の風輪はどっしりした感じで括れが弱く、空輪はやや高い。水輪は転倒したあと据わりがよいとして天地逆に組まれているといわれている。形式から鎌倉後期から南北朝とみられる。いまも信仰の対象として人々に親しまれ、多くの観光客で賑わっている。五輪塔の周囲に石畳を施して整備されているが、解説板はない。

入鹿首塚
（明日香村教育委員会提供）

参考文献　『明日香村史』上（一九七四）

（長谷川　透）

打《うち》上《あげ》古《こ》墳《ふん》

明日香村大字細川字打アゲにある飛鳥時代の古墳。石舞台古墳東方の細川谷の南斜面に位置する。細川谷古墳群は、明日香村大字上居・細川・上・尾曽・阪田に所在する二百基以上の古墳が、細川の両岸に分布している。打上古墳もこの一画にあることから、その一つという考えもあるが、規模や時期からみて、独立墳とみるべきである。発掘調査がされていないため、墳丘

打上古墳石室
（明日香村教育委員会提供）

の規模・副葬品は明らかではないが、南に開口する横穴式石室をもつ直径三〇メートル程度の古墳と推定される。石室内には土砂が堆積しているが、巨石を使用した両袖式横穴式石室である。石室長八・四メートル以上、玄室長五・一メートル、幅二・五〜二・六メートル、高さ二・五メートル(現状)。羨《せん》道《どう》長三・二メートル以上、幅二・一メートル、高さ一・四メートル(現状)。石材は一部に加工したものもみられるが、細川谷で採石される自然石の石英閃緑岩(花崗岩)を使用している。玄室は奥壁・両壁石が二段積みで、羨道は一段積みである。このような積み方は、岩屋山古墳にもみられ、七世紀前半の築造と推定される。現在は民有地にあるが、石室に入ることはできる。

参考文献　白石太一郎「明日香村打上塚古墳」(『奈良県の主要遺跡』II所収、一九七四、奈良県教育委員会)

（相原　嘉之）

大《おお》原《はら》

飛鳥寺の東方で、多武峰《とうのみね》西麓の高台の地。飛鳥時代から見える地名で、現在は明日香村大字小原《おはら》。『大織冠伝』(七六〇年(天平宝字四)ごろ成立)によると、藤原鎌足は高市郡の藤原第に生まれたとあり、大原は藤原鎌足の生誕地と伝えられる。鎌足の娘の藤原五百重娘《いおえのいらつめ》

大原神社

は天武天皇の夫人となり、藤原夫人あるいは大原大刀自と呼ばれた。『万葉集』には、天武天皇が藤原夫人に贈った「わが里に大雪降れり大原の古りにし里に落《ふ》らまくは後《のち》」(二ノ一〇三)の歌があり、大原に藤原氏の居宅が構えられていたと考えてよい。地元では大原神社地を鎌足誕生地と伝え、その西方の丘上にある小円墳状の高まりを鎌足の母大伴夫人墓と伝えている。大原神社東方の平坦地にある小原宮ノウシロ遺跡や東山マキド遺跡では、七世紀代の規模の大きい掘立柱建物や掘立柱塀が発見されているが、藤原氏の居宅との関係を云々できるほど調査は進んでいない。飛鳥坐神《あすかにいます》社から大原を通り、多武峰山頂へ登る道は藤原鎌足を祀る談山神社への表参道であった。大原神社前に、「大織冠誕生旧跡」の石碑と天武天皇と藤原夫人の間に交わされた万葉歌の歌碑が立てられている。

参考文献　『続明日香村史』上(二〇〇六)

(木下　正史)

大原神社《おおはらじんじゃ》

⇩大原《おおはら》(80頁)を参照

岡寺《おかでら》

明日香村岡にある古代山岳寺院。多武峰《とうのみね》の西麓に位置しており、岡寺の本堂には厄除けで著名な奈良時代の巨大な塑像の如意輪観音像が鎮座している。義淵《ぎえん》僧正の創建と伝えられているが、史料上、岡寺の名前が最初に現れるのは『正倉院文書』の天平十二年(七四〇)の写経所啓である。奈良時代には多くの経典を蔵していたことが、この『正倉院文書』などから窺われる。現在の本堂の南には竜蓋池があり、義淵僧正が悪竜を閉じ込めて蓋をしたと伝えられており、法名「竜蓋寺」の名前の由来ともなっている。絵図によると、旧伽藍の中心部は現岡寺境内西方の治田《はるた》神社付近であると考えられており、一九八二年(昭和五十七)から始まった発掘調査では、治田神社境内で奈良時代の金堂基壇の

岡寺本堂

一部が確認された。ここに創建建物があったと考えられる。ただし、このころ、すでに現境内地にも建物があったことが出土瓦から判明している。これらの成果から、岡寺の創建時期は七世紀末から八世紀初と考えられ、平安時代後半までには如意輪観音を遙拝する密教的観音信仰の寺に変質していく過程で、信仰の中心を治田神社境内地から現境内地へと移していく。岡寺には国宝に指定されている木心乾漆義淵僧正坐像をはじめ、本堂の本尊である塑造如意輪観音坐像・銅造如意輪観音半跏像・木造仏涅槃像・天人文甎などの重要文化財がある。また、建造物としては岡寺書院・岡寺仁王門が国指定、岡寺本堂・岡寺楼門が県指定文化財となっている。二〇〇五年(平成十七)に史跡指定。現岡寺は西国第七番の観音霊場として信仰を集め、厄除けの寺としても知られる。　↓治田《はるた》神社《じんじゃ》(117頁)

参考文献　岡寺編『岡寺の霊宝』(二〇〇二)

(相原　嘉之)

奥飛鳥《おくあすか》の文化《ぶんか》的景観《てきけいかん》

明日香村大字入谷《にゅうだに》から稲渕《いなぶち》にかけての飛鳥川上流域において展開される農業などに関する景観地。二〇一一年(平成二十三)に国の重要文化的景観に選定された(面積五六五・八ヘクタール)。奥飛鳥と呼ばれる地域は村の南東部、石舞台古墳から飛鳥川をさかのぼった源流域に位置し、下流側から、稲渕・栢森《かやのもり》・入谷という三大字《だいじ》が並ぶ。この地域は、かつては稲淵谷と呼称されていたが、一九七〇年代ごろより奥飛鳥と称される機会が増えた。村の中心部から訪れると、まず飛鳥稲淵宮殿跡があり、その比較的広い谷を埋め尽くすように稲渕大字の棚田が広がる。その上流側で谷が一旦狭まり、そこに飛鳥川を横断する男綱と呼ばれる太い綱が掛けてある。ここから奥が稲渕大字の居住エリアで、さら

稲渕の棚田風景

に飛鳥川をさかのぼり、女綱と呼ばれる綱掛けを通りぬけた先に栢森大字と入谷大字がある。奥飛鳥は飛鳥川の水源域であり、古代から現在まで飛鳥の暮らしを支えてきた。稲渕と栢森の境にある飛鳥川上坐《あすかのかわかみにます》宇《う》須《す》多《た》伎《き》比売命《ひめのみこと》神社では、明治期まで南《な》無《も》手《で》踊《おどり》という雨乞い神事が行われてきた。この神社の直下には「八幡だぶ」と呼ばれる渦巻く淵があり、六四二年(皇極天皇元)に皇極天皇が「南淵《みなぶち》の河上」で天を仰いで雨乞いの祭祀を行なった場所も、この神社のあたりと推定されている。また、栢森にある女淵・男淵では雨乞いをするとすぐに降雨が叶うとされてきた。『日本書紀』天武天皇五年(六七六)五月条には「南淵山・細川山を禁《いさ》めて、並びに蒭薪《くさかりきこ》ること莫れ。」とする勅があり、当時すでに奥飛鳥の森林伐採が禁じられ保護されてきたことがわかる。南淵山は飛鳥川上坐宇須多伎比売命神社のご神体でもある。八幡だぶには、稲渕の棚田の約半数の農地へ水を送る用水路、大井手の取水口もある。ここを起点に延長四キロ弱の水路がつくられ、約四百四十区画の水田に飛鳥川の水が行き届く。ただし、他地域と同様、棚田を支える農家の高齢化が進み、耕作放棄地が増加しつつあることも事実である。こうした状況に対応し、稲渕大字では一九九六年に棚田のオーナー制度を開始した。活動開始後二十年近くを経る中で稲渕の住民と棚田オーナーとの協働によりさまざまな活動が展開され、棚田のみならず奥飛鳥全体の景観保全に大きな役割を果たしている。こうした地域のあり方が評価され、九九年には稲渕の棚田が日本の棚田百選に、二〇〇九年には奥飛鳥地域一帯が日本の里百選にも選定された。なお、稲渕の棚田には、駐車場や案内板が設けられ、棚田の間を歩くことができる。秋には彼岸花祭りや案山子コンテストも開催され人出で賑わう。

↓飛鳥川《あすかがわ》(39頁) ↓飛鳥川上坐宇須多伎比売命神社《あすかのかわかみにいますうすたきひめのみことじんじゃ》(56頁) ↓稲淵山《いなぶちやま》(76頁)

参考文献 明日香村『「奥飛鳥の文化的景観」保存計画』(二〇一二)

(惠谷　浩子)

奥山久米寺跡《おくやまくめでらあと》

明日香村奥山に所在する七世紀前半創建の寺院跡。集落内に浄土宗久米寺があり、橿原市の久米寺や聖徳太子の弟来目皇子との関わりを説く説などに基づき奥山久米寺とよばれてきたが、その名称が古くさかのぼる確証はなく、近年は奥山廃寺という呼称が定着しつつある。現本堂の南に塔跡の礎石が残り、鎌倉時代の十三重石塔がかつて存在した木造層塔の凝灰岩製の石造露盤《ろばん》上に立つ。調査で南から塔・金堂・講堂が一直線上に並ぶ四天王寺式伽藍配置であることがほぼ確定。現本堂の下から北の民家にかけて金堂跡が検出されている。一九八七年(昭和六十二)、明日香村雷《いかずち》の雷丘東方遺跡で「小治田宮《おはりだのみや》」という墨書土器が出土し、飛鳥川右岸に小治田宮(小墾田宮)が存在し、雷から奥山に

奥山久米寺塔跡の礎石
と十三重塔（南から）

かけての一帯が、小墾田の範囲に含まれることが判明した。また、寺域北東の井戸跡から出土した「少治田寺」と読める墨書土器や、創建期の軒瓦に飛鳥寺や豊《と》浦《ゆら》寺との同笵関係が認められる点などから、蘇我氏傍系の小墾田氏の氏寺ではないかとする説がある。これに加えて、飛鳥の小治田寺は平城遷都とともにその北郊に移り、新寺も小治田寺と呼ばれその法号を大后寺と称したこと、その荘園の分布などからこの寺を推古天皇の死を契機として創建された小墾田宮付属の尼寺と推測する説が提起されている。 ↓久米寺《くめでら》(215頁)

参考文献　小澤毅「小墾田宮・飛鳥宮・嶋宮」(奈良国立文化財研究所創立四〇周年記念論文集刊行会編『文化財論叢』Ⅱ所収、一九九五、同朋舎出版)、大脇潔「蘇我氏の氏寺からみたその本拠」(『堅田直先生古希記念論文集』所収、一九九七、真陽社)、吉川真司「小治田寺・大后寺の基礎的考察」(『国立歴史民俗博物館研究報告』一七九、二〇一三)

(大脇　潔)

小墾田宮跡《おはりだのみやあと》

推古天皇の宮。「小治田宮」(『古事記』『続日本紀』)、「少治田宮」(『日本霊異記』)とも表記する。古代に「飛鳥」と呼ばれた範囲は限られており、現在の大字「飛鳥」の北は「小墾田」と呼ばれていた。六〇三年(推古天皇十一)十月に、推古天皇は豊浦宮《とゆらのみや》から小墾田宮に遷った。豊浦宮が蘇我氏の邸宅を利用したと推定されるのに対し、天皇の宮にふさわしく、新たに造営したものとみられる。一方、六〇八年に隋使裴世清《はいせいせい》、六一〇年には新羅使・任那使が小墾田宮を訪れており、六〇〇年に始まる隋との国交など、外国との通交と使節の来朝が建設の背景にあったことも確実であろう。宮の構造については、それらの記事を通じて復元が行われている。すなわち、南門を入ると朝庭があり、左右に庁（朝堂）が並ぶ。その奥には大門があって、天皇の座す大殿へと通じていた。以後の宮都に連続するこうした基本構造をそなえた小墾田宮は、その点でも画期的な宮殿であった可能性が高い。なお、推古の死後も、小墾田宮の名は六四二年（皇極天皇元）、六四九年（大化五）の記事にみえ、六五五年（斉明天皇元）には瓦葺の宮殿建設が図られたが、結局中止されている。また、六七二年（天武天皇元）の壬申の乱に際しては「小墾田兵庫《ひょうご》」が登場する。その後、奈良時代の後半に至り、七六〇年（天平宝字四）から翌年にかけて、淳仁天皇が一時ここに滞在し、七六五年（天平神護元）には、称徳天皇が紀伊国へ行幸する途中、二泊して近辺を巡歴している。小墾田宮の位置は、従来、飛鳥川西岸の古宮《ふるみや》土壇（橿原市和田町）周辺に比定するのが通説であったが、一九八七年（昭和六十二）に、対岸（東岸）にあたる雷丘《いかずちのおか》東方遺跡（明日香村雷《いかずち》）の井戸から「小治田宮」と墨書した土器が多数出土し、その一帯であることが確定した。発掘調査では、『続日本紀』から存在がうかがえる奈良時代の倉庫群の一部や築地《ついじ》塀、推古朝の池の一部なども見つかっている。→雷丘東方遺《いかずちのおかとうほうい》跡《せき》（68頁）　→豊浦寺《とゆらでら》・豊浦宮跡《とゆらのみやあと》（113頁）　→古宮遺跡《ふるみやいせき》（119頁）

参考文献　岸俊男『日本古代宮都の研究』（一九八八、岩波書店）、直木孝次郎『飛鳥—その光と影—』（一九九〇、吉川弘文館）、木下正史『飛鳥・藤原の都を掘る』（『地中からのメッセージ』、一九九三、吉川弘文館）

（小澤　毅）

上《かみ》ノ井《い》手《で》遺《い》跡《せき》

明日香村奥山字上ノ井手に所在する飛鳥時代の邸宅跡。一九七二年(昭和四十七)、飛鳥資料館建設に伴う事前発掘で所在が判明。遺跡は奥山集落の東方で、飛鳥盆地の東縁を限る低丘陵の南西傾斜面に立地する。奥山久米寺跡の東四〇〇メートル、山田寺跡の西四五〇メートルで、飛鳥から山田・阿部へと抜ける古代幹道山田道の北側の交通の要衝に位置する。遺跡は戎外川北側の東西一〇〇メートル、南北七五メートルほどの谷間に広がる。発見遺構は七世紀後半の石組暗渠・掘立柱建物・素掘溝のほか、古墳時代前期の素掘溝や井戸、八世紀末の火葬骨壺などである。七世紀後半の石組暗渠は大石を積んだ内法幅〇・四メートル、高さ〇・七メートル、全長七三メートル以上に及ぶ大規模なもので、途中にマンホールを設ける。石組暗渠を覆って厚さ約一メートルの整地土が広がり、整地土層上に大規模な掘立柱建物が建てられている。皇子宮や有力豪族層の邸宅跡である可能性が高い。谷間の狭い傾斜地にまで邸宅が設けられており、飛鳥の都の土地利用が徹底したものであったことを窺わせて興味深い。飛鳥資料館の構内に立てば、それが実感できる。

上ノ井手遺跡の石組暗渠（南から）
（奈良文化財研究所提供）

参考文献 木下正史『飛鳥・藤原の都を掘る』(『地中からのメッセージ』、一九九三、吉川弘文館)

(木下 正史)

亀《かめ》石《いし》

明日香村川原にある古代の石造物。花崗岩の巨石（長四・五メートル、幅二・八メートル、高二メートル）の下端に顔と目・口および前肢を彫り込むことにより、うずくまる姿勢の亀を上手く表現する。その他は自然石風で未完成のようにみえるが、裾の輪郭を線彫りしたり、下面に線彫りの痕跡を残すなど加工は全体に及んでおり、完成品であろう。平安時代の川原寺関連文書に「字亀石垣内」とあり、亀石が大和条里・東三十条四里の東南隅にあたる六ノ坪に存在したことがわかる。今、亀石の南側を東西に走る道路がちょうど坪境に相当するので、これを手がかりに条里の境界を示したとの説があり、同様に川原寺寺域西南隅や古道の交差点（衢《ちまた》）に置かれた「牓《ぼう》示《じ》石」説がある。また、亀の顔が王陵地域に向くところから現世と黄泉国《よみのくに》を分ける結界石説や、塔心礎未完成品説などがある。なお現在、亀石は顔を西南に向けるが、これが西を向けば大和盆地が水没するとの

亀　石

俚諺が伝えられている。

参考文献 奈良国立文化財研究所飛鳥資料館編『あすかの石造物』(『飛鳥資料館図録』三五、二〇〇〇)

(黒崎 直)

亀形石造物《かめがたせきぞうぶつ》

⇩酒船石遺跡《さかふねいしいせき》(96頁)を参照

加夜奈留美命神社《かやなるみのみことじんじゃ》

明日香村栢森《かやのもり》字堂ノ上に所在する神社。飛鳥川の源流に沿う栢森集落の東北方の小丘陵上に鎮座。飛鳥川の川水の豊かな恵みを願って祀った神と考えられる。延喜式内社。祭神は加夜奈留美命。賀屋鳴比女神(『類聚三大格』)・茅鳴日女神社(『五郡神社記』)とも呼ばれ、江戸時代には葛神と称した(『大和志』)。創祀は古く、『延喜式』出雲国造神賀詞に、「加夜奈留美命の御魂を飛鳥の神奈備《かんなび》に坐せて、皇孫の命の近き守神と貢り置きて(下略)」とあり、飛鳥の宮都近くの飛鳥川上流に

加夜奈留美命神社

鎮座するため皇孫の守護神とされた。この飛鳥神奈備については橘寺東南にあるミハ山と見て、加夜奈留美命神社はもとこの地にあった可能性を考える説がある。八五九年(貞観元)正月、従五位下から正四位下へ神階が昇叙されたとあり(『日本三代実録』)、飛鳥の式内社中、最高の神位であった。神社の場所は永らく不明であったが、現在地と考証したのは、南画の大家で石上神宮宮司であった富岡鉄斎である。鉄斎は式内社加夜奈留美命神社の退廃を嘆き、一八七八年(明治十一)に私費を投じて神社を復興する。現在の社殿は一九三三年(昭和八)以降に再建されたもの。

参考文献　和田萃「飛鳥の神々」(井上光貞・門脇禎二編『古代を考える　飛鳥』所収、一九八七、吉川弘文館)、網干善教「神社」(『続明日香村史』上所収、二〇〇六)、明日香村教育委員会文化財課編『飛鳥の神社—神々がやどる社—』(『飛鳥の考古学図録』六、二〇〇八)

(木下　正史)

川原下《かわはらしも》ノ茶屋《ちゃや》遺跡《いせき》

明日香村大字川原にある道路交差点跡。甘樫丘から南西に延びる丘陵と、橘寺から亀石・梅山古墳へとのびる低位丘陵の間に挟まれた谷に位置する。東西道路は路面幅一一・五メートルで、北側溝は石組み、南側溝は素掘りの溝で、いずれも約一メートルの幅をもつ。この東西道路

川原下ノ茶屋遺跡の道路交差点
(明日香村教育委員会提供)

には南北道路が交差しており、交差点の南側は両側に素掘りの側溝をもつ路面幅二・七メートルの道路である。一方、北側では側溝が確認できず、幅三メートルの範囲で南北に榛原石《はいばらいし》が敷き詰められている。検出状況から、これは路面強化のための地下地業と考えられる。この北側丘陵上には「旦波国多貴評《たきのこおり》」木簡が出土した小山田遺跡があることから、その進入路と考えられる。東西道路は橘寺北門前など数ヵ所で確認されており、少なくとも八〇〇メートルは地形の影響を受けず、一直線に施工されていることから、飛鳥宮から川原寺と橘寺の間を通過し、下ツ道まで直線で施工された可能性が高い。飛鳥宮に向かう七世紀後半における幹線道路と考えられる。

参考文献　相原嘉之「川原下ノ茶屋遺跡の調査」(『明日香村遺跡調査概報』平成八年度、一九九八)

(相原　嘉之)

川原寺跡《かわはらでらあと》

明日香村川原にあった寺院で、弘福寺《ぐふくじ》ともいう。寺の創建時期には諸説があるが、確実な史料上の初見は『日本書紀』天武天皇二年(六七三)三月条で「書生を聚めて始めて一切経を川原寺に写さしむ」とあり、これ以前にさかのぼる。同年に封戸五百戸を施入されたのをはじめ、天武・持統朝には厚遇されていることが史料に散見し、大官大寺《だいかんだいじ》・飛鳥寺《あすかでら》・薬師寺《やくしじ》とともに四大寺の一つとされた。平城遷都の際に、ほかの三寺は新京に移ったのに対して、川原寺だけは旧地にとどまり、そのためか徐々に寺格が低下していったものとみられる。とはいえ、七〇九年(和銅二)の『弘福寺田畠《ぐふくじでんぱた》流記帳《るきちょう》』によれば、その寺領は大和のほか、河内・山背・尾張・近江・美濃・讃岐に及び、総計水田百五十

川原寺伽藍の復原整備状況（南上空から）
（奈良文化財研究所提供）

八町余、陸田四十九町余にのぼっている。また、七三五年（天平七）の「弘福寺《ぐふくじ》領《りょう》讃岐国《さぬきのくに》山田郡《やまだぐん》田図《でんず》」は現存最古の田図として著名である。平安時代初期には、空海が当寺を賜り、東南院に止住したと伝え、その後は東寺の末寺となった。その後、十二世紀末に焼失、十三世紀末ごろまでに一度は再建されたようだが、戦国時代に再び焼け、江戸時代には草堂を残すのみとなった。寺域内に礎石が多く残っていたことから、一九二一年（大正十）に国史跡に指定された。一九五七年（昭和三十二）—五九年に発掘調査が行われ、創建時の姿が明らかになった。伽藍配置は一塔二金堂という従来にない型式で、川原寺式と呼ばれるようになった。すなわち、中軸線上に南から、南大門・中門・中金堂・講堂が並び、中門から中金堂に取り付く回廊に囲まれた中に塔と西金堂が向かい合う。そして講堂の周囲を三面僧坊が取り囲むという配置である。川原寺の下層には七世紀中ごろの遺構も見つかり、これが斉明天皇の川原宮と推定されることから、寺の創建はそこまではさかのぼらず、天智朝ごろと見るべきことも判明した。一九七三年の調査では、東門と東南院が発掘され、東門は南大門よりも大規模で、中ツ道に面する東門が正門と考えられるに至った。二〇〇三年(平成十五)、中金堂の北方約二五〇メートルの位置で、寺域の北を限る掘立柱塀が発見され、川原寺の寺域が飛鳥寺とほぼ同じ南北三町(約三三〇メートル)と壮大な規模を誇ることが判明した。北限大垣の南側では、大きな鉄釜の鋳型や金属加工に関係した炉跡群などが発見され、寺域北端に伽藍の建設や修理のための工房群が配置されている様子が明らかとなった。現在は、発掘成果をもとに、礎石を復元して整備し、往時の大伽藍をしのぶことができる。中金堂にあたる位置には瑪瑙石といわれる礎石が存する。所蔵文化財には、本尊の十一面観音像をはじめ、木造持国天・多聞天像(重要文化財)、十二神将像がある。一九七四年、寺域西北の川原寺裏山で、径三メートル以上の大きな穴が発見され、中から焼けた塑像・塼仏などの破片が千点以上も見つかった(川原寺裏山遺跡)。銅銭の承和昌宝(八三五年(承和二)初鋳)が含まれることから、それ以降に川原寺の堂舎に火災があり、焼け跡から拾い集められた仏像の破片を一括投棄したものと見られる。したがって、創建期の仏像を推定する手がかりとなる遺物である。

↓飛鳥《あす》川原宮跡《かわらのみやあと》(41頁)

参考文献 『川原寺発掘調査報告』(一九六〇、奈良国立文化財研究所)、坪井清足『飛鳥の寺と国分寺』(『古代日本を発掘する』二、一九八五、岩波書店)、大脇潔『飛鳥の寺』(『日本の古寺美術』一四、一九八九、保育社)

(寺崎　保広)

坂田寺跡《さかたでらあと》

明日香村阪田にある鞍作《くらつくり》氏の氏寺で、別称金剛寺。稲淵川右岸の傾斜地を大規模に造成して寺地としている。稲川の対岸には飛鳥稲淵宮殿跡がある。創建に関しては、鞍部多須奈《たすな》による五八七年説と鞍作鳥《とり》による六〇六年（推古天皇十四）説があるが、寺名は飛鳥寺本尊の安置に功のあった鳥が近江国坂田郡内に水田二十町を賜り、それを造営に充てたことによる。六八六年（朱鳥元）には、大官大寺《だいかんだいじ》や飛鳥寺などとともに「無遮大会《かぎりなきおがみ》」が行われるなど、飛鳥を代表する尼寺といえる。また奈良時代には東大寺大仏殿の東脇侍を寄進した坂田寺尼信勝の活躍が知られ、そのころの隆盛がしのばれる。一九七二年（昭和四十七）以降、発掘調査が断続的に行われ、寺域北辺で井戸・池・石垣、中央部で仏堂とそれに取り付く回廊、西面回廊外側で大型の掘立柱建物などが発見されている。ただし北辺の池以外は創建当初までさかのぼらず、仏堂や回廊、掘立柱建物などの大型建物はいずれも奈良時代の造営で、尼信勝による活発な伽藍整備がうかがえる。仏堂は金堂とも考えられ、須弥壇からは水晶や銅鏡・和同開珎などの鎮壇具が発掘されている。また南回廊では山田寺東回廊ほど良好ではないものの倒壊状態をとどめて発掘され、連子窓・

坂田寺堂跡（奈良時代の金堂，北から）
（奈良文化財研究所提供）

頭貫などの建築材とともに屋根に葺かれた檜皮が大量に出土した。一九九八年(平成十)には仏堂の前面から二棟の基壇建物が発見されたが、調査範囲が狭いこともあって全体の伽藍配置は不分明のままである。なお池の周辺からは、創建当初の手彫り忍冬唐草文軒平瓦や素弁軒丸瓦が出土している。現在、奈良時代の伽藍を斜めに分断するように県道が走っており、寺跡の面影はないが、阪田の集落へ東南に昇る里道の分岐点付近に「阪田寺金剛寺跡」の石碑が立ち、その付近に遺跡の解説板が建てられている。また県道から逆に川側へ下ると石造物マラ石が立つ広場に至る。

参考文献　黒崎直「中小豪族の寺々」(狩野久編『古代を考える　古代寺院』所収、一九九九、吉川弘文館)

(黒崎　直)

酒船石遺跡《さかふねいしいせき》

飛鳥時代の宮殿に附属する施設の遺跡。一九九三年(平成五)、酒船石から民俗資料館をむすぶ散策道の整備に伴う調査で、石垣状の遺構が検出された。この遺構は石英閃緑岩(花崗岩)を直方体に加工した切石を基礎石として、その上に凝灰岩質細粒砂岩の切石を積み上げたもので、崩落した状況で確認された。この石垣状遺構の発見を皮切りに酒船石周辺で明日香村教育委員会による範囲確認調査が実施された。調査は酒船石遺跡調査委員会のもと二〇〇四年の第二十五次まで続けられた。酒船石遺跡は大きく丘陵部と周辺部に分けることができる。まず丘陵の頂部にある酒船石は本居宣長が『菅笠日記』の中で「長者のさかふね」と紹介するなど早くから知られていた。酒船石の用途につい

酒　船　石
（明日香村教育委員会提供）

酒船石遺跡の砂岩石垣（東から）
（同前提供）

亀形石造物と石敷
（同前提供）

ては酒の醸造、辰砂の精製、天文観測施設など諸説が出されている。酒船石は一九二七年(昭和二)四月八日に国史跡に指定されている。酒船石の北西約五〇メートルの位置には酒船石遺跡の調査の契機となった石垣状遺構がある。石垣を構成する凝灰岩質細粒砂岩は、天理市の豊田山周辺で採れたものである。石垣は酒船石を中心に版築で盛土した高まりの周囲を約八〇〇メートルにわたって巡っていることも明らかとなった。第三次調査でも凝灰岩質細粒砂岩の石垣を最上段として石英閃緑岩大石を積み上げた三段分の石垣が確認されており、丘陵全体を四重の石垣や石段が巡っていたことが明らかとなっている。丘陵部周辺では酒船石から北へ派生する二つの丘陵に挟まれた谷部で行われた第十二・十三次調査で、湧水施設・小判形石造物・亀形石造物からなる導水施設が検出された。その周辺では階段状の石段や石敷などが確認されている。亀形石造物は石英閃緑岩で作られている。全長二・二八メートル、幅一・九二メートルを測り、頭を南向きに設置されている。水槽部は直径約一・六メートル、深さ〇・二三メートルあり、すり鉢状となっている。小判形石造物は全長一・六九メートル、幅〇・九八メートル。水槽部は深さ約〇・二メートルを測る。水槽の北側の側面には直径約四センチの穴が穿たれている。この穴から上澄み水が亀形石造物へと流れ込み、小判形石造物は一種のろ過装置の役割を担っていることがわかる。小判形石造物の南側には凝灰岩質細粒砂岩の切石を十一段ほど積み上げた湧水施設がある。その中央に取水塔があり、最上部の取水口から水が流れる構造となっている。取水口から小判形石造物まで約二・五メートル離れており、木樋などを使用して水を流したものと考えられる。導水施設と周辺の遺構は大きく五時期に区分できる。Ⅰ期は七世紀中ごろ、Ⅱ期は七世紀後半、Ⅲ期は七世紀後半から末、Ⅳ期は九世紀、Ⅴ期は九世紀後半で、七世紀中ごろに造られ、九世紀後半まで維持されていたことがわかる。導水施設の性格については、天皇祭祀に関連する遺構とする説が出されている。二〇〇四年九月には亀形石造物などを含む三一四六四平方メートル（既指定地含む）が国史跡に追加指定され、名称は酒船石遺跡と改められた。『日本書紀』斉明天皇二年（六五六）条には斉明天皇は渠《みぞ》を掘り、船二百艘で石上山《いそのかみやま》の石を運び、宮の東の山に石を畳《かさ》ねて垣としたとあり、酒船石遺跡の石垣はこの記事との関連が注目されている。亀形石造物周辺は現在仮整備されており、発掘当時の状態で露出展示が行われている。丘陵部で検出された凝灰岩質細粒砂岩の石垣が復元されており、現地で見学することができる。解説板も設置されている。↓狂心《たぶれごころ》の渠《みぞ》（110頁）

参考文献　相原嘉之・西光慎治他『酒船石遺跡発掘調査報告書』（『明日香村文化財調査報告』四、二〇〇六、明日香村教育委員会）

（西光　慎治）

島庄《しまのしょう》遺跡《いせき》

明日香村大字島庄にある蘇我馬子の嶋家や草壁皇子の嶋宮と推定されている、苑池や邸宅・宮殿遺跡。飛鳥川の右岸の段丘岸上にあり、北は唯称寺《ゆいしょうじ》川、西は飛鳥川、南は冬野川に挟まれた、縄文時代から中世にかけての複合遺跡で、石舞台古墳もこの範囲に含まれる。『日本書紀』推古天皇三十四年（六二六）条によると、蘇我馬子の嶋家は「飛鳥河の傍に家せり。乃ち庭の中に小さなる池を開《ほ》れり、仍りて小さなる嶋を池の中に興《つ》く、故、時の人、嶋大臣と曰ふ。」とあり、飛鳥川の川辺にある庭園をもつ邸宅であったことがわかる。その後は、嶋皇祖母命《しまのすめみおやのみこと》（糠《ぬか》手《て》姫《ひめ》皇女・吉《き》備姫王《びつひめのおおきみ》）の居宅となり、壬申の乱の時には、大海人皇子が「嶋宮」に宿泊しており、「嶋宮」の史料上の初出である。『万葉集』二ノ一七〇—一八九の一連の挽歌から、草壁皇子がこの嶋宮に居住していたことがわかる。その後、嶋宮は奈良時代まで存続していた。発掘調査によると、島庄遺跡の七世紀代の遺構は、大きく四時期の変遷が

島庄遺跡掘立柱建物跡
(明日香村教育委員会提供)

同石組池の護岸

みられる。七世紀第Ⅰ四半期には一辺四二メートルの方形池が築造される。方形池は九世紀までは存続し、現在も水田の畦の形状として遺存しており、今もその跡を現地で観察できる。この池は石積みの護岸をもち、池底

にも石を敷き詰めているが、池中に島は確認されていない。これを蘇我馬子の嶋家の池という考えもあるが、庭園の池ではなく、貯水池的な性格とみるむきもある。この池の南には五間×三間の大型建物群が展開している。第II四半期には方形池の北東に、自然の川を模した石積みの溝が造られる。その南に隣接して四間×二間の建物と小池がある。また、方形池の南方にも、重複して小規模な建物群が建てられている。第III四半期には石積み溝などは埋められ、方形池の南方に小規模な建物が散在する。第IV四半期になると、正方位に合わせた建物群が方形池の北や南に展開する。これらの遺跡の変遷は、史料にみられる馬子の嶋家や二人の嶋皇祖母命の居宅、草壁皇子の嶋宮と符合する。

↓石《いし》舞台古墳《ぶたいこふん》(74頁)

[参考文献] 秋山日出雄他『嶋宮伝承地 昭和四六―四八年度発掘調査概報』(一九七四、奈良県教育委員会)、明日香村教育委員会文化財課編『島庄遺跡発掘調査報告書―嶋宮伝承地における発掘調査―』(二〇〇八)、相原嘉之「嶋宮をめぐる諸問題」(『明日香村文化財調査研究紀要』一〇、二〇一一)

（相原 嘉之）

須弥山石《しゅみせんせき》・石人像《せきじんぞう》

一九〇二年(明治三十五)・〇三年に明日香村飛鳥小字石神、飛鳥寺の北西に接する水田から偶然発見された噴水石で、須弥山石と石人像(道祖神像)と名づけられた。花崗岩製で、ともに重要文化財。須弥山石は三石が残り、全体の外形は達磨落とし形で、総高二・三メートル。下段石と中段石の文様が合わず、もとは四石かそれ以上を積み上げたものらしい。饅頭形の上段石と円筒形の中段石の外面に重々する山岳文が浮彫されている。下段石は内側を径約八〇センチ、深さ約四〇センチの臼状に彫込んで水槽につくり、その外側の裾に導水管をつなげ

須弥山石

石人像

（奈良文化財研究所提供）

る仕口があり、水槽の縁に仕口から水を引き上げるための径二センチの円管孔が開けられている。水槽の底の縁に外側に向って径五ミリの貫通孔四個が穿たれ、この小孔から水槽内の貯水が外に流れ出る仕掛けになっている。下段石の外面に波文の浮彫があり、水槽から流れ出た水が波文をぬらす様は大海を彷彿とさせる。全体として海中に浮かぶ高山を造形したもので、仏教でいう世界の中心に聳える聖なる高山、須弥山を象ったものと見てよい。発見当時、『日本書紀』斉明天皇五年（六五九）三月条に「甘梼丘東之川上」に「須弥山」を立て陸奥と越との蝦夷を饗したとある「須弥山」にあたるとされ、名称もそれによる。須弥山造立の記事は斉明天皇三年、同六年にも見え、いずれも蝦夷など化《け》外《がい》の民が天皇へ服属を誓う儀礼・饗宴の場に造立されている。同六年条には「石上池の辺に須弥山を作る。高さ廟塔の如し」とあり、饗宴場の庭園の装飾として立てられている。須弥山を造った場所はいずれも飛鳥寺の西であり、須弥山石は三度出てくる記事のいずれか、またはすべてに関係するのであろう。須弥山は単なる装飾にとどまらず、服属・饗宴儀礼の場を神聖な舞台に整える装置でもあって、須弥山を傍らにして行う服属の誓いは違約することの許されない神聖な誓約と見られたのである。石人像は岩に腰掛けた男子像と背後から男子像に寄り添う女子像を一体で丸彫りした石造物で、高さ一・七メートル、幅〇・七メートル。女子像は高松塚古墳壁画の女子像と同様のひだつきのスカートをはき、筒袖の上衣を着用する。男子像の口元に大杯が象られ、そこから足裏まで径約二センチの円形孔が貫通する。円形孔は胸元で枝分かれして女子像の口へ至る。口より高い位置から水を送る装置を設ければ、男女の口から水が流れ出る仕掛けになっている。一九三六年(昭和十一)に出土地周辺で発掘調査を実施。出土伝承地をめぐるように配された数条の石組溝や石敷が発見されたが、石造物の発見地などは不明確なままに終わった。八一年、奈良国立文化財研究所が再発掘。須弥山石三石と石人像が西から東へ倒れた状態で埋もれていたことがわかった。石造物は平安時代以前に本来の造立位置や造立状況を失っていたが、もともと斉明朝ごろの服属・饗宴儀礼施設である石神遺跡の一画に立てられていたと見られる。石造物は飛鳥資料館で間近に見学することができ、前庭に復原模型がある。出土地は飛鳥水落遺跡の東北四〇メートルほどの所。何の案内施設もないが、現地に立てば、壮大、華麗な服属・教化・饗宴施設への理解が深まるだろう。↓甘樫丘《あまかしのおか》(63頁)　↓石《いし》神《がみ》遺跡《いせき》(72頁)

参考文献　狩野久・木下正史『飛鳥藤原の都』(『古代日本を発掘する』一、一九八五、岩波書店)、木下正史『飛鳥・藤原の都を掘る』(『地中からのメッセージ』、一九九三、吉川弘文館)、奈良国立文化財研究所飛鳥資料館『あすかの石造物』(『飛鳥資料館図録』三五、二〇〇〇)

(木下　正史)

大官大寺跡《だいかんだいじあと》

明日香村小山に所在する官営の大寺院跡。百済大寺、高市《たけち》大寺の後身で平城京大安寺の前身寺院。一九二一年（大正十）国史跡指定。香具山の南の水田中に金堂と塔の基壇跡が今も残る。一九七四年（昭和四十九）に開始された発掘調査で壮大な伽藍配置が明らかにされた。伽藍中枢部は、中軸線上に南から中門、金堂、講堂が並び、金堂の前方東側に塔が建つ。回廊は中門から塔のある内庭を囲んで金堂に取り付き、東・西回廊はさらに北にのびて講堂の背後で閉じ「日」字形を呈する。金堂基壇は東西約五四・六メートル、南北約三〇・一メートル、高さ一・七メートル。建物規模は桁行九間（十七尺等間）、梁行四間（母屋二間が十八尺、廂の出十七尺）、軒の出十六尺に復元されている。この大きさは、東大寺大仏殿にくらべると一歩ゆずるが、それに次ぎ、藤原宮や平城宮の大極殿に匹敵する。塔基壇は一辺二四メートルほどで柱間各十尺の方五間、高さは八〇メートル近いと推定される。講

文武朝大官大寺塔跡と回廊跡（東上空から）
（奈良文化財研究所提供）

堂は基壇が大部分削平されていたが金堂と同規模。中門は間口五間(中央三間十七尺、両端間十四尺)、奥行三間(十四尺等間)。回廊は礎石の残りがよく、単廊《たんろう》で桁行十三尺、梁行十四尺に復元でき、南北規模約一九七《メートル》、東西は約一四四《メートル》になる。建物のまわりからは大官大寺式とよばれる複弁蓮華紋軒丸瓦と均整唐草紋軒平瓦や、金銅製の隅木先金具などが出土。『大安寺伽藍縁起』は文武朝に九重塔と金堂をつくり丈六像を敬造したと記し、『扶桑略記《ふそうりゃっき》』は六九九年(文武天皇三)に塔を建て七一一年(和銅四)に焼失したと伝える。伽藍中軸線が藤原京条坊に合致すること、金堂基壇下出土の土器が藤原宮のものに近いこと、軒瓦の紋様が本薬師寺式や藤原宮式より新しいことなどから、その造営は文武朝に本格化したことが判明した。また金堂と講堂は完成後に焼失。塔は建物本体は完成したものの基壇化粧を施す前に焼失。中門と回廊は建設中に焼失したことが発掘で確認されているが、こうした状況は『扶桑略記』の焼失記事の正しいことを裏付けている。

↓木之本廃寺《きのもとはいじ》(214頁)　↓吉備池廃寺《きびいけはいじ》(273頁)

参考文献　大脇潔『飛鳥の寺』(『日本の古寺美術』一四、一九八九、保育社)、同「大安寺一—百済大寺から大官大寺へ—」(『シンポジウム古代寺院の移建と再建を考える』所収、一九九五、帝塚山考古学研究所)

(大脇　潔)

竹田遺跡《たけだいせき》

明日香村大字飛鳥・東山に広がる集落遺跡である。大字八釣とは東で接する。南に大伴夫人之墓や藤原鎌足公誕生伝承地が、東側丘陵上には、八釣・東山古墳群が展開する。北に古道山田道を見下ろし、西には飛鳥寺やその北側に石神遺跡がある。このように竹田遺跡は、東西南北を重要な遺跡で囲まれた立地環境である。

『日本書紀』顕宗天皇元年条によれば、八釣には近飛鳥八釣宮が所在する旨記されており、遺跡との関連性が注目される。二〇〇六年(平成十八)・〇七年の範囲確認調査により、多くの建物や塀、土坑、溝などが検出された。建物群のうち、最も大型のものは掘立柱建物SB09である。柱を据え付けるための柱穴は、一辺の大きさが一メートルを越え、深さも深いところで一メートル前後あった。建物の柱痕は残りが良いもので径約三〇センチである。竹田遺跡のピークは七世紀後半段階で、多くの建物がこの時期のものである。建物の切り合い関係や重複する建物の存在、あるいは建物同士の向きなどから、二〜三時期にわたって建物群が存在していたことが明らかとなった。大型建物SB09では柱の礎盤石として砂岩を使用している。砂岩は天理市豊田山付近で採取され、酒船石遺跡で利用されたことをきっかけに飛鳥地域に搬入されたと考えられている石材。出土遺物には、埴輪や古墳から出土する特徴的な須恵器などがあり、建物を建てる際、これらの古墳を削平して整地を行なっていることが明らかである。その他出土遺物に硯や銙帯金具《かたいかなぐ》などがあり、識字者層の存在を思わせる。建物が大型であることを考慮すると、皇子クラスないしは官人層でも上級者の居宅である可能性が高い。柿本人麻呂が新田部皇子《にいたべのおうじ》に献上した万葉歌の反歌に「矢釣山」が詠みこまれていること、遺跡東側

竹田遺跡遠景（北西上空から）
（明日香村教育委員会提供）

にある現在の集落が「八釣」名であることから、天武天皇第十皇子、新田部皇子の邸宅の一部であった可能性も考えられる。

参考文献　髙橋幸治「二〇〇七-四次竹田遺跡範囲確認調査」(『明日香村遺跡調査概報』平成一九年度、二〇〇九)、同編『竹田遺跡発掘調査報告書』(『明日香村文化財調査報告書』八、二〇一三、明日香村教育委員会)

(髙橋　幸治)

竹《たけ》野《の》王石塔《おうせきとう》

明日香村大字稲渕にある竜福寺境内に置かれた石塔。江戸時代末には石塔に刻まれた銘文が考証の的となっていた。石塔は、軸部と屋根を別石で積み上げる形式で、現状で四重目の軸部まで残存するが、本来は五重であったと推定される。銘文は初重軸部にあり、四方の面に約三センチ大の文字が一行八字詰めで割り付けられる。しかし、北面は紀年と人名のみ刻銘され、各面で文字や行数に相違がある。刻銘によれば七五一年(天平勝宝三)に竹野王によって建立された。竹野王は『続日本紀』や長屋王木簡にみえる竹野王と同一人物で、長屋王の近親の女性と考えられている。また、東面にある「朝風《あさかぜ》」がこの塔が本来建てられた地名とされ、飛鳥川と檜隈川《ひのくまがわ》との間にあった丘陵地と考えられる。石塔は二上山産出の凝灰岩で造られているが、風化著

竹野王石塔

しくいまは銘文をはっきり読むことができない。現在、石塔には覆屋が設けられており、解説板がかけられている。

参考文献 『明日香村史』上(一九七四)、国立歴史民俗博物館編『古代の碑―石に刻まれたメッセージ―』(一九九七)

(長谷川 透)

橘《たちばな》寺《でら》

飛鳥川の西岸、飛鳥の盆地の南端、仏頭山の北麓に造営された飛鳥時代の寺院。明日香村橘に所在。一九六六年(昭和四十一)国指定史跡。東面する伽藍をもつ。聖徳太子建立の七寺の一つである「橘尼寺」であるという伝承をもつ。聖徳太子信仰の寺として、鎌倉時代以降、今日まで信仰を集めている。石田茂作により五三年と五六・五七年に発掘調査が行われた。その後、八五年から伽藍整備に伴い奈良県立橿原考古学研究所により発掘調査が実施された。伽藍配置は、東西方向に中門、塔、金堂、講堂を一直線に並べたものである。中門から出た回廊の南北規模は、約五六・八メートル、講堂にとりつくとする説と、金堂の後ろで閉じるという説がある。塔は基壇をはじめとして心礎などの礎石もよく残る。創建当初は一辺約一二メートルの花崗岩の基壇であったが、奈良時代に一辺一三・五メートル、凝灰岩の壇正積基壇につくりかえられている。心礎は半地下式で、中央には心柱を受ける円形の穴があり、さらに心柱の添木を受ける彫込がみられる。一辺三間(六・八四メートル)で、法隆寺五重塔よりやや小さい。金堂は正面約二〇メートル、奥行約一六・六メートルの基壇で、掘込地業がみられる。講堂は創建時、正面七間、奥行四間であったが、のちに九間×四間の建物としている。中心伽藍の北方には奈良時代と鎌倉時代の新旧二つの時期の北門があり、それにとりついて築地がめぐる。寺域は東西三九〇メートル、南北一四〇メートルと推定される。発掘調査では大量の塼仏が出土している。塼仏には方形三尊塼仏、火頭形三尊塼仏があるが、具体的にどの建物に用いられたのかは断定できない。境内から出土した飛鳥時代の軒瓦には、飛鳥寺創建の軒丸瓦と同笵のものと川原寺出土例と同じ複弁蓮華文軒丸瓦と重弧文軒平瓦があり、後者が圧

橘寺塔跡発掘遺構
（奈良県立橿原考古学研究所提供）

同地下式心礎と礎石（南東から）

倒的に多い。これらの瓦の年代から、飛鳥時代前半創建説と飛鳥時代後半創建説がある。いずれにしても伽藍の整備は飛鳥時代後半に行われたとみてよい。重要文化財の「絹本著色太子絵伝」、日羅像・如意輪観音像・聖徳太子像、石灯籠などが所蔵されている。また、境内に二面石がある。 ↓二面石《にめんせき》(115頁)

参考文献 大脇潔「橘寺」(『日本の古寺美術』一四所収、一九八九、保育社)、奈良県立橿原考古学研究所編『橘寺』(『奈良県文化財調査報告書』八〇、一九九九)

(林部 均)

狂心《たぶれごころ》の渠《みぞ》

古代の人工運河。『日本書紀』斉明天皇二年(六五六)の記事に、香具山の西より石上山に至るまで溝を掘って石上山の石を二百隻の舟に積んで運び、宮の東山に積み累ねて石垣を築いたとある。この石垣は「石の山丘」とも呼ばれ、時の人はこの溝を謗《そし》って「狂心の渠」と呼んだという。石上山は天理市の石上《いそのかみ》神宮付近にある豊田山で、そこで産出する天理砂岩が飛鳥の都づく

飛鳥東垣内遺跡大溝跡(北から)
(明日香村教育委員会提供)

り用に運ばれたのである。近年、酒船石遺跡で花崗岩切石や天理砂岩切石で築いた巨大な石垣が見つかり、斉明紀に見える「石の山丘」跡と確認された。酒船石遺跡東北方の飛鳥池東方遺跡や飛鳥坐《あすかにいます》神社西南方の飛鳥東垣内《ひがしがいと》遺跡、その北の飛鳥宮ノ下遺跡や奥山久米寺西方などで人工の大溝跡が見つかっており、総延長一キロ以上に及ぶ。飛鳥東垣内遺跡発見の南北大溝は三時期の変遷があり、七世紀中ごろから後半の溝は幅約一〇メートル、深さ一・三メートル、七世紀末の溝は幅八・五メートル、深さ〇・七メートル、八—九世紀の溝は幅六メートル、深さ〇・六メートルと新しいものほど幅を狭めている。七世紀末の溝は西岸に花崗岩川原石を積んで護岸し、一部に石上山産の砂岩切石を使う。大溝は飛鳥寺の東大垣の東に沿って南北に流れ、南上流は酒船石遺跡の東裾へ向かって延びる。大溝は規模、位置、掘削時期から見て「狂心の渠」跡の一部と判断できる。香具山の東北麓でもその延長部と見られる幅一〇メートル以上の南北大溝が発見されている。

「石の山丘」の造営や「狂心の渠」と呼ばれた人工運河の掘削は、都づくりが斉明朝に本格化したことと深く関わり、その造営工事が時代を先取りしたような大規模なものであったために批判をかったのであろう。飛鳥東垣内遺跡には解説板が立てられており、ここからは南方に酒船石遺跡を望むことができ、発掘時の写真などとともに往時の都づくりの様子が忍ばれる。

→酒船石《さかふねいし》遺跡《いせき》(96頁)

参考文献　狩野久・木下正史『飛鳥藤原の都』(『古代日本を発掘する』一、一九八五、岩波書店)、木下正史『藤原京—よみがえる日本最初の都城—』(『中公新書』、二〇〇三、中央公論新社)、西光慎治「飛鳥東垣内遺跡・飛鳥宮ノ下遺跡」(『続明日香村史』上所収、二〇〇六)

(木下　正史)

塚本《つかもと》古墳《こふん》

明日香村大字稲渕字ツカモトにある飛鳥時代の古墳。飛鳥川左岸の棚田が良好に残る丘陵上に位置する。一九八三年(昭和五十八)に発掘調査が行われ、南東方向にのびる尾根上に築造された、一辺三九メートルの方墳と判明した。石室は南西に開口する両袖式横穴式石室であるが、奥壁・東側石・西側基底石しか残っていない。石室長一二・五メートル以上、玄室長四・三五〜四・六メートル、幅二・二五〜二・五五メートル。石材は一部に加工したものもみられるが、自然石の石英閃緑岩(花崗岩)で、細川谷で産出するものを使用している。玄室は奥壁・両壁石が二段積みで、羨道《せんどう》は三段積みである。石舞台古墳に近い石室構造から、七世紀前半と推定される。玄門から羨道にかけて、二上山産の流紋岩質溶結凝灰岩製の家形石棺の蓋のみが放置されていた。副葬品は盗掘のため出土していない。現在は民有地にあるが、石室材の一部を見ることができる。

塚本古墳横穴式石室・石棺発掘状況
(奈良県立橿原考古学研究所提供)

参考文献 東潮「塚本古墳発掘調査概報」(『奈良県

遺跡調査概報』一九八二年度ノ二、一九八三（相原　嘉之）

伝飛鳥板蓋宮跡《でんあすかいたぶきのみやあと》

⇩飛鳥板蓋宮跡《あすかいたぶきのみやあと》（34頁）
飛鳥岡本宮跡《あすかおかもとのみやあと》（38頁）
飛鳥浄御原宮跡《あすかきよみはらのみやあと》（43頁）
後飛鳥岡本宮跡《のちのあすかおかもとのみやあと》（116頁）
を参照

豊浦寺《とゆらでら》・豊浦宮跡《とゆらのみやあと》

豊浦寺は明日香村豊浦、現向原寺《こうげんじ》一帯に所在する最古の尼寺跡。奈良県史跡。甘樫丘から西北に派生する支丘と飛鳥川とに挟まれた狭い河岸段丘上に立地する。

『元興寺伽藍縁起』は欽明天皇十三年に百済から献上された仏像を蘇我稲目がもらい受けて小墾田《おはりだ》家に安置し、また向原《むくはら》家を寺としたのがはじまりで、推古天皇以前に成立したように記し、桜井寺や向原寺、建興寺などの別称があるとされる。詳細は不明で、これらはいわゆる捨宅寺院であって、伽藍を整えたものではなかったろう。正史では、『日本書紀』舒明天皇即位前紀（六二八年）に山背大兄皇子《やましろのおおえのおうじ》が豊浦寺に滞在して叔父蘇我蝦夷の病を見舞ったとあるのが初見である。『聖

豊浦宮跡の建物と石敷（東から）
（奈良文化財研究所提供）

徳太子伝暦』には六三四年(舒明天皇六)に「豊浦寺塔心柱を建つ」とあり、舒明朝には存在が確認できる。『元興寺伽藍縁起』には推古天皇が豊浦宮から小墾田宮に遷った後、宮地が蘇我氏に施入されて豊浦寺となったとあり、創建は推古朝まで遡る可能性が高い。六八六年(朱鳥元)十二月に天武天皇のために無遮大会《むしゃだいえ》を行なった飛鳥五寺の中に「小墾田豊浦」寺の名が見え、飛鳥最高の尼寺であった。『万葉集』によると、平城京遷都後も尼寺として存続し、七四九年(天平勝宝元)には聖武天皇によって墾田地が施入されている。九世紀には荒廃したが、鎌倉・室町時代史料にも名が見える。現向原寺付近に礎石や瓦が散在し、周辺に金堂などの小字名も残る。一九五七年(昭和三十二)以来の発掘調査によって、塔・金堂・講堂が南北に並ぶ四天王寺式伽藍と判明した。現向原寺境内では、六三〇年代建立の講堂跡と鎌倉時代の仏堂跡が発見された。講堂跡のすぐ南では七世紀初頭創建の金堂跡、その南四〇メートルの位置で六三〇年代建立の塔跡が発見された。塔跡には心礎が残る。講堂跡の西側では尼坊跡も発見されている。創建軒丸瓦は飛鳥寺や法隆寺若草伽藍金堂と同笵で、創建は飛鳥寺造営直後の七世紀初頭まで遡る。舒明朝に蘇我蝦夷によって大規模な造営が行われ、伽藍が整えられる。豊浦宮は推古天皇が五九二年から六〇三年(推古天皇十一)に小墾田宮に遷るまで営んだ宮殿である。豊浦宮の造営以降、飛鳥に宮都が集中することになり、飛鳥時代の幕開けを告げる記念碑的な宮殿であった。ここを舞台に仏教興隆詔の発布、征新羅軍派遣などの重要施策が行われた。『元興寺伽藍縁起』に豊浦宮地が豊浦寺になったとあり、平安時代の正史『日本三代実録』にも「豊浦寺は推古天皇の旧宮なり」とあり、豊浦寺と同所に所在が推定できる。蘇我馬子は推古女帝の叔父で、豊浦は早くからの蘇我氏の本拠地であった。絶大な権力を握った蘇我馬子が、磐余《いわれ》からその本拠地への遷宮を主導したのであろう。一九八五年、現向原寺庫裏《くり》の改築に伴う発掘調査で、豊浦寺講堂基壇の下層から立派な掘立柱建物が発見された。高床建物で周囲を石敷で舗装するなど、飛鳥の宮殿に特徴的な工法で建てられており、年代も六世紀末から七世紀初頭の間に限定できる。発見遺構は構造や年代、豊浦宮を施入して豊浦寺となったという伝承から豊浦宮跡の殿舎と考えてよい。金堂下層などでもバラス敷舗装や柱穴が見つかっている。豊浦宮や豊浦寺の規模は東西一〇〇《メートル》、南北二〇〇《メートル》、面積二《ヘクタール》ほどの範囲と見られ、北で三〇度ほど西に振れる方位で造営されている。現向原寺境内は講堂の跡で、本堂の南では、発見された豊浦宮の掘立柱建物と石敷遺構のほか、付近発見の獣形文様を浮彫した石造物が見学できる。

↓小墾田宮跡《おはりだのみやあと》(86頁)

参考文献　木下正史「地中に眠る宮と寺」(井上光貞・門脇禎二編『古代を考える　飛鳥』所収、一九八七、吉川弘文館)、同『飛鳥・藤原の都を掘る』(『地中からのメッセージ』、一九九三、吉川弘文館)、『続明日香村史』上(二〇〇六)

(木下　正史)

二面石《にめんせき》

明日香村の橘寺境内にある飛鳥時代の石造物。橘寺本堂南脇にたたずむ。通称飛鳥石と呼ばれる石英閃緑岩(花崗岩)を加工したもので、石の表裏におのおの人面の彫刻が施されている。北側の顔は逆三角形で、目が突出し、団子鼻で口元を丸く作る。南側の顔は奥目で口をとがらせ、左頬を膨らませる。寺伝によれば、北面を善、南面を悪とした「善悪二業一心所造」を表現するものとしている。『飛鳥誌』によると、彫刻の手法が石神遺跡出土の須弥山石《しゅみせんせき》に類似し、何らかの関係をもつものと指摘している。しかし、人面の裏面を垂直の平坦面に整えて他の構造物と組み合うように工夫

二　面　石

したり、一石に二面を彫刻している特徴からみるとむしろ猿石と共通したものといえる。この二面石は本来どこにあったものか不明だが、橘寺に持ち込まれたのは近世のことといわれている。二面石の横には寺伝による解説板がある。また飛鳥資料館中庭ではレプリカをみることができる。→橘寺《たちばなでら》（108頁）

参考文献　『明日香村史』上（一九七四）

（長谷川　透）

後《のちの》飛鳥《あすか》岡本宮《おかもとのみや》跡《あと》

斉明・天智・天武の三代にわたる天皇の宮。斉明は、飛鳥《あすか》板蓋宮《いたぶきのみや》が六五五年（斉明天皇元）冬に焼失したため、一時飛鳥川原宮《かわらのみや》に遷るが、翌六五六年に後飛鳥岡本宮を造営してそこに遷った。宮号が示すように、舒明の飛鳥岡本宮（六三〇年（舒明天皇二）—三六年）とほぼ同地に存在したと推定される。つづく天智も、『扶桑略《ふそうりゃっ》記《き》』や『帝王編年記』によれば、六六七年（天智天皇六）の近江遷都以前はここを居所としたらしい。また、壬申の乱に勝利した天武は、六七二年（天武天皇元）九月に凱旋すると、嶋宮《しまのみや》をへて後飛鳥岡本宮に入っている。六八五年九月にみえる「旧宮」もこの宮を示すものであろう。とすれば、天武・持統両朝の飛鳥浄御原《あすかきよみはらの》宮《みや》は、後飛鳥岡本宮を継承・拡充するかたちで成立した可能性が高く、国史跡「伝飛鳥板蓋宮跡」(飛鳥京跡、明日香村岡)のⅢ期(上層)遺構がこの両宮に相当するとみられる。内郭が後飛鳥岡本宮の中枢部にあたり、南側の玉石敷の公的空間と北側の砂利敷の私的空間に分かれていた。宮域の東限は飛鳥板蓋宮や飛鳥浄御原宮とほぼ同じとみられるが、南限は飛鳥浄御原宮より北に位置する。官衙の実態については不明な部分が多い。内郭北西の苑池や復元整備された井戸・石敷などはこの宮に伴う施設としてつくられたものである。
→飛鳥板蓋宮跡《あすかいたぶきのみやあと》(34頁) →飛鳥岡本宮跡《あすかおかもとのみやあと》(38頁) →飛鳥《あすか》川原宮跡《かわらのみやあと》(41頁) →飛鳥浄御原宮跡《あすかきよみはらのみやあと》(43頁)

参考文献 奈良県教育委員会『飛鳥京跡』一―六(一九七一―二〇一四)、小澤毅『日本古代宮都構造の研究』(二〇〇三、青木書店)、林部均『飛鳥の宮と藤原京―よみがえる古代王宮―』(『歴史文化ライブラリー』、二〇〇八、吉川弘文館)
(小澤 毅)

治田神社《はるたじんじゃ》

明日香村岡字治田に所在する神社。岡寺から飛鳥盆地に向かって派生する舌状の尾根の先端部に位置する。『延喜式』神名帳上に「治田神社(鍬靫)」とある式内社。創建時の岡寺は治田神社付近に位置し、境内地を中心に塔・金堂・講堂跡の推定地があり、堂塔の礎石も一部残存する。祭神は、ある時期には彦坐命《ひこいますのみこと》であったが、のちに大地主神《おおとこぬしのかみ》(大己貴命《おおなむちのみこと》)を祀っていたこともあり、さらに八幡宮と称して、品陀別天皇《ほむたわけ》(応神天皇)を祭祀していた。現在は応神天皇・素戔嗚命・大物主神の三柱を祀る。あわせて武内宿禰《たけしうちのすくね》を祭神とする武内神社、菅原道真を祀る菅原神社がある。一九一〇年

（明治四十三）には、大字岡字城山に鎮座していた八坂神社が併合されている。現在は大字岡の氏神である。

→岡寺《おかでら》（82頁）

参考文献　網干善教「神社」（『続明日香村史』上所収、二〇〇六）、明日香村教育委員会文化財課編『飛鳥の神社―神々がやどる社―』（『飛鳥の考古学図録』六、二〇〇八）

（木下　正史）

治田神社

東橘《ひがしたちばな》遺跡《いせき》

明日香村大字橘にある宮殿級の施設あるいは邸宅の遺跡。飛鳥川の左岸で、島庄遺跡の対岸にあたる橘寺の東側にある段丘岸上にある。発掘調査はほとんど実施されていないが、四間×三間の掘立柱建物の両側に七間以上の廊状建物がとりつく。これらの遺構の方位は、北で二六度西偏し、地形からみて、主要な施設はこの南側に展開するものと推定される。整然とした建物や柱穴規模からみて、宮殿クラスの施設と考えられている。柱掘形から七世紀中ごろの土器が出土していることや、対岸の島庄遺跡の七世紀中ごろから後半の遺構方位と近似することから、このころに建設されたと考

東橘遺跡発掘遺構（東から）
（奈良県立橿原考古学研究所提供）

えられる。遺跡の性格は特定できていないが、『万葉集』二ノ一七九に「橘の嶋宮」とあることや、島庄遺跡の遺構方位と近似することから、嶋宮の一部が飛鳥川の対岸まで及んでいたとする考え方もある。

参考文献　西藤清秀他「飛鳥京跡第一〇〇次調査概要」（『奈良県遺跡調査概報』一九八三年度第一分冊、一九八四）

（相原　嘉之）

古宮《ふるみや》遺跡《いせき》

明日香村豊浦《とゆら》から橿原市和田町にかけての地にある飛鳥時代の宮殿ないし邸宅遺跡。豊浦寺の北方で、飛鳥川左岸沿いの平坦地に立地する。古宮土壇と俗称される土壇があり、飛鳥時代の瓦が散布すること、一八七八年（明治十一）に金銅製四環壺が出土したこと、宮殿地としてふさわしい平坦地であること、南を山田道が通る交通の要衝であることなどから、推古天皇が六〇三年（推古天皇十一）から崩御する二八年まで営んだ小《お》墾田宮跡《はりだのみやあと》の有力候補地とされてきた。一九七〇年（昭和四十五）・七三年に発掘調査が行われ、六世紀以前、七世紀、八世紀以降の遺構群が発見された。七世紀に

古宮遺跡（北から）　後方の甍は向原寺

含まれるものでは川原石で護岸した七世紀初頭の大溝、七世紀前半の庭園、掘立柱建物など宮殿級の遺構があり、広範囲に広がる。庭園は長径約二・八メートルの玉石組小池と、池から流れ出てS字状に屈曲しつつ長さ二五メートル以上にわたって延びる玉石組小溝、周囲の石敷からなる、わが国最古の曲水庭園遺構である。小墾田宮跡説を裏づける確かな手がかりは得られていない。別に豊浦大臣と呼ばれた蘇我蝦夷の邸宅跡説が提示されている。現状は水田で、遺跡西側の駐車場に解説板がある。

→小墾田宮跡《おはりだのみやあと》（86頁）

参考文献　木下正史『飛鳥・藤原の都を掘る』（『地中からのメッセージ』、一九九三、吉川弘文館）、直木孝次郎「小治田と小治田宮の位置―雷丘東方遺跡出土の墨書土器をめぐって―」（『飛鳥―その光と影―』所収、二〇〇七、吉川弘文館）

（木下　正史）

◇◇

細川谷《ほそかわだに》古墳群《こふんぐん》

明日香村大字細川・上を中心に展開する古墳群。国特別史跡石舞台古墳の東方に位置する。都塚古墳は位置的関係からすれば、細川谷古墳群内にある。大字阪田と西接し、古代寺院坂田寺とは近接している。坂田寺

細川谷古墳群阪田支群５号墳（南東から）
（明日香村教育委員会提供）

から北に目をやれば、塚本古墳が見える。古墳は六世紀後半から七世紀初頭にかけて継続的に築かれていることが予想されており、その数は二百基近くを数える。古墳群中、これまでに発掘調査されたものは少ない。近年の調査によって様相が明らかとなった古墳に、上《かむら》5号墳がある。埋葬施設は、右片袖式横穴式石室で、渡来系要素とされる穹窿状《きゅうりゅうじょう》(ドーム状)石室形態を持っていたことが想定復原される。石室入り口の羨道《せんどう》と玄室とを接続している箇所は石で閉塞していた。主な出土遺物に土器・ミニチュア炊飯具・鉄釘・馬具・花形飾金具・刀装具・釵子《さいし》・指輪・耳環・紡錘車・玉類などがある。ミニチュア炊飯具や釵子は、渡来系文物と目される副葬品であり、穹窿状横穴式石室の採用と相まって、被葬者が渡来系の人物であったことを想起させる。細川谷北側南斜面に多くの古墳がつくられているが、近年の調査では南側においても古墳を確認した。阪田遺跡群の名称があるが、古墳に関しては細川谷古

墳群の支群と捉えられるだろう。農地基盤整備事業の事前調査で検出された、新たな古墳である。直径約一〇メートルの円墳で、右片袖式横穴式石室をもつ。石室全長は約七・八メートル。天井石は残っていなかった。出土した土器から、六世紀後半から末にかけて築造されたものと思われるが出土遺物が少なく、築造の詳細な時期は詳らかにできない。時期が降るにつれて、利用された石材が大型化し、その数が減少するという横穴式石室の一般的な変遷過程を考慮すると、六世紀のなかでも末葉に近い時期を与えられる。細川谷古墳群の性格を考える上では、さらなる発掘調査の継続と、周辺における同時期に築かれた古墳との関連性を考慮する必要がある。

参考文献　関川尚功・小山浩和「明日香村細川谷古墳群発掘調査報告」(『奈良県遺跡調査概報』一九九六年度ノ二、一九九七)、清水康二・西村匡広編『細川谷古墳群　上5号墳』(『奈良県文化財調査報告書』九二、二〇〇三、奈良県立橿原考古学研究所)、髙橋幸治「二〇〇九—六次阪田遺跡群の調査」(『明日香村遺跡調査概報』平成二一年度、二〇一一)　(髙橋　幸治)

マラ石《いし》

⇩坂田寺跡《さかたでらあと》(95頁)を参照

南淵請安墓《みなぶちのしょうあんのはか》

明日香村大字稲渕にある墓所。飛鳥川に面した尾根上に立地する。談山《たんざん》神社の奥にあり、北側一〇〇メートルには稲淵竜福寺がある。南淵請安は南淵に住んだ漢人系渡来人といわれ、姓は地名に由来すると考えられる。六〇八年(推古天皇十六)に遣隋使の留学生として派遣され、帰国後は大化改新に大きな影響を与えた。この墓は別名、明神塚、セイサン塚とも呼ばれ、元は別の場所にあったとされる。一七三六年(元文元)の『大和志』に明神塚の記録があり、このころまでには談山神社に改葬されたと考えられる。それ以前は竹野王《たけのおう》石塔に記された「朝風《あさかぜ》」の地にあったとされ、その地には「セイサン」と呼ばれる小字があり、「ショウアン」との類似が注目される。伝承では朝風付近は「朝風千軒」とよばれる集落があったとされ、そこが請安の故地であったと考えられる。一九七七年(昭和五十二)に史跡として明日香村の指定文化財(「南淵請安先生の墓」)に選ばれた。墓の横には記念碑や解説板がある。

南淵請安墓

参考文献　高市郡教育会『奈良県高市郡神社誌』(一九二三)

(長谷川　透)

都塚古墳《みやこづかこふん》

明日香村大字阪田字ミヤコ他にある古墳時代後期の古墳。飛鳥川と冬野川が合流する付近の丘陵上に位置する。正月元旦に金鳥が鳴く金鳥伝説があり、別名「金鳥塚」とも呼ばれている。発掘調査は一九六七年(昭和四十二)に関西大学により行われ、石室および家形

都塚古墳墳丘
（明日香村教育委員会提供）

石棺の詳細が判明した。しかし、当時は墳丘についての調査は行われておらず、墳丘規模・形態は不明のままであった。そこで二〇一四年(平成二十六)に墳丘の調査を行い、規模・形態が判明した。都塚古墳は南東から北西に延びる尾根の先端に築造された、一辺四一～四二メートルの方墳である。墳丘は基盤層を整形した基底面の上に盛土を施している。さらに盛土は段状を呈しており、側面には石積みが行われている。段は川原石を二～三段積み、テラス幅は一メートルほどである。少なくとも六段以上の石段になる。石室は南西に開口する両袖式横穴式石室である。石室長一二・二メートル、玄室長五・三メートル、幅二・八メートル、高さ三・五五メートル。羨道《せんどう》長六・九メートル、幅一・九～二メートル、高さ約二メートル。石材は石英閃緑岩(花崗岩)で細川谷で産出するものを使用している。玄室は奥壁・両壁石が三段積みで、羨道は二段積みである。この中に二上山産の流紋岩質溶結凝灰岩の家形石棺が安置されている。石室および石棺の形態から、六世紀後半の築造と考えられる。現在は、柵ごしに石室および家形石棺を見学することができ、解説板も設置されている。

参考文献 関西大学文学部考古学研究室「奈良県明日香村阪田 都塚古墳発掘調査報告」(『関西大学考古学研究年報』二、一九六八)、明日香村教育委員会・関西大学文学部考古学研究室『都塚古墳』(二〇一四)

(相原　嘉之)

弥勒石《みろくいし》

明日香村岡字木ノ葉に所在する花崗岩製の石造物。飛鳥寺の南西方三〇〇メートル余の飛鳥川東岸の氾濫原内にあり、小さな祠の中に大きな石の地蔵を思わせる石が立っている。仏像と見たてて弥勒石の名があり、弥勒さんとして信仰されている。高さ二・五メートル、幅一・二メートル、奥行一メートルで、飛鳥地域にみられる奇異な石造物の一つである。頭部と石柱状の胴体部からなっており、手や足はない。頭部や目・口などの細工は稚拙で、後世の加工と思われる。巨石のほぼ全体が平滑に加工されており、特に正面と左右側面には面取りが施されている。もとは飛鳥時代の巨大な石柱状石造物で、後世に一部手を加えたものと考えられる。用途については、条里の境界を示す牓示石説や、飛鳥川にかかる木葉堰に使われていた石材とする説がある。木葉堰は、承保三年(一〇七六)九月の「大和国高市郡司刀禰等解案」(『平安遺文』一一三四号)に飛鳥川に設けられた七堰の一つとしてその名がみえる。木葉堰については、『日本書紀』崇峻天皇元年条に、渡来系の飛鳥衣縫造《あすかきぬぬいのみやつこ》祖樹葉《このは》

弥勒石

の家を壊して飛鳥寺を造り始めたとあることとの関係が注目される。木葉堰の設置は飛鳥地域の開発と深く関わっており、弥勒石は木葉堰に使われていた石材である可能性がある。現在、木葉堰は字下川戸の地にあるが、『西国名所図会』の挿図によると、現在地よりもやや下流の弥勒石付近に設けられていた。木葉堰は、かつては弥勒石がある字木ノ葉の地にあったと考えてよい。

参考文献 和田萃「道場法師と弥勒石」(『日本史研究』一三〇、一九七三)、同「飛鳥びとの生活」(門脇禎二他編『日本生活文化史』二所収、一九七四、河出書房新社)

(木下 正史)

八釣《やつり》・東山《ひがしやま》古《こ》墳群《ふんぐん》

明日香村大字八釣・東山地内に所在する古墳群。農業基盤整備事業に伴い発掘調査をしたところ、古墳群を確認した。多武峰《とうのみね》から派生する支脈の丘陵上に展開する。周辺の遺跡には、西に伝大伴夫人之墓や藤原鎌足公誕生伝承地が、同一丘陵上の東に金鳥塚古墳がある。古墳群のある尾根筋北側の谷地を東へと辿ると、桜井市高家古墳群に達する。一九九九年(平成十一)度の発掘調査によって一—六号墳および東山紋ガ鼻古墳を検出した。六世紀中ごろから七世紀前半にかけて、一号墳、二号墳、五号墳、三号墳、四号墳の順に築造された。一号墳は右片袖式横穴式石室をもつ径一八メートルの円墳。石室規模は全長六・〇五メートル。出土遺物に、土器・装身具・武器・武具・馬具がある。武具の胡籙《ころく》と馬具の金銅装鞍金具一背分が出土していることは特筆される。飛鳥地域出土の馬具は、出土自体が稀である。土器の型式から、六世紀中ごろに築造されたと考えられる。二号墳は右片袖式横穴式石室をもつと推定される径九メートルの円墳。出土遺物には土器・武器・工具などがある。六世紀中ごろから後半にかけて築造された。五号墳は径約二二メートルの円墳である。両袖式横穴式石室を有する。石室全長は一〇メートル。出土遺物には土器・武器・馬具がある。須恵器耳皿・鞍金具や雲珠《うず》、辻金具などの馬具、弓金具の出土が特に注目される。馬具は鞍金具一背分が出土。土器などから六世紀後半の築造と考えられる。三号墳は径約七メートルの円墳である。右片袖式横穴式石室を有する。玄室長は約二メートルと規模が小さい。出土遺物に土器・装身具・鉄製品などがある。装身具は銅芯金張り耳環が二点出土している。七世紀初頭の築造。四号墳は竪穴系小石室をもつ古墳である。石室の規模は長辺で七七センチ。土器が出土した。八釣・東山

八釣マキト１号墳出土馬具
（明日香村教育委員会提供）

同５号墳出土馬具
（同前提供）

古墳群の被葬者を探ることはむずかしい。周辺が中臣氏の拠点とされる地域であったことが手がかりの一つである。

参考文献　相原嘉之・花谷浩「八釣・東山古墳群の調査」(『明日香村遺跡調査概報』平成一一年度、二〇〇一)、髙橋幸治「後期古墳の調査　八釣・東山古墳群」(『続明日香村史』上所収、二〇〇六)

(髙橋　幸治)

山田寺跡《やまだでらあと》

桜井市山田にある古代寺院跡。一九五二年(昭和二十七)特別史跡指定。塔・金堂・講堂の基壇だけが地上に残っていたが、奈良国立文化財研究所が一九七六年度から一九九六年(平成八)度にかけて約一万五〇〇〇平方《メートル》を発掘調査し、伽藍配置や造営から廃絶に至る経緯などが明らかとなった。伽藍は塔と金堂を南北に置いて回廊で囲み、北に講堂や僧坊・宝蔵を配置し、外周を大垣で区画していた。大垣の正面には南門があり、このすぐ南には古道である山田道《やまだみち》が東西に通っていたことも判明。特筆に値するのは㈠金堂の階段外壁(羽《は》目石《めいし》)に有翼の獅子を浮彫りしていたこと、㈡金堂は身舎・庇とも桁行三間、梁行二間という類例の少ない平面形式で、構造的に法隆寺玉虫厨子《たまむしのずし》のようなものになり、身舎が桁行三間、梁行二間でも、庇が桁行五間、梁行四間の法隆寺西院金堂より古いこと、㈢回廊は十一世紀前半の山崩れで倒壊したまま残り、法隆寺に比肩しうる最古級の建築資料となったこと、また、法隆寺の回廊に比べると部材が大振りで重厚かつ閉鎖的外観を呈していたこと、㈣主要建物の礎石には蓮華座を彫出し、塔・金堂内部は金箔張りの塼仏《せんぶつ》で飾っていたこと、㈤宝蔵からは押出仏《おしだしぶつ》や厨子、経典の貸出を示す木簡などが出土したこと、創建の軒瓦は単弁八弁軒丸瓦と四重孤文軒平瓦の組合せであり、山田寺式として

山田寺金堂遺構（南から）
（奈良文化財研究所提供）

山田寺跡出土部材に
よる回廊復原展示
（同前提供）

七世紀中ごろの日本の標式となっていることなどである。山田寺は『日本書紀』や『上宮聖徳法王帝説』裏書によると、六四三年(皇極天皇二)に蘇我倉山田石川麻呂《そがのくらのやまだのいしかわまろ》が発願者となって金堂を建立、六四八年(大化四)に僧侶が住みはじめるが、翌年に石川麻呂が自害、その後六六三年(天智天皇二)に塔の建設にかかるが、中断したらしく六七六年(天武天皇五)に塔が完成、そして六八五年に講堂の丈六仏が開眼供養され、ほぼ寺観が整った。この天武朝の造営は石川麻呂の孫にあたる皇后(のちの持統天皇)が強力な後盾となったもので、寺も官寺的性格を帯びるが、八世紀に入ると傍系の石川氏の氏寺にもどったと推測している。発掘成果によると、十一世紀前半に大垣・回廊・宝蔵が倒壊した後の十二世紀後半、おそらく一一八七年(文治三)の興福寺僧兵の乱入によって塔・金堂・講堂が焼亡したこと、そして鎌倉時代前半に旧講堂を中心として再興され、室町・江戸時代にも存続したことなども明らかになっている。史料によると、一一八七年に乱入した僧兵は、山田寺講堂の丈六薬師三尊像を強奪して興福寺東金堂の本尊としたが、一四一一年(応永十八)の火災で焼け、仏頭のみ残った(現興福寺所蔵)。鎌倉時代前期の再興に興福寺の関与があったか否かは明らかでないが、十三世紀末から十四世紀初頭の興福寺銘軒瓦が出土しており、このころには興福寺の末寺になっていたと推測している。旧講堂では現在も当初の礎石や地覆石が比較的良好な状態で残っている。発掘調査した伽藍の主要部は、現在基壇を土盛り・芝張りで整備している(回廊の一部は、基壇側石や礎石・地覆石も復元)。奈良文化財研究所飛鳥資料館では、保存処理された部材の一部を使って組み上げた回廊の復元展示があり、最古の木造建築のありし日の姿をしのぶことができる。

参考文献　大脇潔『飛鳥の寺』(『日本の古寺美術』一四、一九八九、保育社)、奈良国立文化財研究所飛鳥資料館編『山田寺』(『飛鳥資料館カタログ』一一、一九九六)、

奈良文化財研究所編『山田寺発掘調査報告』(『奈良文化財研究所学報』六三、二〇〇二)(毛利光俊彦)

竜福寺《りゅうふくじ》

⇩竹野《たけの》王石塔《おうせきとう》(107頁)を参照

飛鳥の陵墓・古墳地域

阿部山遺跡群《あべやまいせきぐん》

キトラ古墳南側丘陵地とその間にある谷状地形に形成された遺跡群である。明日香村大字阿部山に所在する。近年の範囲確認調査や、農地基盤整備事業（阿部山地区）に伴う事前調査によって新たに確認された。古墳などを含めた墓地とその周辺にある集落から成り、一つの小地域を形成する。検出された遺構ならびに出土した遺物は古墳時代中期のものが最も古い。韓式系土器の出土から、集落を営んでいたのは、渡来系の人々であった可能性がある。検出されている竪穴建物は二棟。建物北側にある土坑から、土師器・須恵器・韓式系土器・製塩土器などが出土しており、数少ない古墳時代集落出土資料として貴重である。建物の南側丘陵には、横穴式石室をもつ一〇メートル前後の方墳が築かれている。古墳からは、ミニチュア炊飯具や馬具、鉄釘、銀釧《くしろ》などが出土。ミニチュア炊飯具や銀釧は渡来系集団との関連性が指摘できる。馬具は、楕円形鉄製鏡板付轡を中心とした構成で、五世紀後半から六世紀初頭に多くみられるもの。この種の馬具が出土する古墳は、相対的に小型の古墳であることが多い。被葬者は眼下の集落を経営母体とした、この地域の小首長であろう。古墳副葬品、集落出土品などを総合的に検討すると、渡来系氏族との関わりが濃密な地域であったことがわ

阿部山遺跡群竪穴建物
（明日香村教育委員会提供）

かる。古墳時代後期から飛鳥時代にかけての資料は少なく、わずかに須恵器杯身が出土したにすぎない。丘陵頂部からやや下った場所では、飛鳥時代の掘立柱建物一棟を検出している。平安時代、鎌倉時代の遺物としては土師器・黒色土器・瓦器などがある。これらはおおむね十二—十四世紀のもので、およそ三百年間いくつかの小規模な集落が営まれていたことがわかる。その他、近世の陶磁器、寛永通宝などの古銭が出土しており、溝や打ち込まれた杭列は近世の灌漑に伴う遺構であろう。江戸時代には、耕地が広がっていたものと思われる。

参考文献　髙橋幸治「二〇一二—一次阿部山遺跡群の調査」(『明日香村遺跡調査概報』平成二四年度、二〇一四)、同「二〇一二—七次阿部山遺跡群の調査」(同)

(髙橋　幸治)

岩《いわ》屋《や》山《やま》古《こ》墳《ふん》

明日香村大字越にある飛鳥時代の古墳。高取川の左岸に位置し、墳丘は西側半分が失われている。版築で築かれた一辺四〇メートル程度の二段築成の方墳と考えられている。埋葬施設は南に開口する両袖式横穴式石室で、明治時代にウィリアム＝ゴーランドが石室内部を撮影して以来、精緻な石室として著名であった。石室の規模は全長一七・七八メートル、玄室長四・八六メートル、幅約一・八メートル、高さ約三メートルであり、羨道《せんどう》長約一三メートル、幅約二メートル、高さ約二メートルを測る。壁面構成は玄室が二石積みで奥壁上下段各一石、側石上段各二石、下段各三石で構成され、羨道部分は玄門側が一石積みで羨門側が二石積みとなっている。天井石は玄室一石、羨道五石で構成されている。羨道中ほどの天井部分はそれより奥の天井石と比べると約二〇センチ高くなっている。羨門部の天井石下面には幅約六センチ、深さ約二センチの溝が彫られている。出土遺物には土師器・須恵器・瓦器・磁器・陶器・古

岩屋山古墳の石室入口

銭などがある。岩屋山古墳を指標とする石室はいわゆる「岩屋山式」と呼ばれ、同様の精巧な横穴式石室をもつ古墳として奈良県内では小谷古墳（橿原市）や西宮古墳（平群町）、峯塚古墳（天理市）、ムネサカ一号墳（桜井市）などがあげられる。ムネサカ一号墳は精緻さに欠けるものの岩屋山古墳と同じ規格で築造された石室として知られている。岩屋山古墳の築造年代については七世紀中ごろと考えられている。現地には解説板が設置されている。↓真弓岡《まゆみのおか》（189頁）

参考文献　白石太一郎「岩屋山式の横穴式石室について」（『ヒストリア』四九、一九六七）、河上邦彦他『奈良県高市郡明日香村越　岩屋山古墳—史跡環境整備事業にともなう事前調査概要—』（一九八〇、明日香村教育委員会）

（西光　慎治）

岡宮天皇陵《おかのみやのてんのうりょう》

高取町森字森谷の俗称「王塚」にある円墳に比定される。天武天皇と持統天皇の皇子である草壁皇子《くさかべのおうじ》は、六八〇年（天武天皇九）二月に立太子、六八九年（持統天皇三）四月に没したのち七五八年（天平宝字二）八月に「岡宮御宇天皇《おかのみやにあめのしたしろしめししすめらみこと》」と追尊号された。葬地について、『続日本紀』は「真弓」または「檀山陵《まゆみのみささぎ》」、『万葉集』に収められた舎人の挽歌二十三首では「檀岡」また「佐田岡」とする。七六五年（天平神護元）十月、称徳天皇の紀伊への行幸の途次に「檀山陵」を過ぎる際に、陪従の百官が下馬して、儀衛には旗幟を巻くように詔したことが『続日本紀』にみえ、陵地が紀路《きじ》から望める位置にあったことが判る。真陵について各論があるなかで、一九八四年（昭和五十九）に発掘調査された高取町束明神《つかみょうじん》古墳《こふん》は、大規模な背面カットによる造成と凝灰岩切石を磚積みした横口式石槨《せっかく》を備えた終末期古墳であり、草壁皇子墓の有力候補となっている。

↓束明神《つかみょうじん》古墳《こふん》（172頁）　↓真《ま》弓岡《ゆみのおか》（189頁）

岡宮天皇陵（真弓丘陵）
（宮内庁書陵部提供）

参考文献　上野竹次郎編『山陵（新訂版）』（一九八九、名著出版）、河上邦彦編『束明神古墳の研究』（『橿原考古学研究所研究成果』二、一九九九）　（今尾　文昭）

鬼《おに》の俎《まないた》・雪隠《せっちん》古墳《こふん》

明日香村大字平田・野口にある飛鳥時代の古墳。現在、宮内庁により欽明天皇檜隈坂合陵《ひのくまのさかあいのみささぎ》陪冢《ばいちょう》に治定されている。鬼の俎・雪隠周辺は街道筋に面しており、江戸時代には伊勢詣での旅人の名所の一つとなっていた。この地は霧ヶ峰とも呼ばれ、旅人が通ると鬼が霧を降らせて旅人をまどわせ、捕らえては俎の上で料理し、雪隠で用を足したという伝説が残されており、名前の由来となっている。現状では街道を挟んで北側に鬼の俎、南側に鬼の雪隠があり、本来は一体の埋葬施設であり、鬼の俎が石槨の床石、鬼の雪隠が蓋石（天井と側壁を構成）として組み合う刳りぬき式横口式石槨である。石槨を復元すると、内法の長さ二・八メートル、幅一・五メートル、高さ一・三メートルとなる。鬼の俎の東側で一八七七年（明治十）ごろに鬼の俎と同様の形状をした石材が発見されている。短冊形に分断され長らく庭石として転用されていたが現在は奈良県立橿原考古学研究所附属博物館前庭に移設・復元されている。規模は最大長約二・九メートル、幅一・九メートルを測り、石材上面には長さ二・五メートル、幅約一・四メートルに削り出された床面があり、周囲には蓋石と接する所に幅〇・三メートルの面取りが施されている。この石材は鬼の俎から約九メートルと近接した場所から出土していることから別々の古墳の埋葬施設ではなく、一墳丘二石槨の合葬墓であったと考えられる。墳丘については地籍図などの検討から東西四一メートル程度の二段築成の長方墳に復元することができる。いずれの石槨からも出土遺物は知られていない。鬼の俎・雪隠古墳は東西に延びる丘陵の南側斜面に築かれており、同じ丘陵には西端から梅山古墳(檜隈坂合陵)、カナヅカ古墳、鬼の俎・雪隠古墳、野口王墓古墳(檜隈大内陵《ひのくまおおうちのみささぎ》)が東西に一列に並んで造営されており、西から順に計画的に造営、配置された王陵群であったと考えられる。また、鬼の俎・雪隠古墳は檜隈大内陵の兆域内(東西五町・南北四町)に存在することから、四基の古墳の被葬者

鬼 の 俎

鬼 の 雪 隠

にも血縁的な関わりが想定される。現地には解説板が設置されている。↓平田《ひらた》梅山《うめやま》古墳《こふん》(182頁)

参考文献　西光慎治「今城谷の合葬墓」(『明日香村文化財調査研究紀要』二、一九九九)　(西光　慎治)

於《お》美《み》阿《あ》志《し》神社《じんじゃ》

明日香村檜前《ひのくま》字ヒガキ阪にある神社。檜前集落の南東の丘陵上に立地する。延喜式内社。檜前は東漢氏《やまとのあやうじ》の重要な拠点で、境内地とその周辺は檜隈寺の跡地であり、社殿南側の檜隈寺塔跡上には十三重石塔(重要文化財)が立っている。もとの社地はヒガキ坂を隔てた西方の「宮ノ本」「ミヤノモト」の地で、現在地に移されたのは一九〇七年(明治四十)ごろのこと。祭神は阿智使主《あちのおみ》神《かみ》。『続日本紀』宝亀三年(七七二)四月条にみえる坂上大忌寸苅田麻呂の上表文によると、祭神の阿智使主は後漢霊帝の曽孫で延王の孫と伝え、また倭《やまとの》(東)漢直《あやのあたい》の祖で、応神天皇代に十七県の民を率いて渡来して檜前村に居住したとある。於美阿志は、阿智=阿志、使主=於美の二語を逆に組合せた阿智使主の転訛と解さ

於美阿志神社

れ、於美阿志神社は東漢氏がその祖先の阿智使主を祀った神社と見られる。現在は素戔嗚命を祭神とする八坂神社と稲荷神社とが合祀されているが、石灯籠の銘文によると、春日大明神、稲荷大明神、金毘羅大権現、富士大権現など多くの神々の摂社があったことが知られる。 ↓檜隈寺跡《ひのくまでらあと》（180頁）

参考文献　和田萃「飛鳥の神々」（井上光貞・門脇禎二編『古代を考える 飛鳥』所収、一九八七、吉川弘文館）、網干善教「神社」（『続明日香村史』上所収、二〇〇六）、明日香村教育委員会文化財課編『飛鳥の神社―神々がやどる社―』（『飛鳥の考古学図録』六、二〇〇八）

（木下　正史）

カヅマヤマ古墳《こふん》

明日香村大字真弓にある飛鳥時代の古墳。周辺には、凝灰岩の横口式石槨を有したマルコ山古墳をはじめ磚積み石室墳である真弓テラノマエ古墳などの終末期古墳が点在している。カヅマヤマ古墳は、明治時代に刊行された『奈良県名所旧跡取調書』によると墳丘部分

カヅマヤマ古墳の石室と棺台
（明日香村教育委員会提供）

に大きな盗掘坑が描かれている。昭和に入ると奈良県教育委員会や奈良県立橿原考古学研究所による分布調査が行われ、墳丘上に幅約二メートル、深さ一メートルの大きな盗掘坑があり、その周辺から、漆喰の付着した結晶片岩が出土している様子が報告されている。一九九八年(平成十)から二〇〇二年にかけてカヅマヤマ古墳の測量調査が実施され、一辺二〇メートル以上、高さ約四メートル以上の二段築成の方墳で埋葬施設は結晶片岩を使用した磚積み石室ではないかと報告されている。〇四年からは明日香村教育委員会による範囲確認調査が二ヵ年にわたって実施された。カヅマヤマ古墳は、その造成時に東西に伸びる丘陵の南側斜面を東西一〇〇メートル以上、南北六〇メートルにわたって大規模に造成を行なっている。墳丘は一辺約二四メートル、高さ五メートル以上の二段築成の方墳で、版築で造営されている。埋葬施設は、全長五メートル以上、玄室は復元長約三・二メートル、幅約一・七メートル、残存高〇・九メートルの南に開口する磚積みの両袖式横穴式石室である。壁面は磚状に加工した結晶片岩板石を小口積みにして、表面には漆喰が塗られている。玄室の中央には結晶片岩板石を積み上げた棺台が設けられている。玄室床面にも結晶片岩板石を敷き詰めており、棺台・床面ともに全面に漆喰が塗布されている。羨道《せんどう》は復元長三・六メートル、幅一・六メートルを測る。その床面は玄門部付近にバラス敷、羨門部付近には榛原石《はいばらいし》と結晶片岩板石を敷き詰めている。床石の下には幅〇・四メートル、深さ〇・二五メートルの暗渠排水溝が設けられている。墳丘は現況ではわずかな高まりを確認できる程度であるが、これは後世の削平や地滑りの影響を受けたものであり、埋葬施設も羨道側が二メートルほど地滑りによって崩落している。この崩落は一三六一年(正平十六)に発生した正平の南海地震の影響が想定される。出土遺物には、土師器、須恵器、漆片、鉄製品、瓦器、人骨などがある。築造年代は七世紀後半ごろと考えられる。古墳の所在地は民有地のため見学することはできない。解説板も設置されてい

ない。 →真弓岡《まゆみのおか》(189頁)

参考文献　西光慎治編『カヅマヤマ古墳発掘調査報告書—飛鳥の磚積石室墳の調査—』(『明日香村文化財調査報告書』五、二〇〇七、明日香村教育委員会文化財課)

(西光　慎治)

カナヅカ古墳《こふん》

明日香村大字平田にある飛鳥時代の古墳。別名、平田岩屋古墳とも呼ばれる。現在は欽明天皇檜隈坂合陵《ひのくまのさかあいのみささぎ》陪《ばい》冢《ちょう》に治定されている。カナヅカ古墳は東西に伸びる丘陵の南側斜面を東西一〇〇メートルにわたってコの字形に削り込み、その中央に墳丘を築造している。盛土の大半が失われているものの一辺約三五メートル程度の二段築成の方墳であったと考えられる。墳丘前面には東西約六〇メートル、南北二五メートルのテラス面を有している。埋葬施設は明治時代初期ごろまで開口していたようであるが石室内に不審者が出入りするため入口が塞がれたという。一八九〇年(明治二十三)ごろには石室が解体されかけていたところ、西内成郷の尽力により破壊をまぬがれている。この時は玄室の天井石が二石外された程度であったためその後天井石は復元され、埋め戻しが行われている。その時作成された調書から、カナヅカ古墳の埋葬施設は石英閃緑岩(花崗岩)を使用した南に開口する両袖式横穴式石室であったことがわかる。壁面構成は玄室部分で奥壁が下段二石、上段一石、側壁は下

カナヅカ古墳
(明日香村教育委員会提供)

段二石、上段二石の二段積みで天井石が二石、羨道《せんどう》は玄門部付近が一段積みで羨門部付近が二段積みとなり、天井石は三石で構成され、切石を用いたいわゆる「岩屋山式」の横穴式石室である。石室は全長約一六メートル、玄室長約五・五メートル、幅約三・六メートル、高さ約二・七メートル、羨道長約一〇メートル、幅約一・八メートル、高さ約一・八メートルに復元することができる。カナヅカ古墳は梅山古墳（檜隈坂合陵）から続く王陵群の一角に位置し、西に梅山古墳、東に鬼の俎《まないた》・雪隠《せっちん》古墳がある。『延喜式』によると欽明天皇の檜隈坂合陵の兆域内（東西四町・南北四町）には吉備姫王《きびつひめのおおきみ》の檜隈墓の存在が記されており、カナヅカ古墳の築造年代が七世紀中ごろであることや立地などから吉備姫王の檜隈墓の可能性が有力視される。解説板などは設置されていない。

→平田梅山古墳《ひらたうめやまこふん》（182頁）

参考文献　相原嘉之「カナヅカ古墳の調査」（『明日香村遺跡調査概報』平成九年度（一九九八、明日香村教育委員会）、西光慎治「檜隈坂合陵陪冢・カナヅカ古墳の覚書」（『明日香村文化財調査研究紀要』一、一九九九）、亀田博「西内成郷と金塚」（『季刊明日香風』七三、二〇〇〇）

（西光　慎治）

観覚寺遺跡《かんがくじいせき》

高取町観覚寺にある弥生時代から中世にかけての複合遺跡。また遺跡名にある観覚寺は中世に二十一堂宇を誇った寺院に由来する。近鉄吉野線壺阪山駅から東へ約三〇〇メートル、明日香村檜前《ひのくま》にある檜隈寺から南西約一キロに位置し、曽我川支流の高取川左岸の標高一一五メートルの町の河岸段丘上に立地する。二〇〇四年（平成十六）の町道建設による第四次発掘調査で大壁建物の一部と考えられる四本の溝が検出された。調査区を南北方向に並列した長さ八メートル以上、幅約〇・五メートルを測る三本の壁溝のうち一本が東へ屈曲していたことから建物跡とした。

また床面下層から石で組まれたL字形の溝も検出された。石組内には炭灰が混ざった粘質土が堆積し、六世紀代の須恵器が出土している。〇五年には個人住宅建設による第六次調査で大壁建物三棟が検出され、一棟の床下からオンドルと考えられる石組の溝が確認された。同年の第七次調査では、大壁建物四棟と建物と確定できない大壁遺構が七ヵ所検出された。また、大壁建物以後に造られた七世紀前半と考えられる石組方形池やL字形竈が検出された。東隣の第八次調査では、大壁建物一棟と石敷きの通路状遺構が検出された。〇七年の第九次調査では重複した大壁遺構が四本検出され、遺構の時期が八世紀後半に及ぶことが明らかになった。これらの調査成果から観覚寺遺跡は、五世紀後半から八世紀にかけての渡来系氏族の拠点と考えられている。

観覚寺遺跡発掘遺構
（高取町教育委員会提供）

参考文献　高取町教育委員会『観覚寺遺跡発掘調査報告書』II—V（『高取町文化財調査報告』三一・三五・三七・四〇、二〇〇六–一四）

（木場　幸弘）

紀《き》路《じ》

飛鳥・藤原京と紀ノ川河口とを結ぶ古代の幹線道路で、紀ノ川河口から難波・瀬戸内海・朝鮮半島への海上交通路につながる道であった。紀伊路とも呼ぶ。七二四年(神亀元)十月に聖武天皇が紀伊国へ行幸した時、笠《かさの》朝臣《あそん》金村《かなむら》が作った万葉歌に「軽路」を通って「畝火山」を見ながら「紀路」に入り、真土山《まつちやま》を越える路が詠まれている(『万葉集』四ノ五四三)。軽路は平城宮朱雀門から南下する下ツ道の南端部にあたり、今も国道一六九号線として踏襲されている。天智天皇六年(六六七)条に、斉明天皇と間人皇女《はしひとのおうじょ》を小市岡上陵《おちのおかのうえのみささぎ》に合葬した日に「高麗・百済・新羅、皆御路《おほち》に哀奉《みねたてまつ》る」とある「御路」は紀路のこと。今もその痕跡がたどれ、梅山古墳の西南付近から檜隈《ひのくま》と越《こし》の間を通って西南に向かい、佐田丘の東側から高取町森(別名「紀ノ辻」)に至り、市尾・吉野口・巨勢谷《こせだに》(御所市古瀬)を経て、重阪《へいさか》峠《とうげ》から五条に出て、紀伊国境の真土山を越えて紀ノ川右岸を西行して紀伊に至る。斉明・持統・文武天皇、奈良・平安時代の聖武・称徳・桓武天皇も紀伊行幸の際に紀伊路を往還した。森には草壁皇子の真弓山陵があり、称徳天皇は七五六年(天平神護元)に同陵を遥拝して宇智野《うちの》(五條市)に至っている。紀路沿いの檜隈から森にかけての一帯は渡来系氏族が集住する先進地で、大壁建物やオンドルなど渡来人特有の遺構・遺物を伴う集落が濃密に分布する。

参考文献 和田萃「紀路と曽我川—建内宿禰後裔同族系譜の成立基盤—」(亀田隆之編『古代の地方史』三所収、一九七九、朝倉書店)、同「紀路の再検討」(『明日香風』一〇七、二〇〇八)

(木下 正史)

キトラ古墳《こふん》

明日香村大字阿部山字ウエヤマに所在する飛鳥時代の古墳。一九八三年(昭和五十八)十一月七日にファイバースコープによる第一次内部探査が行われ、横口式石槨の北壁に玄武像が描かれていることが確認された。その後一九九七年(平成九)には墳丘の範囲確認調査が実施され、直径約一三・八㍍、高さ三・三㍍の二段築成の円墳であることが明らかとなった。さらに九八年には多関節マニュピュレーターシステムによる第二次内部探査が実施され、西壁に白虎、東壁に青竜、天井には天文図が確認された。続く二〇〇一年にはデジタルカメラによる第三次内部探査が実施され、南壁に朱雀、さらに同年第四次内部探査では各壁面に獣頭人身像が描かれていることが判明した。内部探査が進むにつれて壁面の漆喰が劣悪な状態であることがわかり、今後の自然災害による影響も考えられることから、〇四年から文化庁・奈良文化財研究所・奈良県立橿原考古学研究所・明日香村教育委員会が協同して石槨内部と墓道の範囲確認調査を実施した。調査の結果、二上山の

キトラ古墳墳丘整備状況

キトラ古墳横口式石槨と玄武壁画
（奈良文化財研究所提供）

凝灰岩切石を使用した組合式横口式石槨であることが判明し、石槨規模は長さ二・四メートル、幅一・〇四メートル、高さ一・二四メートル（最大）を測る。石槨は北壁二石、東壁四石、西壁三石、南壁一石、床石四石、天井石四石から構成されている。東壁は西壁と異なり青竜の描かれている壁面が上下二石積みとなっている。天井部は平天井ではなく、刳り込みのある家形（屋根形）を呈している。石槨内部は全面に漆喰が塗布されており、各壁面に玄武・白虎・青竜・朱雀・獣頭人身像の極彩色の壁画と天井部には現存する東アジア最古とされる天文図が描かれている。石槨床面にも漆喰が塗布されており、その中央には長さ二・〇二メートル、幅〇・六六メートルの棺台の痕跡が確認されている。さらに石槨の前面の墓道の調査では幅二〇センチ、深さ八センチの四条のコロレールの痕跡などが検出されている。出土遺物には土師器、須恵器、棺金具、大刀片、漆塗木棺、玉類、人骨、歯牙、瓦器などがある。築造年代については七世紀末から八世紀初頭ごろと考えられている。キトラ古墳は二〇〇〇年七月に国史跡に指定され、同年十一月には国の特別史跡に指定されている。キトラ古墳周辺は現在、国営公園整備事業が進められており、キトラ古墳の墳丘も築造当時の姿に復元され、周辺の地形も修復されている。またキトラ古墳から檜隈寺跡までの間には体験学習館や広場などが整備されつつあり、一六年度供用開始に向けて急ピッチで工事が進められている。現地には解説板が設置されている。

→高松塚《たかまつづか》古墳《こふん》（170頁）

ふりがな ご氏名	年齢　　歳　男・女
〒□□□-□□□□ ご住所	電話
ご職業	所属学会等
ご購読 新聞名	ご購読 雑誌名

今後、吉川弘文館の「新刊案内」等をお送りいたします(年に数回を予定)。
ご承諾いただける方は右の□の中に✓をご記入ください。 □

注文書

月　　日

書　　名	定　価	部　数
	円	部
	円	部
	円	部
	円	部
	円	部

配本は、○印を付けた方法にして下さい。

イ．下記書店へ配本して下さい。
（直接書店にお渡し下さい）

（書店・取次帖合印）

書店様へ＝書店帖合印を捺印下さい。

ロ．直接送本して下さい。

代金（書籍代＋送料・手数料）は、お届けの際に現品と引換えにお支払下さい。送料・手数料は、書籍代計1,500円未満530円、1,500円以上230円です（いずれも税込）。

＊お急ぎのご注文には電話、FAXもご利用ください。
電話 03－3813－9151（代）
FAX 03－3812－3544

料金受取人払郵便

本郷局承認

3108

差出有効期間
2021年1月
31日まで

郵便はがき

113-8790

東京都文京区本郷7丁目2番8号

吉川弘文館 行

愛読者カード

本書をお買い上げいただきまして、まことにありがとうございました。このハガキを、小社へのご意見またはご注文にご利用下さい。

お買上**書名**

＊本書に関するご感想、ご批判をお聞かせ下さい。

＊出版を希望するテーマ・執筆者名をお聞かせ下さい。

お買上書店名　区市町　書店

◆新刊情報はホームページで http://www.yoshikawa-k.co.jp/

◆ご注文、ご意見については E-mail:sales@yoshikawa-k.co.jp

参考文献　キトラ古墳学術調査団編『キトラ古墳学術調査報告書』(『明日香村文化財調査報告書』三、一九九九、明日香村教育委員会文化財課)、奈良文化財研究所編『特別史跡キトラ古墳発掘調査報告』(二〇〇八、文化庁・奈良文化財研究所・奈良県立橿原考古学研究所・明日香村教育委員会)

（西光　慎治）

吉備姫王墓《きびつひめのおおきみのはか》

明日香村大字平田字ム子にある。茅渟《ちぬ》王妃で皇極天皇・孝徳天皇の母となる吉備姫王は『日本書紀』によれば、六四三年(皇極天皇二)九月に没し、「吉備嶋皇祖母命《きびのしまのすめみおやのみこと》」の尊称が与えられ、葬地は「檀弓岡《まゆみのおか》」とする。一方、『延喜式』では「檜隈墓」と登載し、欽明天皇の檜隈《ひのくまの》坂合陵《さかあいのみささぎ》域内に所在すると註記された。檀弓(現行表記は真弓)は高取川西岸、檜隈坂合陵は東岸にある。幕末には、欽明天皇陵に治定された梅山古墳の東側にあるカナヅカ古墳(平田岩屋古墳)にあてる説もあった。現墓は梅山古墳の西側背面カットの先端にあり、低平で不定な円形の高まりとなるが、古墳と認定する資料に乏しい。一八六七年(慶応三)に献納された鶴沢探真

吉備姫王墓（檜隈墓）
（宮内庁書陵部提供）

画『文久山陵図』の檜隈坂合陵の成功図《じょうこう》に、木柵で囲われた現墓が描かれており、幕府の旧慣への復古方針にもとづき文久修陵に際して新造された可能性が高い。西正面には猿石と称される石像四体と石灯籠がある。猿石は梅山古墳に置かれて「掘り出しの山王」と呼ばれて地域信仰を集めていたもので、明治初年に当地に移転された。　↓猿石《さるいし》(164頁)　↓真弓岡《まゆみのおか》(189頁)

参考文献　外池昇編『文久山陵図』(二〇〇五、新人物往来社)、今尾文昭「幕末維新期における飛鳥猿石の所在空間」(『河上邦彦先生古稀記念論集』所収、二〇一五、河上邦彦先生古稀記念会)

（今尾　文昭）

櫛玉命神社《くしたまのみことじんじゃ》

明日香村真弓字宮山に所在する神社。真弓集落の中を抜けて、越智、御所へと向かう旧道沿いの高台に鎮座する。『延喜式』神名帳上に「櫛玉命神社　四座(並大、月次新嘗)」とあり、式内大社であったことが知られる。月次祭・新嘗祭に際しては、官幣にあずかっている。『日本三代実録』貞観元年(八五九)正月条による

櫛玉命神社

と、従五位下から従五位上へ神階が昇叙されたとある。祭神は櫛玉彦命、櫛玉姫命、天明玉命《あめのあかるたまのみこと》、豊玉命《とよたまのみこと》の四柱であるが、江戸時代には八幡信仰の影響を受けて八幡大神を祀り、櫛玉八幡と称したという。境内には若宮(天押雲命《あめのおしくものみこと》)や八坂神社が祀られている。

参考文献　網干善教「神社」(『続明日香村史』上所収、二〇〇六)、明日香村教育委員会文化財課編『飛鳥の神社—神々がやどる社—』(『飛鳥の考古学図録』六、二〇〇八)

(木下　正史)

呉原寺跡《くれはらでらあと》

明日香村大字栗原にある古代寺院跡。呉原寺あるいは栗原寺とも呼ばれている。呉原の地名は雄略朝に檜隈野に呉人が入植したことに由来する。呉原寺の史料上の初見は、一〇五八年(康平元)の大和国竹林寺解案であるが、その創建を伝える史料はない。一一三九年(保延五)の大和国竹林寺別当譲状によると、五九一年に坂上大直《さかのうえのおおあたい》駒《こま》子《こ》が建立し、竹林寺が呉原寺の別称であ

呉原寺跡出土瓦
(奈良県立橿原考古学研究所提供)

ることが記されている。一方、『清水寺縁起』には敏達天皇のために坂上大直駒子が建立したとする。建立年代はともかく、東漢氏《やまとのあやうじ》の枝族の坂上氏が創建に関与していることは確かなようである。呉原寺の本格的な発掘調査は一九八三年(昭和五十八)から数回実施されているが、寺院に関わる明確な遺構は確認されていない。ただし、瓦や凝灰岩片、礎石の出土から、寺院が周辺にあったことは確実である。瓦からみると、その創建は七世紀後半とみられる。現在でも畑になっている地形に平坦面が複数存在することから、これらの場所に堂塔が建てられていたと考えられる。

参考文献 網干善教「呉原寺(竹林寺)とその遺構・遺物」(二葉博士還暦記念会編『仏教史学論集』所収、一九七七、永田文昌堂)

(相原　嘉之)

牽牛子塚古墳《けんごしづかこふん》

明日香村大字越にある飛鳥時代の古墳。越峠から東西に伸びる丘陵上に位置し、別名「あさがお塚」とも呼ばれている。二〇〇九年(平成二十一)からの明日香村教育委員会による範囲確認調査で、版築で築かれた対辺長約二二メートル、高さ四・五メートル以上の八角形墳であることが明らかとなった。墳丘裾部には二上山の凝灰岩切石を敷き詰めた犬走り状の石敷があり、さらに外側には川原石を敷き詰めたバラス敷が設けられている。墳丘背後の花崗岩風化土のカット面と犬走り状の凝灰岩石敷との間には石英閃緑岩(花崗岩)の抜取り痕があることから、背面カットの法面処理に石英閃緑岩切石が使用されていたことがわかる。墳丘の表面についても大量に出土した切石から墳丘全体が凝灰岩切石で装飾

牽牛子塚古墳の墳丘と八角形裾石敷
（明日香村教育委員会提供）

同横口式石槨（南から）
（同前提供）

されていたことがわかる。埋葬施設は二上山の凝灰岩の巨石を使用した刳りぬき式横口式石槨である。石槨内の中央には間仕切り壁があり、それを境にして二つの墓室がある。床面には長さ約一・九メートル、幅約〇・九メートル、高さ約〇・一メートルの棺台がそれぞれ削りだされており、天井部分はドーム状を呈する。開口部には長辺一・三八メートル、短辺一・〇二メートル、厚さ〇・三メートルの凝灰岩の閉塞石(内扉)があり、四隅に方形の孔があることから飾金具が装着されていたことがわかる。石槨の周囲は石英安山岩の直方体の切石で囲まれている。石槨開口部前面には長辺二・六二メートル、短辺二・二四メートル、厚さ〇・六メートルの石英安山岩の板石による外部閉塞石があり、埋葬施設は二重の閉塞が行われていたことがわかる。石槨の凝灰岩と石英安山岩の切石が接する箇所には漆喰が充塡されている。出土遺物としては夾紵棺《きょうちょかん》片、七宝亀甲形金具、ガラス玉、歯牙などがある。歯牙については鑑定の結果から、年齢三十〜四十歳代の女性のものと推定されている。牽牛子塚古墳は一九二三年(大正十二)に国史跡に指定されている。

越塚《こしつか》御門《ごもん》古墳《こふん》は明日香村大字越小字塚御門にある飛鳥時代の古墳である。この古墳は二〇〇九年からの明日香村教育委員会による牽牛子塚古墳の範囲確認調査で、牽牛子塚古墳の南東側に設けられた調査区から検出された新出の古墳である。古墳の名称は大字と小字名から越塚御門古墳と命名された。墳形は削平などで盛土の大半は失われているものの周辺部の地形などから方墳の可能性が考えられる。埋葬施設は貝吹山周辺の石英閃緑岩を使用した刳りぬき式横口式石槨である。石槨は側壁と天井部を構成する蓋石と床石からなり、鬼の俎《まないた》・雪隠《せっちん》古墳と同じ構造である。床面にはコの字形に幅約二センチの排水溝が設けられており、墓室内の排水処理と棺台の範囲を明示する役割を担っている。天井部の大半は石取りなどによって失われているものの、奥壁部分が残存しており、ドーム状を呈していたことがわかる。側石と床石が接する箇所には窪みがあり、石槨の蓋石と床石を組み合す際の「ほぞ穴」と考えられる。この「ほぞ穴」には組み合わせた後、漆喰が充塡されている。石槨前面には人頭大の川原石を側石として数石積み上げ、その間を川原石で敷き詰めた、長さ四メートル以上、幅約一メートルの墓道が設けられている。この墓道は石槨の中軸線より西側に約二〇センチずれて設置されている。これは墓道下層にある幅〇・四メートル、深さ〇・三メートルの暗渠排水溝が石槨の中軸線上にあることや、川原石を用いた墓道が築造当時の墓道埋土を掘り込んで新たに設けられていることなどから後世の改修に伴うものと考えられる。越塚御門古墳は、その墓壙が牽牛子塚古墳の基盤層を掘り込んで設けられていることから、牽牛子塚古墳より後に造営されたことがわかる。牽牛子塚古墳と越塚御門古墳は築造当初から計画的に造営されたものと考えられる。石槨内からは漆膜や鉄製品などが出土している。築造年代は七世紀後半ごろと想定される。越塚御門古墳と牽牛子塚古墳については古墳が所在する地域や、牽牛子塚古墳が合葬墓で越塚御門古墳が単葬墓であることなどから『日本書紀』天智天皇六年(六六七)二月条にある「天豊財重日足姫《あめとよたからいかしひたらしひめ》天皇(斉明天皇)と間人皇女《はしひとのおうじょ》(孝徳天皇の皇后)とを小市《おちの》岡上陵《おかのえのみささぎ》に合せ葬せり。是の日に、皇孫大田《おおた》皇女を、陵の前の墓に葬す。」という記事との関連が注目される。

牽牛子塚古墳は越塚御門古墳を含む約一・二ヘクタールが二〇一四年三月に国史跡に追加指定され、史跡名も「史跡牽牛子塚古墳・越塚御門古墳」となり、呼び名も「あさがおづか」から「けんごしづか」に統一された。両古墳については現在、牽牛子塚古墳整備検討委員会を発足させ、飛鳥時代の築造当時の姿に復元するための検討が進められている。現地には解説板が設置されている。

↓斉明天皇陵《さいめいてんのうりょう》(161頁)　↓真弓岡《まゆみのおか》(189頁)

参考文献　西光慎治編『牽牛子塚古墳発掘調査報告書―飛鳥の刳り貫き式横口式石槨墳の調査―』(『明

日香村文化財調査報告書』一〇、二〇一三、明日香村教育委員会文化財課）　（西光　慎治）

光永寺《こうえいじ》人頭石《じんとうせき》

光永寺人頭石
（光永寺所蔵，奈良文化財研究所提供）

人物の顔を彫った飛鳥時代の石造物。高取町観覚寺の旧大手道東側に浄土真宗本願寺派の光永寺がある。寺院の入口付近に非公開であるが、高さ一〇三センチ、幅八〇センチ、厚さ一一〇センチを測る石造物がある。角張った顔と縦長の耳、大きな目と鷲鼻をした人物の横顔で、頭部にはのちに手水鉢として使われた穴が穿たれている。通称飛鳥石と呼ばれる閃緑岩（花崗岩）製で、欽明天皇陵付近から江戸時代に四体の猿石とともに出土し、光永寺に搬入されたと伝えられている。人頭石の顔つきが中東地域の人々を思わせ、当時の豊かな国際性を表す石造物である。時期は、斉明天皇（在位六五五―六六一）の時代ごろに作成されたと考えられている。

参考文献　奈良国立文化財研究所飛鳥資料館編『飛鳥の石造物』（『飛鳥資料館図録』一六、一九八六）、河上邦彦『考古学点描』（『ロッコウブックス』、一九八九、六興出版）
（木場　幸弘）

越塚《こしつか》御門《ごもん》古墳《こふん》

⇩牽牛子塚《けんごしづか》古墳《こふん》（152頁）を参照

子島寺《こじまでら》

高取町にあった寺院。醍醐寺本『諸寺縁起集《しょじえんぎしゅう》』に引く『子嶋寺建立縁起《こじまでらこんりゅうえんぎ》』によれば、孝謙天皇の病を癒した僧報恩《ほうおん》が、天皇の施入をえて七六〇年(天平宝字四)に子島山寺(寺号、南観音寺)を建立し、七八五年(延暦四)には、桓武天皇の援助により、さらに観音像を造り、荘園の施入をうけたという。『延暦僧録《えんりゃくそうろく》』にも、桓武天皇が「南京丹恵山の子島山寺」に仏殿と観音像を造ったことが記されている。寺の起源をさかのぼる

子島曼荼羅　胎蔵界(上)　金剛界(下)
(子島寺所蔵)

と、『日本書紀』に、六四四年(皇極天皇三)「大丹穂《にほ》山に桙削《ほこのき》寺を造る」とあり、『日本霊異記』では、持統天皇のころに百済の禅師多常《たじょう》が「高市郡内法器《ほうのき》山寺に住した」とある。この「丹穂山」と『延暦僧録』の「丹恵山」との一致から、桙削寺(法器山寺)が子島寺の前身とされている。『延喜式』主税上には、大和国正税のうち四百束が子島寺料とされている。丹穂山(高取山)山腹にあった子島山寺に対して、九八三年(永観元)、興福寺僧、真興《しんごう》が山の麓に観覚寺《かんがくじ》を建立し、以後はこちらの方が発展して子島寺を称するようになった。現在、山腹にあって法統を伝えるのが観音院(大字上子島字法華谷)で、麓にあるのが子島寺(大字観覚寺字垣ノ内)である。ともに南北朝の兵火などにあい、前者の本堂は十六世紀前半、後者のそれは十九世紀中ごろの再建である。前者の境内には弘長三年(一二六三)銘の宝篋印塔と慶長十二年(一六〇七)の石灯籠があり、後者には庫裏のほか高取城二の門を移した表門が再建された。また、子島曼荼羅(国宝)や木造十一面観音像(重文)、千手観音立像・大黒天像・不動石仏などを伝えているのも後者である。

参考文献 福山敏男『奈良朝寺院の研究』(一九四八、高桐書院)

(寺崎 保広)

許世都比古命神社《こせつひこのみことじんじゃ》

明日香村越字宮坂に所在する神社。『延喜式』神名帳上に高市郡五十四座のうちに「許世都比古命神社」とみえる式内社。由緒を記した一八一三年(文化十)の石碑によると、巨勢小柄宿禰《こせのおがらのすくね》の霊を奉斎したとあり、五郎社という、と記している。巨勢と関係が深く、巨勢氏の祖神と考えられる。現在は市杵島神《いちきしまのかみ》を祀るが、境内の石灯籠には、春日大明神・八幡大菩薩・三輪大明神などの銘が刻まれており、多くの神々が祀られてい

許世都比古命神社

ることがわかる。

参考文献　網干善教「神社」(『続明日香村史』上所収、二〇〇六)、明日香村教育委員会文化財課編『飛鳥の神社―神々がやどる社―』(『飛鳥の考古学図録』六、二〇〇八)

(木下　正史)

小山田遺跡《こやまだいせき》

明日香村川原に所在する終末期古墳。二〇一四年(平成二十六)・一五年に行われた奈良県立養護学校改築工事に伴う事前発掘で発見された。遺跡は甘樫丘から南西に延びる丘陵の南端で、東西を小谷に挟まれた舌状の尾根上に立地する。細い谷を隔てた西方約一五〇メートルに菖蒲池古墳(一辺三〇メートルの方墳)があり、下ッ道から飛鳥中心部に向かう飛鳥時代以来の東西道路が南側を通る。発見遺構は東西にのびる断面逆台形の堀割とその化粧石組である。堀割の北側は川原石による貼石、底は石敷、南側は室生安山岩(通称榛原石《はいばらいし》)板石積で化粧しており、南側の化粧は幅・奥行四〇センチ、厚さ五センチほどの板石を一〇センチずつずらしながら約二五度の傾斜で段状に積み上げる。溝は底幅三・九メートル、上幅七メートルほどに復原できる。全長四八メートルを発見したが、さらに東西に延びる。昭和二十年代の地形図によると、調査区の南側に高まりとその東西両側に段状に低くなる地形

小山田遺跡発掘遺構（東から）
（奈良県立橿原考古学研究所提供）

があり、発見された堀割を古墳の北側を限る溝とする一辺五〇メートル以上の方墳が復原できる。墳丘規模、外装法の丁寧さなど飛鳥最高級の古墳である。築造時期は、堀割が七世紀後半には埋まっていたこと、室生安山岩板石積や貼石による化粧法の採用などから七世紀中ごろと判断できる。被葬者については舒明天皇初葬陵説、蘇我蝦夷の大陵説などがある。舒明天皇は崩御（六四一年（舒明天皇十三））後、六四二年（皇極天皇元）に滑谷岡《なめはざまのおか》に埋葬され、翌年押坂陵《おさかのみささぎ》に改葬されている。押坂陵は桜井市忍坂《おつさか》にある八角形墳の段ノ塚古墳に比定され、その八角形墳丘の外装法が小山田遺跡とよく似た室生安山岩板石による段状石積であることなどが舒明初葬陵説の大きな理由となっている。蘇我蝦夷墓については、『日本書紀』皇極紀元年条に生前に今来《いまき》に蝦夷の大陵と入鹿の小陵の双墓《ならびのはか》を造ったとあり、遺跡が蝦夷と入鹿の甘橿丘の邸宅「上《うえ》の宮門《みかど》」「谷《はざま》の宮門」の続き地にあることを理由にあげる。この説では菖蒲

池古墳を入鹿の墓と考える。いずれにしても、天皇を含めて史上に名を知られた最高位の人物が埋葬されている可能性が高い。だが、南側の高まり部分を含めて、石室材などの存在についてまったく伝えがないのも不思議で、規模・構造などの全容の解明と遺跡の保存が大きな課題として残る。現在、現地を見学することはむずかしいが、近鉄吉野線岡寺駅から飛鳥に向かう道沿いから古墳の立地状況を観察することができる。

参考文献　奈良県立橿原考古学研究所「小山田遺跡第五・六次調査現地説明会資料」(二〇一五)

(木下　正史)

斉明天皇陵《さいめいてんのうりょう》

高取町大字車木字ケンノウの丘陵頂上部にある円墳(車木ケンノウ古墳)。近世の地名考証にもとづき、維新前に治定された。一八七六年(明治九)には、『日本書紀』の記述に即して間人皇女《はしひとのおうじょ》と建王《たけるのみこ》の合葬を付して一墳ながら二陵一墓となった。また、陵下の中腹には大田皇女《おおたのおうじょ》墓がある。これも群集墳の一つをあてたもの

越智崗上陵（車木ケンノウ古墳）
（宮内庁書陵部提供）

で、真陵とする根拠に乏しい。斉明天皇は名を宝皇女《たからのおうじょ》、父は茅渟王《ちぬのおう》、母は吉備姫王《きびつひめのおおきみ》で舒明天皇の皇后となる。『日本書紀』によれば、六六一年(斉明天皇七)に朝倉宮で没したのち、飛鳥川原での殯《もがり》を経て、六六七年(天智天皇六)に「小市岡上陵《おちのおかのえのみささぎ》」に葬られた。元禄修陵では花崗岩切石による横穴式石室をもつ橿原市小谷古墳に考定されたが、越智岡丘陵の東端の山麓にある明日香村越岩屋山古墳および、同一丘陵頂上にあり近年の発掘調査で八角形墳になることが確定した牽牛子塚《けんごしづか》古墳を真陵と考えるのが定説となっている。牽牛子塚古墳は東西双室の凝灰岩製横口式石槨《せっかく》で合葬を想定した構造を備える。また、前面には花崗岩製横口式石槨のある越塚御門《こしつかごもん》古墳が存在し、その被葬者を大田皇女とみなす意見が強い。　→牽牛子塚古墳《けんごしづかこふん》(152頁)

参考文献　上野竹次郎編『山陵(新訂版)』(一九八九、名著出版)、小池香津江「斉明(皇極)天皇陵(車木ケンノウ古墳)」(『「天皇陵」総覧』所収、一九九三、新人物往来社)

(今尾　文昭)

佐田遺跡群《さたいせきぐん》

高取町佐田にある小谷遺跡・北ノ尾遺跡・横ヶ峰遺跡で構成される古墳時代から近世までの複合遺跡である。紀路《きじ》に面した西側の丘陵上に位置している。六世紀後半から七世紀中ごろにかけての古墳が複数存在しており、これに後続する七世紀中ごろから後半にかけての掘立柱建物・竪穴住居・塀が確認されている。北ノ尾遺跡や横ヶ峰遺跡では丘陵を平坦に造成し、その縁に塀を巡らせ、この中に建物群が建てられている。また、紀路に面した尾根上には土塁状施設がみられることや、出土遺物に瓦・磚・硯などがあり、一般集落ではなく、公的施設と考えられる。飛鳥を守る外城的施設が想定されている。

横ヶ峰遺跡発掘遺構
(奈良県立橿原考古学研究所提供)

参考文献　菅谷文則他「佐田遺跡群発掘調査概報」(『奈良県遺跡調査概報』一九八三年度ノ二、一九八四)

(相原　嘉之)

薩摩遺跡《さつまいせき》

高取町薩摩にある弥生時代から中世の複合遺跡。松山川左岸の扇状地上に位置し、遺跡の西約七五〇《メートル》には、市尾墓山《いちおはかやま》古墳が所在する。二〇〇三年(平成十五)にバイパス建設に伴う試掘調査で、その存在が明らかとなった。これまでの調査で、弥生時代中期の方形周溝墓群、古墳時代前期の前方後円墳などのほか、古代の池跡が検出された。池跡は、堤で谷をせき止めた溜池で、堤と木樋が良好に遺存し、構築と計三回の改修の過程が明らかである。堤は敷葉工法の上に盛土で構築し、その基底幅は一五《メートル》。木樋は半裁し内側を刳り貫いた丸太を連結し、全体が残るもので全長一五・六《メートル》、幅五〇《センチ》。取水部構造を示す材も残る。初築は堤構築以前の堆積層出土土器から、奈良時代とされる。また、池内の堆積層から、波多《はた》里長の檜前《ひのくま》村主が池を築造したことを示す内容の木簡が出土している。古代の溜池の構造や、構築の主体を考える上で興味深い。現地に

薩摩遺跡調査区全景
（奈良県立橿原考古学研究所提供）

解説板などはない。

参考文献　北山峰生他「薩摩遺跡第八次・第一〇次」（『奈良県遺跡調査概報』二〇〇九年度ノ三、二〇一〇）、北山峰生編『薩摩遺跡』II（『奈良県立橿原考古学研究所調査報告』一一九、二〇一五）

（鈴木　一議）

猿《さる》石《いし》

明日香村下平田で発見された猿や人に似た石造物。一七〇二年（元禄十五）に欽明天皇陵（檜隈坂合陵）南方の水田から四体が掘り出され、陵の前方部南側に設置された。その後、明治初年ごろ近くの吉備姫王墓（檜隈墓）に移されて現在に至る。いずれも性器を表現する花崗岩製の裸形の男女像で、容貌などから「山王権現（高さ一二八センチ、以下同じ）」「法師（一〇六センチ）」「女（一〇〇センチ）」「男（九九センチ）」と呼ばれる。うち三体は

僧と男

女と山王権現

吉備姫王墓内の猿石群像

背面に怪獣などを彫刻する二面石である。これに似た「猿石(八五㌢)」が高取城《たかとりじょう》内にあり、頭部だけを強調した「顔石(一〇三㌢)」が高取町内にある。また、男女の顔を左右に刻んだ二面石(一二四㌢)が橘寺《たちばなでら》境内にある。これらも下平田で発見されたのであろう。この出土地付近は王陵地域にあたるので、その結界石であるとする説や、近くで発掘された平田キタガワ遺跡の苑池遺構に伴う装飾石とする説があり、未だに用途は定まらない。なお『今昔物語集』三一にみえる「石ノ鬼形」はこれをさすようで、十二世紀ごろ地表に顔を出していたらしい。また、韓国の益山弥勒寺の西塔基壇隅に置かれた石造物との類似に注目する意見もある。たしかに時代的には近いものの、両者の文化的な関連についてはなお慎重な検討が必要。 →吉備姫王墓《きびつひめのおおきみのはか》(149頁)

参考文献 奈良国立文化財研究所飛鳥資料館編『あすかの石造物』(『飛鳥資料館図録』三五、二〇〇〇)

(黒崎 直)

清水谷遺跡《しみずたにいせき》

高取町清水谷にある渡来系氏族の集落遺跡。近鉄吉野線壺阪山駅から南へ一キロの国道一六九号線沿いに位置し、曽我川支流の吉備川右岸にある河岸段丘上の標高一三三メートルの地点に立地する。二〇〇一年(平成十三)の工場建設に伴うナルミ地区の調査で、大壁建物が四棟、大壁遺構が三ヵ所検出された。大壁建物は重複し建物跡全体が判明しているものはないが、復元すると一辺が六・五メートルから一一メートルを測る。規模が大きな一一メートルの建物の床下には、L字状の溝が掘削されていた。建物南側に半地下で楕円形に掘られた土坑から幅〇・七メートルの溝が北側に緩やかに昇って続き、土坑から四メートルの地点で東側へ屈曲する。溝内には炭灰が混ざった土が堆積し、土坑も火を受け赤く変色していた。この遺構はオンドルと考えられている。大壁建物は二度建替えられて三時期以上あった。大壁建物からの出土遺物は少なく、遺物包含層から初期須恵器や韓式系土器を含む

清水谷遺跡オンドル遺構
(高取町教育委員会提供)

五世紀後半から七世紀前半にかけての土器が出土している。調査の成果から清水谷遺跡は、五世紀後半から七世紀前半の渡来系氏族の拠点と考えられている。

参考文献　木場幸弘「高取町内の渡来系氏族の遺跡」（『ヤマトの開発史―古代日本形成の特質解明の研究教育拠点―』二所収、二〇〇八）、高取町教育委員会「渡来系氏族の遺跡」Ⅰ（『観覚寺遺跡発掘調査報告書』Ⅳ、二〇〇八）

（木場　幸弘）

菖蒲池古墳《しょうぶいけこふん》

橿原市菖蒲町に所在する終末期古墳。古くは一八九三年（明治二十六）発行『大和国古墳墓取調書』に記載がある。一九二七年（昭和二）に石室部分のみが国史跡に指定。二〇〇七年（平成十九）に「飛鳥・藤原の宮都とその関連資産群」の構成資産の一つとして、世界遺産暫定一覧表記載資産候補に記載される。〇九年度から四年にわたり橿原市教育委員会が実施した調査が初の本格的な発掘調査である。古墳は丘陵の南斜面に立地し、墳丘の東・北・西に掘割が廻る、一辺三〇《メートル》で二段築成の方墳。下段墳丘は版築で造り、墳丘外表は、掘割底面と上段墳丘裾平坦面、古墳前面に礫敷、墳丘と上段墳丘裾に一段の基底石が廻るほかは土嚢状の土で仕上げる。墳頂部は失われているが、磚敷の可能性がある。石室は両袖式横穴式石室で玄室上半が露出。壁面は側壁が四石二段、奥壁が一石二段。半加工の花崗岩を使用し、漆喰で表面を平滑に仕上げる。岩屋山古墳の石室形状との類似性を指摘されている。石室は墳丘基底部が床面で、玄室中央付近に墳丘中心がある。石棺は竜山石《たつやまいし》製刳抜式家形石棺で、南北に同規模の二棺が並ぶ。ともに屋根は寄棟造りで平坦面を持ち、身に梁や柱の浮き彫りがある。また、内面漆塗りの点も共通する。墳丘東側には外側二段で、上段裾平坦面が玉石敷の外堤がある。古墳全体の規模は外堤を含めると、東西六七メートル以上、復原で最大九〇メートル、南北は八二メートルとなる。築造年代は出土土器から七世紀中ごろの六五〇年代であると考えられ、藤原京中軸線と古墳の位置に関連性はない。被葬者は、古墳の立地から蘇我氏の可能性が指摘され、蘇我倉山田石川麻呂《そがのくらやまだのいしかわまろ》とその長男の興志《こごし》であるという説がある。また隣接する小山田遺跡との関連性を指摘する説もある。いずれにせよ、古墳の規模や石棺の豪華さから、被葬者はかなり格の高い人物といえる。本古墳は終末期古墳の動向を明らかにするうえでも、飛鳥地域を空間的に認識するうえでも重要である。格子扉の外側から石室と石棺を見ること

菖蒲池古墳墳丘南西隅発掘状況
（橿原市教育委員会提供）

同石室・石棺の現状
（同前提供）

ができる。

参考文献　河上邦彦「菖蒲池古墳の石室の系譜」(同編『大和の終末期古墳』所収、二〇〇五、学生社)、松井一晃・石坂泰士『菖蒲池古墳』(『橿原市埋蔵文化財調査報告』一〇、二〇一五、橿原市教育委員会)

(松井　一晃)

定林《じょうりん》寺《じ》跡《あと》

明日香村立部《たちべ》にある七世紀前半創建の寺院跡。立部寺《たちべでら》ともいう。一九六六年(昭和四十一)国史跡指定。立部集落の西の丘陵頂部に位置する。現本堂の西奥に堂塔跡が残る。これまでに塔と回廊、講堂と推定される基壇の一部が調査されたにすぎない。塔は二重基壇で礎石が二個、地下に心礎が残る。塔の北東にある基壇は講堂とされるが、創建時のものではなく、鎌倉時代再建である。回廊は、塔の西と、推定講堂基壇東方に残る礎石から想定されている。塔南の土塁は、調査の結果、築地跡とわかり、創建以降、寺域内の改作がかなりあったことを示している。従来から法隆寺式の伽藍

定林寺講堂跡基壇
(奈良文化財研究所提供)

配置が想定されているが、塔北東の基壇を金堂とする説もある。出土した瓦には飛鳥寺《あすかでら》や橘寺《たちばなでら》の創建瓦と類似する素弁十一弁蓮華文軒丸瓦があり、七世紀前半の創建とみられる。また、塔心礎上方からは、塑像の菩薩頭部が出土している。文献では『明一伝《みょういつでん》』『七代記《しちだいき》』『聖徳太子伝暦《しょうとくたいしでんりゃく》』などが聖徳太子建立の寺とするが、創建の経緯については不明である。立部は東漢直《やまとのあやのあたい》氏の本拠地とされる檜隈《ひのくま》の範囲に入ると考えられ、阿智使《あちのお》主《み》の後裔氏族の平田忌寸《ひらたのいみき》の氏寺とする説がある。造営過程の解明など今後の発掘調査の進展が期待される。遺跡内に解説板が設置されている。

参考文献　石田茂作『飛鳥随想』(一九七二、学生社)、奈良国立文化財研究所編『飛鳥・藤原宮発掘調査概報』八(一九七八)

（安田龍太郎）

高松塚古墳《たかまつづかこふん》

明日香村大字平田字高松にある飛鳥時代の終末期古墳。中尾山古墳の南にある東西方向の尾根上で風水思想に則り、三方を尾根に囲まれた丘陵南斜面に築造されている。江戸時代の絵図によると、名前の由来ともなっている松の木が墳頂にあり、当時は文武天皇陵と考えられていた。一九七二年(昭和四十七)の発掘調査により、わが国ではじめての壁画古墳であることが判明した。古墳は七三年に特別史跡に、壁画は七四年に国宝に指定されている。その後、壁画保存のため、墳丘南側に保存施設を設置して、現地で壁画を保存してきたが、二〇〇一年(平成十三)ごろから、微生物による汚染が進行、壁画の保存環境が著しく変化した。漆喰層の劣化も認められたことから、文化庁は新たな保存方法を検討し始めた。〇四年には白虎が著しく劣化していることがマスコミによって報道された。この劣化問題は社会的にも大きな問題となった。その後、壁画の保存と修理について検討が重ねられてきたが、現地での保存と修理が困難であることから、苦肉の策として、壁画を石材ごと取り出し、別の施設で修理をすること

高松塚古墳壁画　女子群像
(明日香村教育委員会提供)

が決定された。〇六年からは石室解体に向けての発掘調査が始まり、石室解体とともに、墳丘の構築方法や壁画劣化の一因を解明していった。その後、墳丘整備に向けての発掘調査を実施した。高松塚古墳は版築で築かれた径約二三メートルの二段築成の円墳である。周囲には幅二・五メートルの周溝が巡る。版築を構築するにあたり、直径四センチの棒で搗いた痕跡が多く残り、ムシロ状のものを敷いた上から施工していることも判明した。埋葬施設は墳丘の中央に南北に設置されており、その南には南扉石の開閉と納棺のための墓道がある。床面には、四条の道板痕跡が残り、墓前祭祀に伴うと考えられる凝灰岩切石と柱穴がある。埋葬施設は二上山で採石される凝灰岩切石十六石を組み合わせた横口式石槨《せっかく》である。床石四、東西壁石各三、北壁石一、南壁石一、天井石四枚で構成されており、石材移動に伴う梃子穴が設けられている。石槨内寸法は長さ二・六五メートル、幅一・〇三メートル、高さ一・一三メートルで、天井は平らである。石槨

内全面には漆喰が塗布されており、石材の目地にも、接着剤として大量の漆喰を詰めている。北壁には玄武、東壁には南側から男子群像・青竜・女子群像と日像、西壁には南側から男子群像・白虎・女子群像と月像、天井には金箔で星を表現した星宿図が描かれている。南壁は盗掘により、すでに漆喰層は残されていなかった。床面には木棺よりも一回り大きい長さ二一七センチ、幅六六センチの棺台の痕跡が残されている。出土遺物には、外面黒色、内面朱色に施した長さ一九九センチ、幅五七センチの漆塗木棺がある。この棺に付けられたと考えられる金銅製透金具・金銅製円形飾金具・銅釘が出土している。また、副葬品としては海獣葡萄鏡・ガラス玉・琥珀玉などがある。被葬者については、人骨から壮年男性であることが判明している。出土遺物や墳丘・石室形態などから、キトラ古墳とほぼ同じ、七世紀後半から八世紀初頭の築造と考えられるが、キトラ古墳よりは新しい。古墳は築造当初の墳丘の形状を復原し、解説板を設置している。なお、取り出した壁画は、国営飛鳥歴史公園高松塚周辺地区に建設した施設で十年をかけて修理している。また、発見当時の壁画を忠実に模写したものを隣接する高松塚壁画館でみることができる。 →キトラ古墳《こふん》(147頁)

参考文献 奈良県教育委員会・明日香村『壁画古墳高松塚 調査中間報告』(一九七二)、松村恵司他「高松塚古墳の石室解体に伴う発掘調査」(『日本考古学』二七、二〇〇九)、相原嘉之「ふたつの壁画古墳」(森公章編『古代国家の形成』所収、二〇一〇、吉川弘文館)

(相原 嘉之)

束明神《つかみょうじん》古墳《こふん》

高取町佐田の丘陵南斜面に築造された終末期古墳。斜面を九〇メートルにわたって切り崩して平坦面を作り、この上に対角長約四〇メートルの八角形墳を作っている。谷奥に位置するような造墓は、風水思想に基づいている。現墳丘は中世に大きく変えられていたが、もとは墳丘の表面に石を敷き並べ、底平な下段とやや高い上段から成る墳丘であったらしい。内部は二上山の凝灰岩をブロック状に加工したものを約五百個積んだやや特異な横口式石槨の一種である。盗掘により石室の上部は破壊されていたが、復元実験の過程で石槨の設計が黄金分割などの比率を使っていることがわかった。内部にはもともと漆塗り木棺があったが、盗掘による破壊と腐食のため漆膜が散乱しているだけであった。なお棺台があったことも想定される。盗掘のため副葬品はほとんどなかった。当古墳は地元での伝承、『続日本紀』による位置関係、『万葉集』の歌、考古学的事実などから天武天皇の皇太子、草壁皇子（岡宮天皇）の真弓丘《まゆみのおかの》陵《みささぎ》である可能性が強い。奈良県立橿原考古学研究所附属博物館の前庭に復元された石室が展示されている。

束明神古墳横口式石槨（南から）
（奈良県立橿原考古学研究所提供）

↓岡宮天皇陵《おかのみやのてんのうりょう》（137頁）　↓真弓岡《まゆみのおか》（189頁）

参考文献　河上邦彦『束明神古墳の研究』（『橿原考古学研究所研究成果』二、一九九九）

（河上　邦彦）

壺阪寺《つぼさかでら》

高取町壺阪山にある真言宗豊山派の寺院。正式名称は壺阪山平等王院南法華寺。壺坂寺とも記す。西国三十

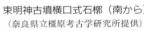

壺阪寺三重塔

三所観音霊場の第六番札所。一二一一年(建暦元)に成立した貞慶撰の『南法花寺古老伝』は、七〇三年(大宝三)に本元興寺(飛鳥寺)の住僧であった弁基が建立したと伝える。一〇九六年(永長元)や一二〇七年(承元元)など数次の火災により創建当初の伽藍は失われたが、境内出土瓦の年代や、一四九七年(明応六)再建の三重塔(重要文化財)四天柱礎石が創建時の塔心礎の転用品であることなどから、八世紀初頭ころの創建とみられる。平安時代には霊験の山寺として天皇・貴族などの崇敬を集めた。本堂は江戸時代再建の八角円堂、これに室町時代再建の礼堂(重要文化財)が取り付く。本尊は江戸時代再興の木造丈六千手観音坐像で、平安時代の檀像様式を伝える。同像は眼病に効験があるとされ、九世紀中ごろに成立した元興寺義昭撰の『日本感霊録』には、弘仁年中(八一〇―二四)に沙弥長仁が壺坂観音の信仰によって開眼したという説話がある。盲人沢市と妻おさとが観音の霊験によって救われるという近世の人形浄瑠璃『壺坂霊験記』は著名。

[参考文献] 浅野清編『西国三十三所霊場寺院の総合的研究』(一九九〇、中央公論美術出版)、『(壺阪寺南法華寺開創千三百年記念)壺阪寺』(二〇〇三、南法華寺・大和歴史教育センター)

(竹内　亮)

中尾山古墳《なかおやまこふん》

明日香村平田に所在する終末期古墳。檜隈《ひのくま》と称される飛鳥南西部丘陵地帯の尾根上に立地する。並走する三本の尾根のうちの奥まった中央に築かれており、風水にかなった占地である。南二〇〇メートルの尾根上には高松塚古墳があり、江戸時代には文武陵に擬された。文武天皇は七〇七年(慶雲四)六月に崩御、飛鳥岡で火葬のうえ、檜隈《ひのくまの》安《あ》古山陵《このみささぎ》に葬られた。現在宮内庁が治定す

中尾山古墳の八角形墳丘と裾石敷
(明日香村教育委員会提供)

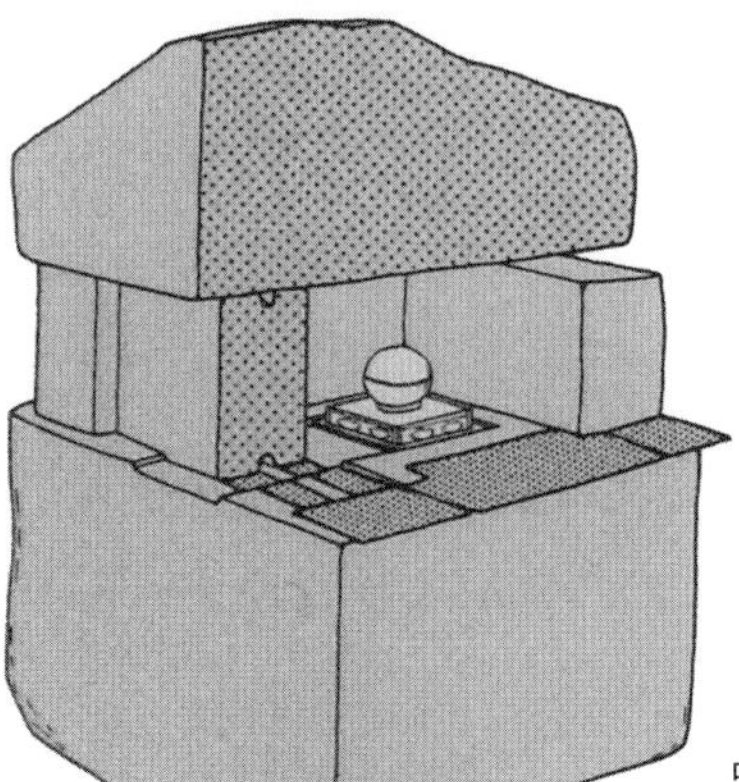

中尾山古墳の石槨復原
(奈良文化財研究所他編『飛鳥・藤原京展』2007より)

る文武陵(栗原塚穴古墳)は詳細が不明であり、後述する墳形や埋葬施設などから中尾山古墳が真の文武陵とする見方が有力である。一九二七年(昭和二)に史跡指定、七四年には整備に伴う発掘調査を実施。墳丘は三段築成の八角形墳で、一辺八メートル、対辺長三〇メートル。墳丘の外縁には二段の礫敷施設が八角形に巡る。墳丘からは凝灰岩製沓形石造物が出土しており墳頂部の装飾品と推定される。埋葬施設は小型の横口式石槨で、底石の上に側石を立てて天井石を架構し、開口部に閉塞石を充てる。閉塞石は凝灰岩、それ以外は花崗岩。石槨内法は幅九〇センチ、奥行き九三センチ、高さ八七センチ。底石上面には掘込があり台などの設置が考えられる。壁面には朱が、各部材接合面には漆喰が充塡されていた。築造時期は七世紀末から八世紀初頭と推定。構造・規模より火葬骨を納めたことは疑いなく、墳形の特異性とともに古墳と火葬墓の特徴を備えたものとして注目される。古墳は七五年に環境整備が実施され、周辺についても国営飛鳥歴史公園高松塚周辺地区として公園化されている。→文武天皇陵《もんむてんのうりょう》(192頁)

参考文献　明日香村教育委員会編『史跡中尾山古墳環境整備事業報告書』(一九七五)

(卜部　行弘)

野口王墓《のぐちのおうのはか》古墳《こふん》

飛鳥地域に営まれた終末期古墳。明日香村野口字王墓に所在する。江戸時代には、「王墓」「皇ノ墓」などとよばれた。南に開き、東西に長く延びた尾根の東端にあり、眼下には沼状の谷が広がる。風水観念が意識された選地をとったものと思われる。墳形は古記録や測量図から八角形とみられる。墳丘裾部一辺約一五メートル前後、対辺間距離約三七メートル、高さ約七・七メートルと推定される。内部の様子は、一八八〇年(明治十三)に京都高山寺で発見された鎌倉時代の本墳盗掘の際の実見記であ

野口王墓古墳（檜隈大内陵）

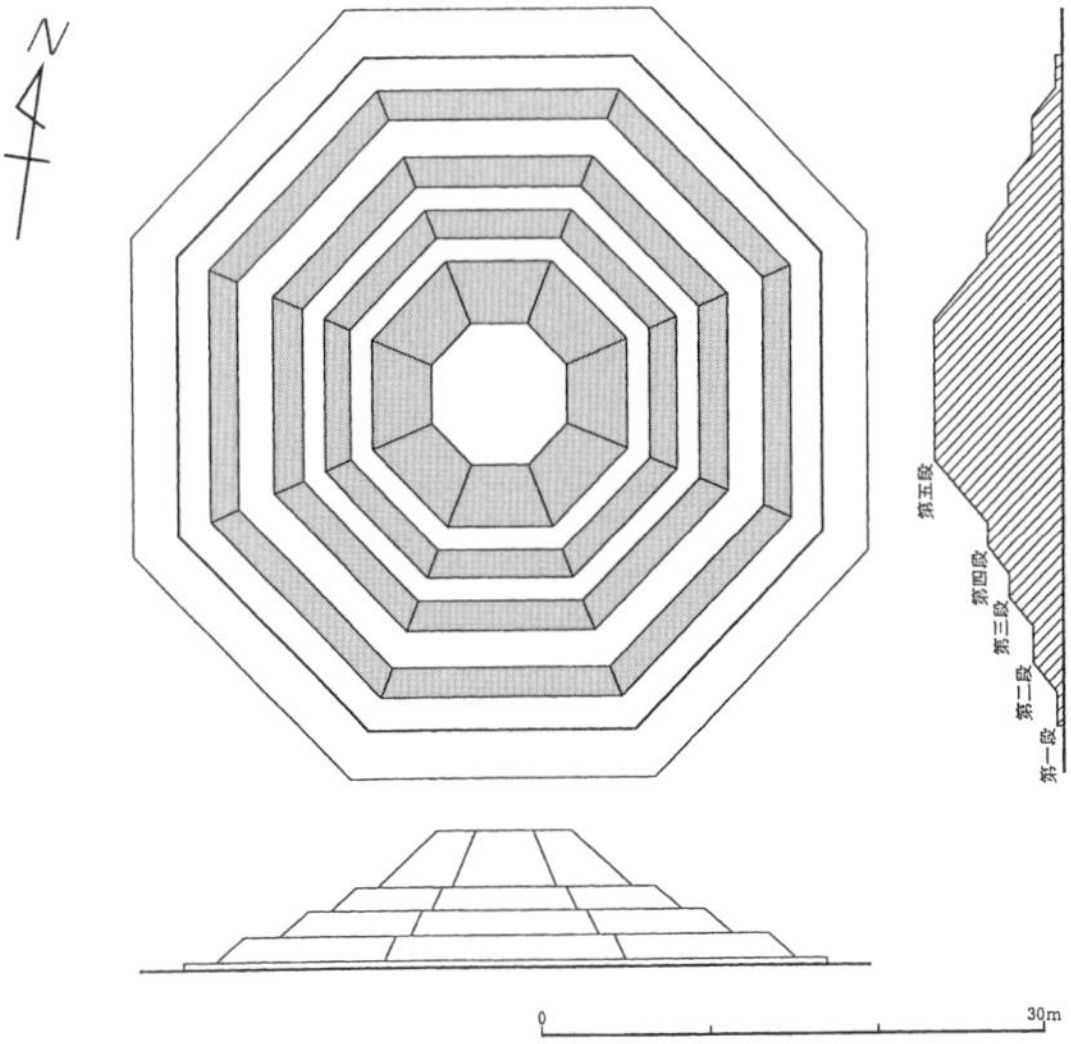

同復原模式図
（明日香村教育委員会編『牽牛子塚古墳発掘調査報告書』2013より）

る『阿《あ》不《お》幾《き》乃《の》山陵記《さんりょうき》』などに詳しい。「内陣」と記された玄室《げんしつ》にあたる部分と、「外陣」と記された羨道《せんどう》にあたる部分に分かれる。各部は玄室長四・二メートル、幅二・八メートル、高さ二・四メートル、羨道長三・五メートル、高さ二・二メートルに換算され、全長は七・七メートルに及ぶ。羨道と玄室は獅子の顔の把手が付いた両開きの金銅製の扉によって仕切られていたという。石材は「瑪瑙《めのう》」とあり通例の花崗岩、凝灰岩使用が想定されるほか、特に大理石が使われていた可能性もある。飛鳥地域の王墓の墓室が、切石による大型横穴式石室から横口式石槨《よこぐちしきせっかく》へと移行する過程にある墓室として位置づけられる。玄室内には格《こう》座間《ざま》のある金銅製の棺台、その上には朱塗りの夾紵棺《きょうちょかん》とみられる棺が置かれていた。棺内には人骨、紅色の衣服、石帯、枕、玉類が納められていた。さらに棺の横には金銅製桶が置かれていたという。こういった墓室内の様子は『日本書紀』や『続日本紀』に記載された天武天皇と持統太上天皇の葬送記事によく合致するものである。すなわち夾紵棺の被葬者を六八六年（朱鳥元）九月に飛鳥浄御原宮南庭に殯《もがり》が設けられたのち六八八年（持統天皇二）十一月に「大内陵」に葬られた天武天皇に、金銅製桶は七〇三年（大宝三）十二月に「飛鳥岡」で火葬されたのち「大内山陵」に合葬された持統太上天皇に充てられる。幕末の文久の修陵では文武陵とされたが、『阿不幾乃山陵記』の発見が契機となり、一八八一年二月に橿原市五条野丸山古墳《ごじょうのまるやまこふん》から本墳へと「檜隈大内陵」（天武持統合葬陵）は治定変更された。被葬者を確定できる数少ない古墳の一つである。宮内庁が管理する陵墓であり、直接の立ち入りはできないが、背後にあたる北側は周遊が可能で墳丘外表に用いられた凝灰岩の一部を観察できることもある。また、近年の情報開示により一九五九年（昭和三十四）と六一年の二度にわたり、宮内庁書陵部による墳丘の発掘調査がなされていたことが明らかとなった。墳丘裾の石材使用方法や各側辺の実長などが調査された。なお本墳は藤原京（新益京）の中軸線の南延長線上にあり、占地に際して京との位置関係が強く意識されたことがうかがえる。

参考文献　秋山日出雄「檜隈大内陵の石室構造」（『橿原考古学研究所論集』五所収、一九七九、吉川弘文館）、外池昇「天武持統天皇陵の改定」（佐伯有清編『日本古代中世の政治と文化』所収、一九九七、吉川弘文館）、今尾文昭「天武・持統天皇陵」（『律令期陵墓の成立と都城』所収、二〇〇八、青木書店)、同「陵墓制の弛緩と開掘—檜隈大内陵(天武・持統陵)の中世—」(『季刊考古学』一二四、二〇一三)

(今尾　文昭)

檜前《ひのくま》大田《おおた》遺跡《いせき》

明日香村大字檜前《ひのくま》にある飛鳥時代の居宅跡。檜隈寺の南に谷を挟んで二〇〇メートルの尾根上にあり、遺跡の南東四五〇メートルにはキトラ古墳が立地する。二〇〇八年(平成二十)に国営飛鳥歴史公園キトラ古墳周辺地区建設に伴い檜隈寺の南にある尾根筋一帯を檜前遺跡群と呼称して発掘調査が行われた。尾根上に七世紀中ごろ以前の大壁遺構、七世紀後半の掘立柱建物群と掘立柱塀が確認された。一〇年には公園に隣接する村営の近隣公園整備事業に伴い、遺跡の西端で四—五世紀代とみられる韓式系土器が数点出土した。檜隈中心部で渡来系要素を示す遺構・遺物が確認され、檜隈を本拠とした渡来系氏族東漢氏《やまとのあやうじ》との関わりを窺わせる。こうして遺跡の範囲や様相が明らかになったため小字名をとって檜前大田遺跡と命名されることとなった。現在遺跡は埋め戻され、一六年の公園開園にむけて整備中であ

檜前大田遺跡(西から)
(明日香村教育委員会提供)

る。園内や公園施設に解説板が設置される予定である。

参考文献　明日香村教育委員会編『キトラ公園内遺跡発掘調査報告書』(『明日香村文化財調査報告書』九、二〇一三)

(長谷川　透)

檜隈寺跡《ひのくまでらあと》

明日香村檜前《ひのくま》にある七世紀創建の寺院跡。二〇〇三年(平成十五)国史跡指定。阿智使主《あちのおみ》をまつる於美阿志《おみあし》神社境内を中心とする丘陵上に位置する。これまでの発掘調査で、金堂と講堂が回廊で結ばれ、回廊内の中央東寄りに塔を配し、西の回廊中央に門が開くという特異な伽藍配置が明らかとなった。これらは七世紀後半から末の遺構で、出土する七世紀前半の火炎紋を飾る軒丸瓦を葺いた建物は不明である。金堂は五間×四間の四面庇建物。花崗岩の礎石には円形柱座をつくり出す。塔は一辺三間。側柱の二礎石を欠くが、地下心礎、四天柱礎石ともに残る。四天柱礎石上には、平安時代の十三重石塔(重要文化財)が建つ。講堂は七間×四間の四面庇建物で、瓦積み基壇である。礎石は自然石。門は遺存状態が悪いが三間×三間と推定される。近年、国営飛鳥歴史公園キトラ古墳周辺地区の整備に伴う調査が進められ、七世紀前半から十二世紀にわたる寺の変遷を解明する重要な成果があがっている。たとえば、金堂南東で幢竿《どうかん》支柱と想定される一対の大形柱穴を検出した。講堂北西では渡来系技術とされる石組のL字形カマドをもつ竪穴建物を検出。七世紀前半から中ごろとみられる。講堂北方の尾根上や東西傾斜地には、冶金工房関連遺構が存在する。また、講堂北西の斜面には八世紀後半以降の瓦窯があった。檜隈寺の補修用の瓦を焼いた窯と思われる。檜隈の地は渡来系氏族の東漢直《やまとのあやのあたい》氏の本拠地とされるが、檜隈寺は立地や発掘調査成果からみて、その氏寺と考えられている。現在、

講堂跡西南に案内板が設置されている。　↓於美阿志《おみあし》神社《じんじゃ》（140頁）

参考文献　奈良国立文化財研究所飛鳥資料館編『渡来人の寺―檜隈寺と坂田寺―』（『飛鳥資料館図録』一〇、一九八三）、奈良文化財研究所編『奈良文化財研究所紀要二〇〇九』・『同二〇一〇』・『同二〇一一』・

檜隈寺金堂遺構全景（南から）　右奥の十三重石塔下に塔跡
（奈良文化財研究所提供）

同講堂の瓦積基壇
（同前提供）

『同二〇一二』・『同二〇一三』・『同二〇一四』

（安田龍太郎）

平田《ひらた》梅山《うめやま》古墳《こふん》

明日香村大字平田字ウメヤマにある前方後円墳。墳長一四〇メートル、後円部直径七二メートル、高さ一五メートル、背後の丘陵を大規模に成形して三方山囲みで、南に開いた地形を造り、そのなかに墳丘を設けている。主軸線はほぼ正しく東西方向にある。一九九七年（平成九）の宮内庁による前方部前面裾部分の発掘調査の結果、丁寧に平滑な面に仕上げられた貼石の施工が確認された。また南側造り出しでは、須恵器杯類の出土があり、六世紀末葉の時期にあたる。所在地が飛鳥地域のなかでも檜《ひの》隈《くま》の一角にあたること、風水観念を意識した選地や成形を造ること、正面観が南向きにあること、正方位を指向すること、墳丘外表が貼石となることなど飛鳥地域で展開する終末期古墳に通じる要素が見受けられる。鎌倉時代の文書には、在地の悪党による「梅陵」の破壊記事があり、本墳を指示したものだと見られている。近世文献には石山の呼称もあり、石材で覆われた外表の特徴を示した記述といえよう。南側の外堤（小字ツクエ）の下の水田（小字池田）からは、元禄年間（一六八八―一七〇四）以降に今日、猿石と称される石像が出土し、引き上げられたのち本墳のくびれ部近くの前方部南面に置かれて「掘り出しの山王」として地域信仰を集めたが、その後、文久修陵時には墳丘外へ搬出されて、さらに吉備姫王墓《きびつひめのおおきみのはか》正面への再移転となる。石像は本墳に関わるものと見られるが、製作目的については定説を得ていない。本墳について現在は、欽明天皇の檜隈坂合陵《ひのくまのさかあいのみささぎ》として宮内庁管理となっているが、古墳時代後期最大の前方後円墳で、北に七〇〇メートルの位置にある五条野丸山古墳との間で比定地論争がある。いずれにしても、奈良盆地最後の前方後円墳となり、以降は大王・王族、有力豪族といえども大型方墳もしくは大型円墳を営むように変化する。なお、同一丘陵上には東にカナヅカ古墳（平田岩屋古墳）、鬼ノ俎・雪隠古墳があり宮内庁陪冢《ばいちょう》に指定されている。いずれも、

平田梅山古墳（檜隈坂合陵）全景（東南上空から）
（奈良文化財研究所提供）

飛鳥時代の終末期古墳として本墳に後続して築造されたものである。↓鬼《おに》の俎《まないた》・雪隠《せっちん》古墳《こふん》（138頁）↓カナヅカ古墳《こふん》（143頁）↓猿石《さるいし》（164頁）

同貼石
（宮内庁書陵部提供）

参考文献　徳田誠志・清喜裕二「欽明天皇　檜隈坂合陵整備工事区域の調査」（『書陵部紀要』五〇、一九九八）、

今尾文昭「古記録にみる飛鳥猿石の遍歴」(『律令期陵墓の成立と都城』所収、二〇〇八、青木書店)

(今尾　文昭)

平田《ひらた》キタガワ遺跡《いせき》

明日香村平田にある飛鳥時代の苑池とみられる遺跡。平田川の右岸に位置し、遺跡の北には平田梅山古墳が所在する。一九八六年(昭和六十一)にアパート建設に伴う発掘調査で、その存在が明らかとなり、第一次調査で石敷き、第二次調査で池の護岸とみられる石積みと池底とみられる石敷きが検出された。石敷きには幅二〇～四〇センチ大の石を、北から南へやや傾斜をもって敷く。石積みは東西方向に直線的にのび、長さ一二・〇メートル以上、高さ一・六メートル、下部に幅一・〇メートル、高さ〇・五メートルを超える石材を二段、上部に幅二〇～五〇センチ、高さ二〇センチ前後の石材を一～二段、ほぼ垂直に積む。池底の石敷きには長さ五〇～一〇〇センチ大の石を、ほぼ平坦に敷く。現在吉備姫王墓《きびつひめのおおきみのはか》内にある猿石は、江戸時代

平田キタガワ遺跡庭園遺構
(奈良県立橿原考古学研究所提供)

に平田梅山古墳の南、本遺跡の北に位置する小字イケダの地で掘り出されたものである。苑池とみられる本遺跡と猿石との関連が注目される。現地は住宅地で、解説板などはない。

参考文献　今尾文昭「古記録にみる飛鳥猿石の遍歴」（『末永先生米寿記念献呈論文集』坤所収、一九八五、末永先生米寿記念会）、亀田博「平田キタガワ遺跡第一次調査概要」（『奈良県遺跡調査概報』一九八七年度ノ一、一九九〇、奈良県立橿原考古学研究所）

（鈴木　一議）

益田岩船《ますだのいわふね》

橿原市南妙法寺町の貝吹山東峰の頂上付近にある巨大な石造物。花崗岩製の巨石（東西一一メートル、南北八メートル、高五メートル）の上面には、一・六メートル幅の溝がほぼ東西方向に彫られており、その中央に正方形の穴（一辺一・六メートル、深さ一・三メートル）が二つ並んで彫り込まれている。石造物の側面には、縦溝や横溝、およびその両者が組み合う

益田岩船
（奈良文化財研究所提供）

格子状の溝が残されており、石材加工技術の一端がうかがえる。平安時代に築堤された灌漑用ため池「益田池」の造池記念碑の台石との憶説からこの名がつけられたが、現在は石室未完成品廃棄説が有力である。すなわち南五〇〇メートルには牽牛子塚古墳《けんごしづかこふん》があるが、その埋葬主体である東西二室を有する石室構造が本例と酷似することから、本例が第一次的な石室材であったとする理解である。本例の方形穴底部には大きな亀裂が走っており、それが廃棄の原因か。硬質な花崗岩の加工をあきらめたのか、牽牛子塚古墳の石室はより加工の容易な凝灰岩製である。その姿は江戸時代の『大和名所図会』にも描かれており、早くから人々の注目を集めていた。

参考文献　奈良国立文化財研究所飛鳥資料館編『あすかの石造物』(『飛鳥資料館図録』三五、二〇〇〇)

（黒崎　直）

松山呑谷古墳《まつやまのみたにこふん》

高取町松山の東西に延びる独立丘陵南斜面の標高一四〇メートルの地点に立地する古墳。墳丘は、北側の丘陵斜面を掘り込んだ一辺一〇メートル、高さ二・五メートルを測る方墳である。一八九九年(明治三十二)石室が偶然に発見され、

松山呑谷古墳海獣葡萄鏡
(東京国立博物館所蔵)

聞きとりによると凝灰岩および花崗岩の切石が用いられていたが規模、構造は不明である。石室内から金銅製八花形座金具および金銅環八個が棺座金具として出土した。副葬品として面径九・七五センチ、厚さ一・三センチを測る海獣葡萄鏡や面径一三・二センチの銀象嵌を施した鉄鏡などが出土している。現在、古墳を明確に示すものは残っていない。出土品は、東京国立博物館に所蔵されている。

参考文献　梅原末治「大和国高市郡松山の葡萄鏡出土の古墳」(『歴史と地理』、一九二三)、奈良国立文化財研究所飛鳥資料館『飛鳥時代の古墳』(『飛鳥資料館図録』六、一九七九)

(木場　幸弘)

真弓鑵子塚古墳《まゆみかんすづかこふん》

明日香村大字真弓にある後期古墳。貝吹山から伸びる丘陵上に立地する。周辺にはカンジョ古墳や与楽《ようらく》鑵子塚古墳などの大型穹窿状《きゅうりゅうじょう》横穴式石室墳をはじめ、貝吹山の南側斜面には与楽古墳群など渡来系の要素を含む

真弓鑵子塚古墳石室
(明日香村教育委員会提供)

遺物が出土する古墳が多数点在する。真弓鑵子塚古墳は早くから石室の北側が開口しており石室内部の様子が知られていた。明治時代にはウィリアム＝ゴーランドも訪れ石室内部の調査を行なっている。大正時代には奈良県史蹟調査会によって石室南側の羨道《せんどう》部が発掘され、南からも石室内へ入れるようになった。一九六二年(昭和三十七)には、末永雅雄を中心とする後期古墳研究会によって石室内部に溜まった土砂が搬出され、石室の実測調査などが行われた。その際、石室内から凝灰岩片や獣面飾金具、鉄製品などが出土している。二〇一〇年(平成二十二)からは真弓鑵子塚古墳の史跡指定に向けた範囲確認調査が明日香村教育委員会により実施された。調査の結果、墳丘規模は直径約四〇メートル、高さ約八メートルの二段築成の円墳であることが明らかとなった。墳丘は石室を覆う粘性土による一次墳丘と墳形を構成する二次墳丘からなり、一次墳丘と二次墳丘の間には板状土製品が敷き詰められた特異な構造であることも明らかとなった。埋葬施設は、貝吹山周辺の石英閃緑岩(花崗岩)の巨石を用いた南に開口する右片袖式の穹窿状横穴式石室で、全長一九メートル以上、玄室長は、約六・五メートル、幅約四・四メートル、高さ約四・七メートルを測る。石室床面には、幅〇・四メートル、深さ〇・二メートルの素掘りの排水溝が設けられている。玄室の北側には石室の主軸から二〇度東に振った方位で長さ三・七メートル、幅約二メートル、高さ二・四メートルの奥室が設けられている。石室の側壁は、石英閃緑岩の巨石を六〜七段積み上げ、三段目以降は急激な持ち送りとなっている。玄室部分には三石の天井石が架構されている。石室内からは凝灰岩片や結晶片岩の板石、鉄釘など棺材が出土しており、四体以上埋葬されていたと考えられる。六世紀中から後半ごろの築造と考えられる。なお、玄室床面や側壁には地震による亀裂痕跡が認められた。出土遺物としては、土師器、須恵器、銀象嵌刀装具、玉類、獣面飾金具、金銅製馬具、鉄鏃、鉄釘、凝灰岩片、結晶片岩、板状土製品などがある。現地には解説板が設置されているものの、安全性の問題から石室に立ち入ることはできない。→真弓岡《まゆみのおか》(189頁)

参考文献　西光慎治編『真弓鑵子塚古墳発掘調査報告書―飛鳥の穹窿状横穴式石室墳の調査―』(『明日香村文化財調査報告書』七、二〇一〇、明日香村教育委員会文化財課)

(西光　慎治)

真弓岡《まゆみのおか》

高市郡の高取川の西に広がる小丘陵。現在の地名では、北から明日香村越、真弓、高取町佐田、森の東西一キロ、南北二キロほどの範囲を指すと考えられ、多くの終末期古墳が存在する天皇・皇族の陵墓が営まれる地であった。越には岩屋山古墳、牽牛子塚《けんごしづか》古墳、真弓には真弓鑵子塚《かんすづか》古墳、マルコ山古墳、カヅマヤマ古墳、佐田には束明神《つかみょうじん》古墳があり、森には宮内庁の指定する真弓丘《まゆみのおかの》陵《みささぎ》がある。『日本書紀』皇極天皇二年(六四三)条に皇《すめ》祖母命《みおやのみこと》(吉備姫王《きびつひめのおおきみ》)を「檀弓崗《まゆみのおか》」に葬るとあるが、『延喜式』諸陵寮ではその墓を「檜隈墓《ひのくまのはか》、在大和国高市郡檜隈陵域内」とし、明日香村平田に比定されている。

『万葉集』などに、六八九年(持統天皇三)に薨じた草《くさ》壁皇子《かべのおうじ》を葬ったのが「真弓の岡」であると記す。その比定地には諸説あるが、一九八四年(昭和五十九)に発掘調査された束明神古墳が有力視されている。同古墳は、墳丘が三〇メートルほどの対角長をもつ八角形墳と推定され、凝灰岩切石を家形に組み立てた横口式石槨《せっかく》をもち、その規模は長さ三・一メートル、幅二・一メートル、復元高一・五メートルと大規模である。出土した歯から被葬者が三十歳前後と推定されたことも、その根拠の一つとなっている。

→岩屋山古墳《いわややまこふん》(135頁)　→岡宮天皇陵《おかのみやのてんのうりょう》(137頁)　→カヅマヤマ古墳《こふん》(141頁)　→吉備姫王墓《きびつひめのおおきみのはか》(149頁)　→牽牛子塚古墳《けんごしづかこふん》(152頁)　→束明神古墳《つかみょうじんこふん》(172頁)　→真弓鑵子塚古墳《まゆみかんすづかこふん》(187頁)

↓マルコ山古墳《やまこふん》(190頁)

参考文献 『明日香村史』(一九七四)

(寺崎 保広)

マルコ山古墳《やまこふん》

明日香村大字真弓(地ノ窪)字ミヅツにある飛鳥時代の終末期古墳。「真弓崗」にあり、東西方向の丘陵から南にのびる尾根を削り築造されている。古墳は三方を尾根で囲まれており、風水思想に則っている。一九二五年(大正十四)に奈良県が刊行した『奈良県史蹟勝地調査会報告書』八にも「マルコ山塚、円形」と記されている。高松塚古墳壁画が発見されたことを受けて、終末期古墳の研究が進み、壁画の有無も含めて、類似のマルコ山古墳の調査が検討された。一九七七年(昭和五十二)―七八年に学術調査が行われ、墓道および道板と高松塚古墳と類似する横口式石槨《せっかく》を確認した。古墳は八三年に史跡指定された。これらの成果を受けて、八八―九五年(平成七)度に環境整備事業を実施し、これに伴って九〇年に整備のための発掘調査を実施している。さらに二〇〇四年には、墳丘西側の指定地外を発掘調査したところ、墳丘が多角形をしていることが判明した。マルコ山古墳は版築で築かれた対辺長約二四㍍の二段築成の多角形墳である。テラスおよび掘割の底部には拳大の礫を敷き、その下には石を詰めた暗渠もみられる。埋葬施設は墳丘の中央に南北に設置されており、その南には南扉石の開閉と納棺のための墓道がある。墓道の床面には、四条の道板痕跡が残る。埋葬施設は二上山で採石される凝灰岩切石十七石を組み合わせた横口式石槨である。床石四、東西壁石各三、北壁石二、南壁石一、天井石四枚で構成されている。石槨内寸法は長さ二・七一㍍、幅一・二八㍍、高さ一・三五㍍で、天井には六・六㌢の屋根形の掘込がある。石槨内全面には漆喰が塗布されているが、壁画は描かれ

マルコ山古墳墳丘整備状況
（明日香村教育委員会提供）

同横口式石槨
（同前提供）

同多角形墳丘
（同前提供）

ていない。出土遺物は、多数の木棺断片が出土しており、棺は外面黒色、内面朱色の漆塗木棺であるが、細片のため、寸法は不明。この棺に付けられたと考えられる金銅製六花飾金具・銅釘・透金具が出土している。また、副葬品としては大刀金具の金銅製山形金物・俵鋲・露金物・責金具などがある。被葬者については、人骨から壮年男性であることが判明している。出土遺物や墳丘形態、高松塚古墳との比較から、七世紀後半から八世紀初頭の築造と考えられる。現在は史跡公園として、築造当初の墳丘の形状を復原し、解説板を設置している。↓真弓岡《まゆみのおか》（189頁）

参考文献　網干善教他・明日香村教育委員会『真弓マルコ山古墳』（一九七八）、明日香村教育委員会文化財課編『明日香村遺跡調査概報』平成一六年度（二〇〇六）

（相原　嘉之）

文武天皇陵《もんむてんのうりょう》

明日香村大字栗原字塚穴に所在するが、元禄修陵では高松塚古墳、文久修陵では野口王墓古墳が文武陵とされた。治定は一八八一年（明治十四）で地名考証にもとづき、字「あんどく」の東北にある字「塚穴」または「ジョウセン塚」と呼称された円墳（栗原塚穴古墳）にあてたものである。谷森善臣『山陵考』には石室が伴うことが記される。山寄せの南面する終末期古墳になるかと思われるが詳細は不明である。文武天皇は名を軽皇子《かるのおうじ》と称し、父を草壁皇子《くさかべのおうじ》、母を元明天皇とする。七〇七年（慶雲四）六月に没し、同年十一月十二日に「飛鳥岡」に火葬されたのち二十日に「檜隈安古山陵《ひのくまのあこのみささぎ》」に葬られたと『続日本紀』は記述する。飛鳥地域に陵地が設けられた最後の大王・天皇となる。現在では一九七四年(昭和四十九)に発掘調査により八角形墳であることが確認された上、約九〇センチ四方の横口式石槨《せっかく》を備えた中尾山古墳を真陵と考えるのが定説となっている。 ↓中尾山古墳《なかおやまこふん》(174頁)

参考文献 上野竹次郎編『山陵(新訂版)』(一九八九、名著出版)、今尾文昭「飛鳥・藤原の墳墓」(木下正史・佐藤信編『飛鳥から藤原京へ』所収、二〇一〇、吉川弘文館)

(今尾 文昭)

檜隈安古岡上陵(栗原塚穴古墳)
(宮内庁書陵部提供)

与楽《ようらく》カンジョ古墳《こふん》

高取町与楽にある古墳時代後期の古墳。高取町北端の貝吹山南麓の総数百基からなる与楽古墳群にある。近鉄吉野線飛鳥駅から西へ一・八キロの標高九〇メートルの地点に立地する。墳丘は一辺三二メートル、高さは南側から一一メートル、北側から四メートルを測る山寄せの二段築成の方墳である。墳丘二段目の南側中央に石室が開口している。玄室は長さ五・八メートル、幅二・八メートル、高さ五・三メートルを測る両袖式の横穴式石室で、一辺二メートルを超える巨石を二段に積み、三段目から一回り小型の石を持ち送って三段積み上げ、長さ五メートル以上もある巨石一石を天井に架けている。羨道《せんどう》は羽子板状に拡がり長さ五・八メートルを測り、

与楽カンジョ古墳墳丘
（高取町教育委員会提供）

石室の全長は一一・六メートルになる。玄室中央では漆喰を固めた棺台が検出されている。石室は玄室の面積に比べ床面から天井までがきわめて高くドーム状を呈するのが特徴である。石室から須恵器など土器が出土したが後世の遺物で、金銅装の耳環と銀製の指輪が古墳に伴うものと考えられている。カンジョ古墳は七世紀前半に築造された渡来系氏族東漢氏《やまとのあやうじ》の墳墓と考えられる。与楽鑵子塚古墳、寺崎白壁塚古墳とともに与楽古墳群として二〇一三年（平成二十五）に国指定史跡に指定された。現在は古墳の公開に向けた保存整備事業を行なっている。

→与楽鑵子塚古墳《ようらくかんすづかこふん》（195頁）

参考文献　奈良県立橿原考古学研究所編『高取町の古墳』（一九七六、高取町教育委員会）、高取町教育委員会『与楽カンジョ古墳・与楽鑵子塚古墳発掘調査報告書』（『高取町文化財調査報告』三九、二〇一二）

（木場　幸弘）

与楽《ようらく》鑵《かん》子《す》塚《づか》古《こ》墳《ふん》

高取町与楽にある古墳時代後期の古墳。高取町北端の貝吹山南麓の総数百基からなる与楽古墳群にある。与楽カンジョ古墳から北へ約三〇〇メートル、貝吹山から南へ派生する丘陵上の標高一〇五メートルの地点に立地する。墳丘は直径二八メートル、高さは南側から九メートル、北側から七メートルを測る山寄せの二段築成の円墳である。墳丘南側に横穴式石室が開口している。玄室は長さ四・二メートル、幅三メートル、高さ四・二一メートルを測る右片袖式の横穴式石室で、長辺一・五メートル、短辺一メートルぐらいの石材を四段に積んで、五段目から一回り小さい石材を持ち送り、ドーム状に三〜四段積み上げ、天井は一・五〜二メートルの石材を二石架けている。羨道《せんどう》の長さ五・四メートル、幅一・四メートル、高さ一・八メートルで石室の全長は九・六メートルを測る。石室内には閉塞石が良好な状況で残存し、墓道の一部も確認されている。石室から須恵器やミニチュア竈などの土器、鉄製の轡・鏡板・杏葉《ぎょうよう》・雲珠《うず》・辻金具・金銅製鞍金具などの馬具、鉄製釣針、鉄釘、ガラス玉・金銅製耳環・銀製指輪などの装身具が出土した。調査の成果から与楽鑵子塚古墳は、渡来系氏族東漢氏《やまとのあやうじ》の墳墓で六世紀後半に築造されたと考えられる。与楽カンジョ古墳、寺崎白壁塚古墳とともに与楽古墳群として二〇一三年（平成二十五）に国指定史跡に指定された。現在は保存整備事業が計画されている。

↓与楽《ようらく》カンジョ古墳《こふん》（193頁）

与楽鑵子塚古墳玄室前壁
（高取町教育委員会提供）

参考文献　奈良県立橿原考古学研究所編『高取町の古墳』（一九七六、高取町教育委員会）、高取町教育委員会『与楽カンジョ古墳・与楽鑵子塚古墳発掘調査報告書』（『高取町文化財調査報告』三九、二〇一三）

（木場　幸弘）

藤原宮と周辺地域

天岩戸神社《あめのいわとじんじゃ》

⇩大和三山《やまとさんざん》（253頁）を参照

天香山神社《あめのかぐやまじんじゃ》

⇩大和三山《やまとさんざん》（253頁）を参照

石川精舎跡《いしかわしょうじゃあと》

『日本書紀』敏達天皇十三年是歳条に、「馬子宿禰、亦、石川の宅《いへ》にして、仏殿を修治《つく》る。仏法の初《はじめ》、これより作《おこ》れり」とある仏教受容期の寺を石川精舎と呼ぶ。『大和志』は、その跡を高市《たけち》郡石川村（橿原市石川町）の本明寺の地とする。しかし近年の調査では、むしろ北の推定山田道に面した大歳《おおとし》神社西方の字宮ノ下を中心とする石川廃寺（ウランボウ廃寺）をその遺址とみる説が有力になりつつある。ここからは礎石や、周辺の寺とは異なる七世紀後半の軒瓦が出土する。同地はまた藤原京右京十二条三坊にあたり、瓦を含む整地土と、

石川廃寺石組暗渠
（橿原市教育委員会提供）

鋳造関連の遺物が発見され、また同四坊西北坪でも整地土と、石組み暗渠・掘立柱建物が検出されている。大蔵神社北の丘陵の地名ケコンジあるいは華厳寺山と、永済撰『多武峯略記《とうのみねりゃっき》』末寺章に「石川寺　法号花厳寺」とあるのを結びつけ、石川廃寺を蘇我氏一族の石川氏の建てた石川寺跡とし、石川精舎の後身とみる説がある。なお、現地は宅地化しており往時を偲ぶことはむずかしい。

参考文献　大脇潔「忘れられた寺—石川廃寺と石川氏—」（菊池徹夫編『比較考古学の新地平』所収、二〇一〇、同成社）

（大脇　潔）

懿徳天皇陵《いとくてんのうりょう》

⇩神武天皇陵《じんむてんのうりょう》（223頁）を参照

植山古墳《うえやまこふん》

橿原市五条野町字植山にある六世紀末から七世紀前半の古墳。二〇〇二年（平成十四）に国の史跡に指定されている。発掘調査は、二〇〇〇年に区画整理事業を契機に行われた。以後、一二年までの間に、四次にわたる発掘調査が行われている。甘樫丘から派生する丘陵の南斜面に築かれた長方形墳で、二基の横穴式石室が東・西に並ぶ双室墳。谷を挟んで西約四五〇メートルの地点には県内最大の前方後円墳、史跡丸山古墳がある。墳丘の規模は東西約四〇メートル、南北約三〇メートル。墳丘の上部は削平され、壕の残存高は約三～六メートル。古墳の西・北・東には壕が巡る。規模は上幅七～一〇メートル、底幅一・六～三メートルあり、壕底には吉野川流域の結晶片岩や飛鳥川上流域の花崗岩を用いた石敷きが施されている。東石室は六世紀後半の築造で、阿蘇溶結凝灰岩製の家形石棺が安置されている。全長約一三メートルの大型の横穴式石室で、石室の床面には石組みの排水溝が構築されている。一方、西石室の築造は七世紀前半で石室内に棺は見つかっていない。全長約一三メートルの横穴式石室で、玄門床面には竜山石《たつやまいし》製の閾石《しきみいし》が据えられている。墳丘北

植山古墳全景（東南上空から）
（橿原市教育委員会提供）

同横穴式石室（東石室，北から）

同横穴式石室（西石室，南から）

側背面の丘陵の稜線の方向に沿って、新旧二時期の柱列が構築されている。古墳と外部を画する塀と考えられ、柱列(旧)は約一一四メートルにわたり検出されている。一二年の調査では、両石室の入口周辺に土を盛り入口を塞ぐ閉塞土が確認された。また、墳丘南側の一帯で谷を埋める大規模な整地が施されていたことが明らかとなった。このように、植山古墳は特異な構造をもつ古墳であるだけでなく、当該地域の歴史を考える上できわめて重要な位置を占める古墳であるといえる。被葬者は不明であるが、磯長の地に改葬される前の推古天皇と竹田皇子の墓との説がある。なお、西石室で扉などに使用された石材は、五条野町所在の春日神社、八咫烏《やたがらす》神社、素盞嗚命《すさのおのみこと》神社の三つの神社で階段の踏石として使用されている。背面の掘立柱塀の整備が行われており、石室・石棺の公開に向けて検討が進んでいる。また、出土遺物は、歴史に憩う橿原市博物館の常設展で見ることができる。

参考文献　橿原市教育委員会編『史跡植山古墳』(『橿原市埋蔵文化財調査報告』九、二〇一四)

（平岩　欣太）

畝尾都多本神社《うねおつたもとじんじゃ》・畝尾坐健土安神社《うねおにいますたけはにやすじんじゃ》

香具山の北西に鎮座する延喜式内社。畝尾は飛鳥時代以前からの地名で、香具山の丘陵裾が北西へ長く延びる地形にちなむ。『古事記』神代には、「香山の畝尾の木の本」に伊邪那岐命《いざなぎのみこと》の涙から生まれた泣沢女神《なきさわめのかみ》を祀ったとあり、『万葉集』には、檜隈女王《ひのくまのおおきみ》が「埴安の御門」で亡くなった高市皇子《たけちのみこ》を悼んで「哭沢の神社《もり》に神《み》酒《わ》すゑ祈禱《いの》れどもわごおほきみは高日知らしぬ」(二ノ二〇二)と詠んだ歌がある。哭沢神社は延喜式内社畝尾都多本神社に比定され、現在、橿原市木之本町字宮之脇に鎮座している。今の社殿はすべて明治以降のもの。畝尾都多本神社の東北に接する下八釣町に式内大社畝尾坐健土安神社がある。神武天皇が八十平瓮《やそびらか》を作って諸神を祀るために天香山の埴土を取った所が埴安

畝尾都多本神社
（橿原市提供）

で、そこに祀られた神社と伝える。「畝尾神」には、七三〇年（天平二）に祭神料が充てられており、八五九年（貞観元）には従五位下から従五位上に昇叙されている。両神社のいずれにあたるかは不明だが、ともに由緒豊かな神社である。畝尾都多本神社境内には檜隈女王が詠んだ万葉歌の歌碑が立てられている。

参考文献 『角川日本地名大辞典二九 奈良県』（一九九〇、角川書店）

（木下 正史）

畝傍山《うねびやま》 ⇩大和三山《やまとさんざん》（253頁）を参照

畝火山口神社《うねびやまぐちじんじゃ》 ⇩大和三山《やまとさんざん》（253頁）を参照

大窪寺跡《おおくぼでらあと》

橿原市大久保町に所在する寺院跡。浄土宗神告山一条院国源寺として法灯を伝えるが、一八六八年(明治元)に元神武陵域から移されたもの。創建は、『日本書紀』朱鳥元年(六八六)八月条の「檜隈寺軽寺大窪寺各封戸百戸限三十年」の記載からそれ以前の時期であることは明らかで、出土した単弁蓮華文軒丸瓦や重弧文軒平瓦も七世紀中ごろのもの。渡来系の大窪氏の氏寺か。伽藍配置は不明だが、一八二九年(文政十二)に記された『卯花日記』には七、八個の礎石が残るとあり、現在も神武陵域内や国源寺周辺に礎石が残る。塔心礎の抜取穴らしき遺構が国源寺南側で検出され、金堂と塔が南北に並ぶ位置関係が想定されるため、四天王寺式もしくは山田寺式伽藍配置と考えられる。国源寺の北側には東今度《ひがしこんど》・西今度、塔垣内・南塔垣内の小字があり、かつて金堂や塔などから構成された伽藍を持つ寺院が存在したことを窺わせる。

大窪寺塔心礎と国源寺
(橿原市教育委員会提供)

参考文献　伊藤敬太郎「うつされた塔心礎―大窪寺と山本寺―」(『(森郁夫先生還暦記念論文集)瓦衣千年』所収、一九九九)
(松井　一晃)

香具山《かぐやま》

⇩大和三山《やまとさんざん》(253頁)を参照

香山正倉《かぐやまのしょうそう》

奈良時代の大倭国の正税を収納・管理する役所で、七三〇年(天平二)の『大倭国正税帳』にその名が見える。藤原宮の東南方約二〇〇メートル、香具山西北麓での奈良文化財研究所庁舎建設に伴う発掘調査によって香山正倉跡が発見された。発見遺構は東西大溝(運河)、大井戸、高床倉庫を含む掘立柱建物群などである。大溝や大井戸から木簡や墨書土器が多量に出土。墨書土器には「香山」と書いた奈良時代前半のものが二十点ほどある。木簡には「収霊亀三年稲　養□」「百廿七束一把」

「香山」墨書土器群
(奈良文化財研究所提供)

「六斗」など稲の収納に関わる記載のあるものが多く、この地に香山正倉があったこと、その設置は藤原京廃都直後の霊亀三年(七一七)まで遡ることが明らかとなった。出土遺物には奈良時代後半から九世紀末のものも多く、十世紀初頭ごろに廃絶したらしい。大溝は香具山西麓を南から北へ貫流する藤原京時代以来の堀川から取水。この堀川は米川へとつながり、藤原京における主要な水運施設であった。その水運網が香山正倉への正税の搬入や運び出しに引き継がれたのである。大溝の南七五メートルほどのところに、掘立柱塀と溝で一辺約四五メートルの範囲を方形に囲み、その中央に正殿と前殿など立派な掘立柱建物群を整然と配置した一郭がある。奈良時代のもので、香山正倉に関わる管理施設と考えられる。正倉群は発掘地外の北方、畝尾都多本《うねおつたもと》神社側に埋もれているだろう。なお、この地は十市《とおち》郡に属するが『大倭国正税帳』には十市郡名は見えず、大倭国司直轄の正倉と考えられる。発掘遺構の写真や「香山」墨書土器などは、奈良文化財研究所藤原宮跡展示室で見ることができる。

参考文献　木下正史『飛鳥・藤原の都を掘る』(『地中からのメッセージ』、一九九三、吉川弘文館)

(木下　正史)

橿原《かしはら》遺跡《いせき》

橿原市畝傍町ほかにある縄文時代から平安時代の複合遺跡。畝傍山東南麓の沖積地上に位置する。一九三八年(昭和十三)に橿原神宮外苑の整備拡張工事に伴い、末永雅雄らによって発掘調査が行われた。二〇〇二年(平成十四)、縄文時代晩期の資料が重要文化財に指定。調査では、縄文時代晩期の炉や飛鳥から平安時代の井戸などが検出された。縄文時代晩期の資料の豊富さから、西日本を代表する縄文遺跡として知られる。飛鳥から平安時代については、『日本書紀』皇極天皇三年(六四四)十一月条にある蘇我蝦夷の「畝傍山東の家」との関連や岸俊男説による藤原京の条坊呼称で、遺跡が右京八—十一条五・六坊にあたるため、京内の宅地との関連、軽《かる》の地に所在したとされる奈良から平安時代の大和国府との関連が指摘されている。現地は奈良県立橿原公苑で、陸上競技場の東に解説板がある。縄文時代の遺物は奈良県立橿原考古学研究所附属博物館に常設展示されている。

参考文献 末永雅雄編『橿原』(『奈良県史跡名勝天然記念物調査報告』一七、一九六一、奈良県教育委員会)、大西貴夫編『大和考古資料目録』二八(二〇一〇、奈良県立橿原考古学研究所附属博物館)

(鈴木 一議)

橿原遺跡の現状
(奈良県立橿原考古学研究所附属博物館提供)

橿原神宮《かしはらじんぐう》

橿原市久米町にある神社。畝傍山の南東麓の平地に鎮座し、『日本書紀』神武紀に神武天皇が即位し、崩御したとある「橿原宮」の跡地という。旧官幣大社。祭神は神武天皇と姫《ひめ》蹈鞴《たたら》五十鈴《いすず》媛命《ひめのみこと》。すでに元禄年間

（一六八八―一七〇四）に、同地に神武天皇の神廟を営もうとする動きがあったが、一八八八年（明治二十一）、神武天皇陵と橿原宮跡の調査考証がなり、民間有志より神武天皇を祀る神社建設の請願が起こり、宮地の買収・献納が行われた。翌年、明治天皇は旧京都御所内の春興殿（内侍所、一八五五年（安政二）建立）と神嘉殿を下賜。春興殿を本殿、神嘉殿を拝殿として建設が始まり、九〇年三月に竣工。橿原神宮と号して官幣大社に列せられ、同年四月二日に鎮座祭が行われた。一九三八年（昭和十三）から四〇年にかけて、皇紀二六〇〇年記念事業として、約百二十万人の勤労奉仕によって境内地約五〇〇万平方メートルを整備。この事業により、拝殿は神楽殿として移建され、参道の三つの鳥居を建設。外苑の樹木もこの時、全国から奉献されたもの。京都御所から移築された本殿と神楽殿は、入母屋造、檜皮葺で宮殿建物を伝えており、国の重要文化財。文華殿は天理市柳本町にあった織田家旧柳本藩邸の大書院・玄関などを移築したもので、江戸時代武将邸宅の遺構として国重要文化財に指定されている。二月十一日に行われる例祭は紀元祭と呼ばれ、勅使参向の上、大祭

橿原神宮

が執行される。そのほか、四月三日の神武天皇祭（春季大祭）と十月三日の秋季大祭がある。前者は奈良・大阪方面で古くから「神武さん」と呼んで親しまれ、各種の神事で終日賑わう。なお、三八―四一年に、橿原神宮外苑の整備拡張工事に伴って発掘が行われ、縄文時代後・晩期、弥生時代中・後期、古墳時代から平安時代の遺構・遺物を伴う橿原遺跡が発見されている。

↓橿原遺跡《かしはらいせき》（205頁）

参考文献　橿原神宮『橿原神宮史』（一九八一―八二）、『橿原市史』本編上・下（一九八七）、上山春平他『日本「神社」総覧』（一九九二、新人物往来社）　（木下　正史）

膳夫寺跡《かしわてでらあと》

橿原市膳夫町にある七世紀後半創建の寺跡。香久山小学校西の保寿院《ほじゆいん》境内に円形柱座と地覆座、径二〇チセンの枘穴をもつ礎石二個が移されており、解説板がある。談山《たんざん》神社蔵の一五一五年（永正十二）の「膳夫庄差図」には、条里制地割にもとづく荘園の範囲が描かれ、現

保寿院境内の膳夫寺跡礎石
（（一社）橿原市観光協会提供）

存地名と対比することで高市《たけち》郡路東二十五条四里の十三・十四・二十三・二十四坪を中心とする寺地をほぼ復元できる。同図には、集落の中心を南北に走る道を描き、「南口　膳夫寺　北口」と寺の南北を示し、その東西の「ヤフ」と里の範囲を線で囲む。また東には里の南と東の「木戸口」と「ホリ」の位置を図示する。南の木戸口の南西に書き込まれた「タウノタン」は塔の所在地（現念仏寺付近）を示すものと思われる。軒瓦には山田寺や本薬師寺《もとやくしじ》・粟原寺《おうばらでら》・藤原宮・大官大寺と似たものがあり、天武・持統朝のころの造営と推定できる。『和州寺社記』に聖徳太子の后膳夫妃がその養母巨勢女の菩提のために仁階堂を建立したのがはじまりと伝え、『大和上代寺院志』は膳臣の氏寺かと推定する。軒瓦の年代からすると、壬申の乱の功臣膳臣《かしわでのおみ》摩漏《まろ》（六八二年（天武天皇十一）没）の時代から次の世代にかけての造営と思われる。

参考文献　樋口州男「大和国膳夫荘差図」（西岡虎之助編『日本荘園絵図集成』下所収、一九七七、東京堂出版）

（大脇　潔）

葛木寺《かずらきでら》

⇨和田廃寺《わだはいじ》（259頁）を参照

軽《かる》市《いち》

飛鳥時代に軽の地に設けられた市。軽がつく施設名などは懿徳天皇の「軽曲峡宮《かるのまがりおのみや》」「軽境岡宮」、孝元天皇の「軽境原宮」、応神天皇の「軽島明宮《かるしまのあきらのみや》」、軽池（『日本書紀』応神紀、『万葉集』三）、軽坂（応神紀）、軽村（雄略紀）、軽曲殿《かるのまがりどの》（欽明紀）、軽街《かるのちまた》（推古紀）、軽寺（天武紀）、軽市（天武紀）、軽社斎槻（『万葉集』一一）、軽路（『同』四）など多く見え、軽街は「軽の諸越《もろこし》の衢《ちまた》」（『日本霊異記』)ともいった。軽は蘇我氏の早い時期からの拠点であって、飛鳥時代以前から開けた所であった。紀伊国に通じる下ッ道(軽路)が通り、山田道が交差する交通の要衝であり、両道の交差点が軽街である。現在の国道一六九号線の丈六交差点付近にあたる。藤原京左京七条一坊西南坪出土の木簡に「□□京軽坊」が見え、奈良・平安時代の史料にも西大寺領の「高市郡加留庄」の名をとどめる。今も丈六交差点の南東に大軽町の町名がある。軽市は天武紀と『万葉集』の柿本人麻呂の歌に見える。天武天皇十年(六八一)十月条に親王・群卿らが軽市に集結して鞍馬《かざりうま》を検校《けんぎょう》したとあり、この記事に出てくる「樹」は軽市の神聖性を象徴する斎槻《いつき》のことで、乗馬して「大路」を南から北へ行列したとある「大路」は下ッ道のこと。軽市は軽街付近にあったのだろう。柿本人麻呂が妻の死を悲しんだ歌には、軽市の賑わいぶりが詠まれている(『万葉集』二ノ二〇七)。軽市は商活動のみでなく、さまざまの儀礼・行事が行われる場でもあった。軽市は天武紀などに登場するのみで、いつ始まったのか明確ではなく、藤原京の成立に伴ってどうなったのかもわからない。しかし、軽の地は、少なくとも七世紀初頭の推古天皇時代から七世紀後半の天武天皇時代にかけて、飛鳥の生活空間の拠点として重要な役割を果たし続けた。飛鳥の宮都の構造を理解する上でも重要な場所である。丈六交差点付近は市街化が進んでいるが、軽路(下ッ道)を踏襲した国道一六九号線が昔日の軽の賑わいぶりを偲ばせる。

参考文献　木下正史「飛鳥の都市景観—宮宅の分布と立地—」(岩崎卓也先生退官記念論文集編集委員会編『日本と世界の考古学—現代考古学の展開—』所収、一九九四、雄山閣出版)

(木下　正史)

軽島豊明宮跡《かるしまのとよあきらのみやあと》

応神天皇（品陀《ほんた》和気命《わけのみこと》）の宮。地名および地形から、橿原市大軽町に鎮座する春日神社の一帯が宮跡とされ、境内には「応神天皇軽島豊明宮趾」の石碑がある。宮名に見える「軽（島）」は地名を指す。しかし考古学の成果からは、当該地に宮跡が存在した証拠は未確認である。文献上は、『古事記』応神天皇段のほか、『日本書紀』『続日本紀』『古語拾遺』などの文献に「軽島明宮」「軽島宮」「軽島豊明宮」などの表現でその名が見えるが、いずれも宮跡の比定に結びつくものではない。推定地の一帯は大軽町と呼ばれ、飛鳥時代には軽寺があった。また、古代の重要な古道である下ッ路と阿倍山田道との交差点は軽街《かるのちまた》と呼ばれたほか、付近に軽市が想定されるなど、飛鳥時代には軽の地は非常に重要な地域であったといえる。

参考文献　「軽島明宮」（『橿原市史』本編上所収、一九八七）

（松井　一晃）

春日神社境内の応神天皇軽島豊明宮趾石碑
（（一社）橿原市観光協会提供）

軽寺跡《かるでらあと》

橿原市大軽町の法輪寺付近に営まれた七世紀中ごろから後半創建の寺跡。現法輪寺本堂下の土壇を金堂跡とし、西に塔跡を想定する法隆寺式や、本堂の南にかつてあった妙観寺跡から出土した礎石十三個を塔跡とする四天王寺式伽藍配置説がある。市道新設時の調査で北限の掘立柱塀が発見され、寺地は南北一〇〇㍍《メートル》、東西七五㍍《メートル》ほどか。軒丸瓦は十二種類、軒平瓦は十六種類ほど知られている。最も古い軒丸瓦は、蓮弁の先端が強く反転する特徴をもつ軽寺式と呼ばれ、三重弧紋軒平瓦とセットで用いられた。藤原宮と同范の軒瓦や、平安時代や鎌倉から室町時代の瓦もあり、その存続年代を知ることができる。この寺に関する史料としては『日本書紀』朱鳥元年(六八六)八月二十一日条に「檜《ひの》隈寺《くまでら》・軽寺・大窪寺に各百戸を封す。三十年を限る」とあり、また飛鳥池遺跡出土の天武朝期の寺名を列記した木簡に「軽寺」とあり、そのころにおけるこの寺の存在を裏付けている。下って一〇〇七年(寛弘四)八

法　輪　寺

((一社) 橿原市観光協会提供)

月、藤原道長は金峯山《きんぶせん》詣での途中、軽寺に宿したことが『御堂関白記』にみえる。この寺の造営に関わった人物・氏族名としては、高向玄理《たかむこのげんり》説、軽部臣《かるべのおみ》説、軽忌《かるのいみ》寸《き》説、軽我孫《かるあびこ》説などがあるが、いずれも決め手に欠ける。法輪寺本堂前に解説板がある。

参考文献　大脇潔「軽寺考―軽寺とその周辺の遺跡―」(大金宣亮氏追悼論文集刊行会編『古代東国の考古学』所収、二〇〇五、慶友社)

（大脇　潔）

紀寺跡《きでらあと》

明日香村小山にある七世紀後半創建の寺院跡。奈良県史跡。これまでの発掘調査で、南門・中門・金堂・講堂が南北に並ぶ配置が明らかとなった。中門からのびる回廊は講堂に取り付く。金堂東側には明治初年ごろまでは塔跡が残っていたという。寺域は藤原京の条坊に揃い、左京八条二坊を占める。出土瓦では外縁に雷紋を施した軒丸瓦が特色である。小字名「キデラ」が残り、『続日本紀』天平宝字八年(七六四)の紀寺の奴婢の訴えの記事により、六七〇年(天智天皇九)には存

紀寺（小山廃寺）金堂跡（南から）
（奈良県立橿原考古学研究所提供）

在した紀氏の氏寺にあてられてきた。また高市大寺《たけちのおおでら》(天武朝大官大寺《だいかんだいじ》)にあてる説もある。しかし、寺域が藤原京条坊に一致することから、両説の年代より創建が下り、年代的に合わないとする説も強い。このような近年の研究の進展から、遺跡名称について、地名をとった小山廃寺とも呼ばれる。平城京遷都にあたり、外京五条七坊(奈良市紀寺町付近)に移る。遺跡内に解説板が設置されている。

参考文献　奈良県立橿原考古学研究所編『奈良県遺跡調査概報』一九七七・七八・九二年度(一九七八・七九・九三)、泉森皎『大和古代遺跡案内』(二〇〇一、吉川弘文館)

(安田龍太郎)

木之本廃寺《きのもとはいじ》

香具山西北麓の橿原市木之本町、藤原宮跡の東に隣接する場所に所在が推定される七世紀後半造営の寺院跡。奈良文化財研究所庁舎建設に伴う発掘調査によって、畝尾都多本《うねおつたもと》神社付近から吉備池廃寺(百済大寺《くだらのおおでら》)と同笵の単弁蓮華文軒丸瓦や忍冬《にんどう》唐草文軒平瓦・重弧文軒平瓦、共通する丸・平瓦が多量に発見された。ほかに七世紀後半から八世紀初頭の軒瓦や法輪寺出土瓦と同じ「池上」の刻印瓦がある。七世紀後半の方形三尊塼仏もあり、塼仏を壁面に荘厳した堂塔があったことを窺

木之本廃寺出土軒瓦（吉備池廃寺と同笵）
（奈良文化財研究所提供）

わせる。舒明天皇が発願した百済大寺は、天武天皇によって六七三年(天武天皇二)に高市《たけち》の地に移転して高市大寺となり、六七七年に大官大寺と寺名を改め国家筆頭の大寺に格付けされる。木之本廃寺は出土瓦の特徴などから見て、百済大寺を移建して造営されたとある高市大寺・大官大寺跡の有力候補となる。残念ながら堂塔遺構がまだ発見されておらず、伽藍の実態の解明が大きな課題として残る。現地にある奈良文化財研究所藤原宮跡展示室で出土瓦などを見学できる。↓吉備池廃寺《きびいけはいじ》(273頁)↓大官大寺跡《だいかんだいじあと》(104頁)

参考文献　木下正史『飛鳥幻の寺、大官大寺の謎』(『角川選書』、二〇〇五、角川書店)　(木下　正史)

久米寺《くめでら》

橿原市久米町に所在する真言宗御室派の寺院。霊禅山東塔院と号し、境内には本堂や京都の仁和寺から移建された多宝塔(重文、江戸初期)などがある。多宝塔は現在北へ移築され、七世紀後半創建の巨大な心礎を有する塔跡の礎石群をみることができるが、その他の建

久米寺跡塔心礎礎石群
(橿原市教育委員会提供)

物の存在は不明。保井芳太郎によれば、境内西の狭い谷を隔てた集落中にもかつて礎石が多数存在し、藤原宮と同笵の軒瓦などが出土しているという。こちらにも寺跡があったことは確実で、その西で久米寺の瓦を焼いた瓦窯も発見されている。これが一体の寺とすれば、かなり大規模な寺であったと想像される。『久米寺略記』によれば、推古天皇の勅願で、聖徳太子の弟である来目《くめ》皇子の創立と伝えるが年代的にあわない。久米仙人の伝説とも深く結びついているが、これも疑わしい。地名から久米氏の氏寺とする説や、同笵軒瓦が興福寺から出土するので、その前身である厩坂寺にあてる説もある。寺跡は、山田道と下ッ道の交差点から西へ、葛城地方へと向う古道に面していたと思われる。↓奥山久米寺跡《おくやまくめでらあと》(85頁)

参考文献　保井芳太郎「久米寺」(『大和上代寺院志』所収、一九三二、大和史学会)

(大脇　潔)

孝元天皇陵《こうげんてんのうりょう》

⇩神武天皇陵《じんむてんのうりょう》(223頁)を参照

五条野内垣内遺跡《ごじょうのうちがいといせき》

橿原市五条野町字内垣内にある七世紀後半の公的施設または邸宅跡。甘樫丘から西方に延びる尾根で、五条野向イ遺跡より二本北側の丘陵、植山古墳の南東約一〇〇メートルの同一丘陵上に位置する。一九九九年(平成十一)に区画整理事業に伴い行われた発掘調査により、一辺約五〇メートル四方の範囲の中にロの字形に配置された、五棟の掘立柱建物と一本柱塀、門を発見した。建物は、南から前々殿、前殿、正殿が並び、正殿の西側に西脇殿、正殿の南東に東脇殿がある。建物群の周囲には一本柱塀が巡り、南東隅近くに門が取り付く。最大の建物は正殿で、桁行八間（東西一六・八メートル）、梁行六間（南北六メートル）の身舎の四面に庇が付く東西棟。また、これら建物群に先行する掘立柱建物が二棟存在する。下層遺構として前々殿の下層で火葬墓（東西約〇・九メートル×南北約一メートル）が検出され、埋土である炭の中に鉄板（長さ約三〇センチ、幅約一五〜一八センチ、厚さ〇・二センチ）が収められていた。五条野向イ遺跡とともに、七世紀代の公的施設あるいは邸宅の建物配置を考える上で重要である。発掘調査後は工事が進められ、現在は道路となっている。

五条野内垣内遺跡発掘状況
（橿原市教育委員会提供）

参考文献　米田一「五条野内垣内遺跡の調査」（『かしはらの歴史をさぐる』八、二〇〇一）

（平岩　欣太）

五《ご》条《じょう》野《の》丸《まる》山《やま》古《こ》墳《ふん》

橿原市五条野町・大軽町・見瀬町に所在する六世紀後半の前方後円墳。日本最後の巨大前方後円墳でもある。古くは円墳とされ、「丸山」の名がついた。五条野丸

同石室と家形石棺（奥棺）
（東海大学情報技術センター提供）

五条野（見瀬）丸山古墳全景（北上空から）
（橿原市教育委員会提供）

山古墳・見瀬丸山古墳の呼称は地名に由来する。幕末以来、天武・持統天皇合葬陵とされたが『阿不幾乃山《あおきのさん》陵記《りょうき》』の発見により否定され、丸山古墳は後円部の一部のみが畝傍《うねび》陵墓参考地となった。その後、一九六九年（昭和四十四）に墳丘および周濠が丸山古墳の名称で国史跡に指定され、現在に至る。研究史は江戸時代に遡り、一六八一年（延宝九）に林宗甫が記した『和州旧蹟幽考』に記述がある。その後、並河永、蒲生秀実、北浦定政、脇坂淡路守らが、明治時代には野淵竜潜らが調査を行なった。その中で最も重要なのは、一八八六年（明治十九）にウィリアム＝ゴーランドが行なった調査である。ゴーランドはイギリスから招聘されたお雇い外国人で、大阪造幣局の冶金の専門技師である。石室と墳丘の測量を行い、丸山古墳が前方後円墳であることを指摘した。墳丘規模は墳丘長三三一メートルで奈良県最大、全国六位、後期では日本最大。周濠を含めた全長は四六〇メートル。墳丘は、前方部三段、後円部四段と考えられるが、前方部は一部を破壊される。埴輪はない。周濠は盾形で、現在も地割が良好に残存。石室は自然石による両袖式横穴式石室で、石の隙間を漆喰や白色粘土で充填する。床面は墳丘第一段と考えられる。現状で全長二八・四メートル、玄室長八・三メートル、羨道《せんどう》長二〇・一メートルを測るが、後円部があまりに巨大で、石室奥壁が後円部の中心部に到達しない。玄室内には、二基の竜山《たつやま》石《いし》製の刳抜式家形石棺がL字状に置かれるが、土砂の堆積により棺蓋のみが露出する。棺蓋の形態から、玄門側の石棺が古い。羨道は天井に段を持つ形態である。被葬者は、欽明天皇や蘇我稲目など諸説あるが、丸山古墳が立地する丘陵と蘇我氏の関連性を指摘する説が有力。墳丘西側と、陵墓参考地東側の二ヵ所に解説板がある。

参考文献　福尾正彦・徳田誠志「畝傍陵墓参考地石室内現況調査報告」(宮内庁書陵部陵墓課編『書陵部紀要所収陵墓関係論文集』三所収、一九九六、学生社)、小澤毅「三道の設定と五条野丸山古墳」(『文化財論叢』Ⅲ所収、二〇〇二、奈良文化財研究所)

（松井　一晃）

五《ご》条《じょう》野《の》向《むか》イ遺《い》跡《せき》

橿原市五条野町字向ィにある七世紀後半から末の公的施設または邸宅跡。甘樫丘から西方に延びる尾根上に位置する。一九九七年(平成九)に区画整理事業に伴い行われた発掘調査により大型の掘立柱建物群が発見された。一本柱塀に取り付く南門から北に向かって正殿、後殿を配し、正殿の南東に東脇殿を設けた、整然とした建物配置である。正殿を中軸とすると西脇殿の存在も想定でき、コの字形の建物配置と考えられる。南門と正殿を結ぶ線を中軸線とする東西対称の建物配置であるとすると、当建物群の区画は東西六〇メートルと復元で

五条野向イ遺跡発掘状況
（橿原市教育委員会提供）

きる。建物の周辺では榛原石《はいばらいし》が多く出土しており、建物などに用いられていたと考えられる。七世紀後半から末の公的施設または邸宅の建物の配置までがわかる数少ない遺跡の一つである。また、五条野内垣内《うちがいと》遺跡とともに丘陵上の立地という点で共通しており、当該期の特徴と捉えることができる。発掘調査後は工事が進められ、現在は宅地となっている。

参考文献 露口真広「五条野向イ遺跡（植山古墳他）の調査」（『かしはらの歴史をさぐる』六、一九九九）

（平岩　欣太）

小谷《こたに》古墳《こふん》

橿原市鳥屋町に所在する終末期古墳。一九七七年（昭和五十二）に県指定史跡に指定。貝吹山から延びる丘陵上に点在する古墳群のうちの一基。墳形は定かでないが、方墳か円墳と考えられ、規模は約三〇メートル、墳高約八メートルと考えられる。石室は南に開口した両袖式横穴式石室だが、羨門《せんもん》の石材は崩落し、床面にも大量の土砂が堆積している。現状の規模は、全長約一一・六メートル、羨道は長さ六・五メートル、幅約一・九メートル、高さ一・八メートル、玄室は長さ約五メートル、幅二・八メートル、高さ二・七メートルを残し、石室構造は玄室二段、羨道一段。石室形状は明日香村の岩屋山古墳と共通する。石室は加工した花崗岩で構築され、石材の継ぎ目には漆喰を塗り、平滑に仕上げる。竜山石《たつやまいし》製の刳抜式家形石棺が棺蓋が開いた状態で現存。棺蓋は縄かけ突起がない形状である。出土遺物はないが、石室の形状や石棺の特徴から、七世紀代の古墳といえる。柵の外側から石室開口部を見学できる。小谷古墳の南には小谷南古墳があり、両者は双墓との説もある。

小谷古墳の石室と石棺
（橿原市教育委員会提供）

参考文献 白石太一郎・関川尚功・大竹弘之「橿原市小谷古墳の測量調査」（『青陵』三九、一九七八）、「小谷古墳」（『橿原市史』本編上所収、一九八七）

（松井 一晃）

下《しも》ツ道《みち》

奈良盆地を南北に貫く三本の古代の主要道路（上《かみ》ツ道《みち》、中《なか》ツ道《みち》、下ツ道）のうち西側を走る道路。三道は約二・一キロ間隔で造られており、これが高麗尺のほぼ六千尺（＝千歩、令制の四里）にあたることから、計画的な設営であると考えられる。設定年代は明らかではないが、『日本書紀』天武天皇元年（六七二）の壬申の乱の記事に、大海人《おおあま》皇子方の大伴吹負《おおとものふけい》が飛鳥から稗田《ひえだ》を経由し

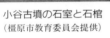

て乃楽《なら》に向かったことから下ッ道の存在が考えられる。また、大伴吹負が三道に兵を駐屯させたことが見える（七月是日条）ことから、それ以前に設定されたと考えられ、七世紀のはじめには存在していたとも推定されている。一般に、北は歌姫越から山城国（山背国）に通じ、南は橿原市見瀬の丸山古墳周濠西端を経て、芦原峠を越え吉野川筋に至るとされ、奈良盆地の北端から南端まで約二五キロを直進する。一九七九年（昭和五十四）に平城宮跡北側で松林苑《しょうりんえん》西辺の築地塀が発見されたことから、奈良時代までの道筋は西の渋谷越であるとの説も出された。下ッ道の道路敷きは、地図上において遺存地割を計測するとおよそ四三メートルとなり、約十四丈の幅を有していたことが知られる。平城京の造営に際してはその中軸線となり、本来側溝心心距離約二三メートルであったのが拡幅されて朱雀《すざく》大路となったことが発掘調査により明らかとなっている。奈良盆地の南北方向の計画古道のうち最も重要な地位を占め、橿原市八木町付近で横大路と交差する。下ッ道は大和郡山市稗田では環濠集落の西側の濠敷となっており、南方に隣接する若槻集落が一四六六年（文正元）にはすでに環濠を巡らせていたことから、稗田も同様とするならば、

下ツ道　西四坊大路遺構
（橿原市教育委員会提供）

十五世紀半ばごろには道としての機能が失われていたと考えられる。藤原京域内では右京五条四坊や右京北二・三条四坊などで下ッ道の東側溝が検出され、木簡のほか斉串《いぐし》、土馬などの祭祀遺物が出土した。奈良盆地の条里地割の基準線にもなり、下ッ道を境として路東条里と路西条里に分かれ、道路敷は条里地割からは除かれ、条里余剰帯《じょうりよじょうたい》となっている。近世には中街道《なかかいどう》と称され、橿原市小房町付近から南(飛鳥・藤原京域)では国道一六九号線に踏襲されている。

参考文献　岸俊男「大和の古道」(奈良県立橿原考古学研究所編『日本古文化論攷』所収、一九七〇、吉川弘文館)、同「古道の歴史」(坪井清足・岸俊男編『古代の日本』五所収、一九七〇、角川書店)、足利健亮「下ッ道の拡がりとうつろい」(上田正昭編『探訪 古代の道』一所収、一九八八、法蔵館)

(出田　和久)

神武天皇陵《じんむてんのうりょう》

橿原市大久保町大字洞《ほら》字ミサンサイほかに所在する。『日本書紀』によると神武天皇は「橿原宮」に没し、翌年、「畝傍山東北陵《うねびやまのうしとらのすみのみささぎ》」に葬られたとある。一方、『古事記』では陵は「畝火山北方之白檮尾上《かしのおのえ》」に在りとあって、陵名表記が異なる。次いで『日本書紀』天武天皇元年(六七二)七月条には、壬申の乱における大海人皇子の戦勝祈願のために「神日本磐余彦《かむやまといわれひこ》天皇之陵」への馬と種々の兵器の奉献記事がみえる。皇統譜上に初代天皇とされたが、高級絹織物や生糸など幣物を特別に献上する荷前《のさき》別貢幣や、外国からの貢献物や信物、即位や立廃太子、天変地異などが生じた際の臨時奉幣の対象となった記録はみえず、その所在地伝承もいちはやく喪失したようで、一一九七年(建久八)の『多武《とうの》

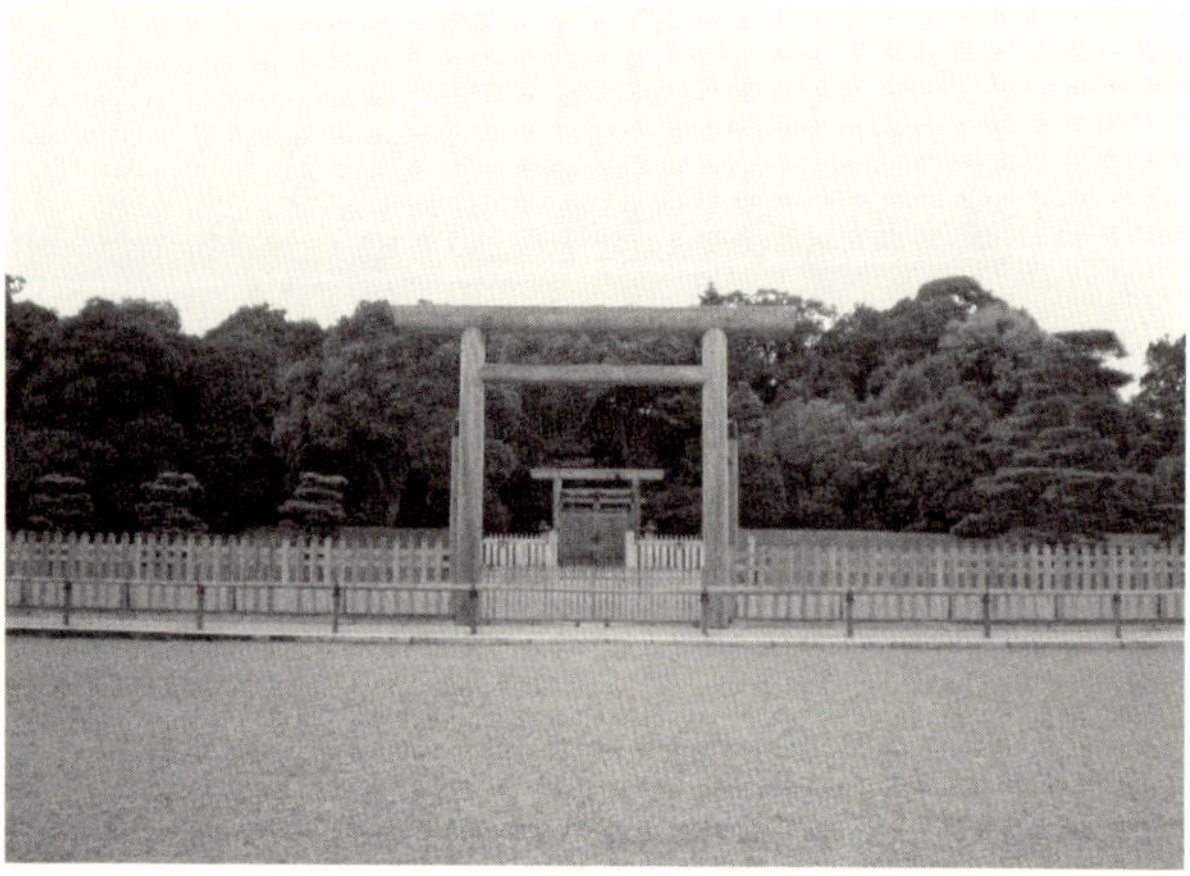

神武天皇陵（畝傍山東北陵）

峯略記《みねりゃっき》』に多武峯寺の末寺の国源寺の縁起として検校《けんぎょう》の泰善が「人皇第一国主」を名乗る畝傍山東北を住処とする人物に出会った話がみえるほかは史料への登場は少ない。元禄修陵では大和国高市郡四条村塚山（現在、綏靖陵となる）を神武天皇陵とする。しかしながら、本居宣長が、『管笠日記』に「みさゝきのさまとはみえず」とし、さらに『古事記』記載の陵名に表された立地に不適合としたことで、神武陵の所在地論争が起きることとなる。『古事記』重視の立場による洞村丸山説、在地社会での伝承にもとづく四条村塚山説、そして水戸藩の神武陵修復運動のなかで山本村ミサンサイ説が浮上してくる。特に丸山説の北浦定政とミサンサイ説の谷森善臣との間で激論がなされたが、ついに、一八六三年（文久三）二月にミサンサイ、ツボネカサまたは当時、神武田と称された場所に決定された。修陵は、周辺を含み兆域として整備した大規模なもので、一万五千両にのぼる特段の費用が投入された。敷地内には「小丘」「芝地」という二つの高まりがあったが、文久修陵以降の整備でつなげてしまい、今では直径約四〇メートル、高さ約三メートルの小山に変貌してしまっている。神武紀元二千六百年式典が挙行された一九四〇年(昭和十五)には、神武天皇陵参拝に約百万人の大衆動員があったという。神武陵を中心に整備された聖都「橿原」の到達を示すものであった。しかしながらアジア・太平洋戦争の敗戦後の神武天皇陵はおもに近世史、近代史の課題となり、近代国家が捏造した「負の歴史遺産」として認識されることとなる。古代史からの発言も乏しく、考古学が提示するのは、陵域内において埴輪や須恵器が出土することや神武天皇陵に関連する寺院跡があるらしいとする程度で等閑視されてきた。状況を一変させたのは、八七年に近隣で行われた四条古墳の発掘調査である。奈良県立医科大学のグラウンド予定地に確認されたもので、藤原京(新益京《あらましのみやこ》)の条坊街区が畝傍山北方域に広がることを明らかにしただけでなく、京の建設のために削平された古墳の存在を示すこととなった。その後も周辺で、いわゆる埋没古墳の検出例は増加している。「都づくり」に際して古墳が破壊されたことを実証したわけだが、逆に破壊されなかった古墳の存在を浮上させることにもなった。四条古墳群では現在十二基以上の古墳が発掘調査によって確認されている。そのようななか、例外的に墳丘を残すのが現在、綏靖天皇陵となる四条塚山古墳である。現況、直径約二八メートル、高さ三・二メートル程度の円墳で、石材の内蔵を示した古記録がある。江戸時代の陵墓考定では常に神武陵の候補となっていた。畝傍山麓から東北にやや離れ、桜川と飛鳥川にはさまれた沖積地に立地するこの古墳こそ律令期に神武陵に仮託され、新益京域のなかで選択的に残されたとする見解がある。史料からはほかに綏靖天皇陵、安寧天皇陵、懿徳天皇陵、孝元天皇陵が畝傍山周辺に配置されたことが陵名により明らかだが、これら皇統譜上の初期王陵の実態についても律令国家により同様に創出された可能性がある。

参考文献　星野良作『研究史 神武天皇』(一九八〇、吉

川弘文館)、伊藤敬太郎「神武天皇陵考―特に塔垣内廃寺と国源寺を中心にして―」(鈴木良・高木博志編『文化財と近代日本』所収、二〇〇二、山川出版社)、今尾文昭「新益京の借陵守―「京二十五戸」の意味するところ―」(『律令期陵墓の成立と都城』所収、二〇〇八、青木書店)

(今尾　文昭)

綏靖天皇陵《すいぜいてんのうりょう》

⇩神武天皇陵《じんむてんのうりょう》(223頁)を参照

宣化天皇陵《せんかてんのうりょう》

⇩鳥屋見三才古墳《とりやみさんざいこふん》(229頁)を参照

曽我川《そがかわ》

竜門山系に源を発し、御所市・高取町・橿原市・磯城郡川西町などを北流する川。磯城郡河合町の広瀬神社の東方で、大和川に合流する。かつては、曽我川と呼ばれた範囲は非常に狭く、現在の曽我川は、『大和志』では上流部から順に、重阪川《へいさか》(高市郡内)、曽我川(橿原市曽我町付近)、百済川(広瀬郡)と表記が変化する。この狭義の曽我川の流域にある橿原市曽我町は、蘇我氏の本貫地との伝承があり、曽我川西岸には、延喜式内大社の宗我坐宗我都比古神社《そがにいますそがつひこ》が鎮座する。当神社は、『大和志』によれば入鹿宮とも呼ばれ、蘇我氏との関わりが深い神社として有名である。また、曽我川上流域は、巨勢《こせ》氏の本貫地である。曽我川およびその流域は、古墳時代から飛鳥時代にかけての渡来系氏族と深い関連がある。『万葉集』(一二ノ三〇八七)にも登場し、「真菅《まそが》よし宗我の川原に鳴く千鳥間《ま》なし我か背子《せこ》吾恋《あが》ふらくは」の歌が所収される。 ↓百済川《くだらがわ》(277頁)

参考文献 『橿原市史』上・下(一九八七) (松井 一晃)

宗我坐宗我都比古神社

田中廃寺《たなかはいじ》・田中宮跡《たなかのみやあと》

橿原市田中町にある飛鳥時代の寺院跡。蘇我氏系田中氏の氏寺で、六三六年(舒明天皇八)六月の飛鳥岡本宮の焼亡に伴い、天皇の仮宮として造営された田中宮の地を寺院にしたと考えられている。田中町所在の法満《ほうまん》寺《じ》が田中宮跡・田中廃寺跡の推定地とされてきたが、一九九〇年(平成二)以降の発掘調査の結果、法満寺の西にある「弁天《べんてん》の森《もり》」と呼ばれる土壇の北西で回廊状に並ぶ柱列、総柱の南北棟建物、四面庇付き東西棟建物が確認され、「田中廃寺式」単弁蓮華文軒丸瓦などが出土し、この土壇周辺が寺院の中心と推定されるようになった。出土遺物から寺院は八世紀前半ごろまでは存続したと考えられている。また、藤原京の条坊施工により寺域が狭められ、南北は九条大路から十条大路まで、東西は西一坊坊間路から西二坊坊間路までの二町占地となったことや、条坊に合わせ塀や門を設けたことなども確認された。しかし、中心伽藍の様相や創建当初の寺域など不明な点が多く、舒明天皇の田中宮の位置も把握されていない。弁天の森の土壇は現存するが、遺跡の位置や概要を示す解説板などはない。法満寺に田中宮跡・田中廃寺跡の解説板がある。

田中廃寺遠景
（橿原市教育委員会提供）

参考文献　橿原市千塚資料館「田中廃寺」（『橿原の飛鳥・白鳳時代寺院』所収、一九九二）、竹田正則他「田中廃寺（第二次）の調査」（『橿原市埋蔵文化財発掘調査概報』平成四年度、一九九三）、橿原市千塚資料館「田中廃寺（第三次）」（『かしはらの歴史をさぐる』二所収、一九九四）

（清野　孝之）

剣《つるぎ》池《いけ》

飛鳥時代以前から見える池名。『古事記』応神天皇段に「剣池を作りき」、『日本書紀』応神天皇十一年十月条に「剣池・軽池・鹿垣池・厩坂池を作る」と見える。『同』舒明天皇七年（六三五）七月条には「瑞蓮《あやしきはちす》、剣池に生ひたり、一茎に二つの花あり」とあり、『同』皇極天皇三年（六四四）六月条にも同様の記事が見える。蘇我蝦夷はこれを蘇我臣が栄える前兆と考え、金泥で描き法興寺の丈六仏に献じたとある。『万葉集』にも、「御佩《みはかし》を剣の池の蓮葉に渟《たま》れる水の行方無み」(一三ノ三二八九)と歌われ、剣池は蓮花で知られる池であった。一〇七六年(承保三)九月十日の大和国高市《たけち》郡司刀

剣池と孝元天皇陵（剣池島上陵）

禰等解案(『東大寺文書』)には、「豊瀬(浦カ)庄」内の池五ヵ所の一つに「剣池」が見える。剣池は橿原市石川町、山田道を踏襲した道の南接地にある石川池に比定されており、本居宣長も『菅笠日記』の中で石川池を「剣池」にあてている。現石川池は谷口を塞き止めた灌漑用の谷池で、堤高六メートル、堤長四〇〇メートル。南と東から宅地がせまり、蓮一つなく風情は感じられない。なお、池の南に突出する小丘にある古墳が孝元天皇剣《つるぎの》池島上陵《いけのしまのえのみささぎ》に治定されている。

参考文献　『続明日香村史』中(二〇〇六)

（木下　正史）

鳥屋見三才古墳《とりやみさんざいこふん》

橿原市鳥屋町字見三才《みさんざい》にある前方後円墳。現在、宣化天皇陵にあてられている。墳長一三八メートル、墳丘は二段

築成、前方部北向き、くびれ部両側には造り出しがある。幅のある広い盾形の周濠がめぐる。墳丘裾や外堤裾での発掘調査により、古墳時代後期前半の円筒埴輪や須恵器類の出土があり、本墳の帰属時期を示しているものとされる。宣化天皇は『日本書紀』によれば、継体天皇の皇子、母は目《めの》子《こ》媛《ひめ》、安閑天皇の同母弟とあり、陵地は「身《む》狭《さの》桃花鳥《つき》坂上陵《さかのえのみささぎ》」で皇后橘仲媛《たちばなのなかつひめ》とその孺子の合葬を記す。一八七六年(明治九)には記事に即して「橘仲姫皇女」の合葬を付した。八二五年(天長二)の「益田池碑文」銘に、池の位置の標識の一つに「鳥陵」がある。陵名にもとづくものとみられる。宣化陵の比定は元禄修陵以降、本墳に固定していたが、近年には五条野丸山古墳をあてる説も提出された。ただし、一九九一年(平成三)に起きた不時開口で丸山古墳の横穴式石室の内容が明確化し、その蓋然性は低くなっている。

鳥屋見三才古墳（身狭桃花鳥坂上陵）
（橿原市教育委員会提供）

参考文献　土生田純之・福尾正彦「身狭桃花鳥坂上陵整備工事箇所の調査」(『書陵部紀要』四一、一九九〇)、笠野毅「昭和四十五年度身狭桃花鳥坂上陵整備工事に伴う事前調査」(同)、和田萃「見瀬丸山古墳の被葬者」(『日本古代の儀礼と祭祀・信仰』上所収、一九九五)

（今尾　文昭）

中《なか》ツ道《みち》

奈良盆地を南北に貫く三本の古代の主要道路（上《かみ》ツ道《みち》、中ツ道、下《しも》ツ道《みち》）のうち中央を走る道路。三道は約二・一キロ間隔で造られており、これが高麗尺のほぼ六千尺（＝千歩、令制の四里）にあたることから、計画的な設営であると考えられる。設定年代は明らかではないが、『日本書紀』天武天皇元年（六七二）の壬申の乱の記事に、大海人《おおあま》皇子方の大伴《おおともの》吹負《ふけい》が三道に兵を駐屯させたことやみずから中ツ道に駐屯したこと、これに対して近江側の犬養連《いぬかいのむらじ》五十《い》君《きみ》が「中道」から村屋に留まり、廬井造鯨《いおいのみやつこくじら》の軍を送り攻撃したことがみえる（七月是日条）ことから、それ以前に設定されたと考えられている。これまで中ツ道は、上ツ道とともに実体がわからなかったが、橿原市教育委員会による二〇〇三年（平成十五）の発掘調査によって、岸俊男説藤原京の東四坊大路（近年明らかになった藤原京域でいえば東二坊大路）にあたる位置に中ツ道が検出された。これは当初幅一四・五メートル（側溝心心距離で約一六メートル）の道が、道

中ツ道　東四坊大路遺構
（橿原市教育委員会提供）

幅約二五メートル（側溝心心距離で約二七・五メートル）に拡幅され、他の大路に比して格段に広く、藤原京の朱雀《すざく》大路（幅約一九メートル）をしのぎ、横大路（幅約三五メートル）につぐ規模であることから中ツ道と判断され、横大路と交差して少なくとも京内に至っていたことがほぼ確実となった。さらに南下すると天香具山《あめのかぐやま》に突き当たるので、どこまで伸びるかは今後の課題である。中ツ道の道路敷きは、地図上で遺存地割を計測すると三〇メートル強あり、およそ十丈あったと推定される。中ツ道のルートは、奈良市北之庄付近からまっすぐ南下し田原本町大字蔵堂、橿原市東竹田町を通り、横大路と交差して藤原宮のあった橿原市高殿町付近を経て、明日香村の橘寺に至り、吉野古道に通じる道であったため、近世には「橘街道」とも呼ばれていた。現在、横大路以南が消滅しているが、平安時代には重要な道で、『御堂関白記』によれば藤原道長がこの道を通って吉野参詣を行なったという。下ツ道は奈良盆地の条里の基準線となり、道路敷きは条里地割から独立しているが、中ツ道は条里地割のなかにその痕跡を留めている。

参考文献　岸俊男「大和の古道」（奈良県立橿原考古学研究所編『日本古文化論攷』所収、一九七〇、吉川弘文館）、同「古道の歴史」（坪井清足・岸俊男編『古代の日本』五所収、一九七〇、角川書店）

（出田　和久）

新沢千塚古墳群《にいざわせんづかこふんぐん》

奈良盆地の南縁に所在する古墳時代中期から後期にかけての群集墳。橿原市川西町、一《かず》町を中心とする南北二キロ、東西二キロの低丘陵上に約六百基の古墳が分布している。古墳群の東方には全長一三八メートルの前方後円墳鳥屋見三才古墳と一辺八五メートルの方墳桝山古墳が近接する。古墳群の認識は明治時代に始まるが、古くから千塚山と呼称されていた。一九六二年（昭和三十七）から五ヵ年をかけて発掘調査が実施され、全体の二割にあたる百二十七基の古墳が調査された。古墳の大半は径

新沢千塚古墳群
（橿原市提供）

一五メートルほどの円墳であるが、そのほかに前方後円墳、前方後方墳、方墳、長方形墳が少数存在する。調査結果によると、五〇〇号墳や二一三号墳のように前期にさかのぼる古墳もあるが散在的で少数である。古墳が継続的に築造され始めるのは五世紀中葉からで、六世紀前半に築造のピークを迎える。以後、急速に築造数が減少し六世紀後半に造墓活動を停止する。埋葬施設は木棺直葬の単次埋葬を主体とする。横穴式石室は六世紀後半代のものが数基みられるが、分布は偏在しており主流とはなっていない。ただし最近の調査によれば、五世紀後半の古式の横穴式石室の存在が明らかになっており、埋葬施設のあり方については再検討を要する。全体として五世紀代の古墳では武器・武具の副葬が目立ち、六世紀代になると副葬品は減少傾向にある。また墳丘上に須恵器を供える祭式が各時期を通じて行われている。調査した中で一二六号墳はもっとも特徴的な遺物が出土した古墳で、ガラス椀・皿、四神

を描いた漆盤、青銅製熨斗《のし》、金製方形冠飾、金製垂飾付耳飾、金製歩揺、金・銀製指輪など西アジアから中国、朝鮮半島にかけて起源が求められるものがあり、当時の海外交渉を物語る。被葬者については、熨斗の存在から渡来系の女性とする見方が有力であるが、副葬品の故地は複数にまたがっており、出身地は鮮卑、百済、新羅、加耶などが候補にあげられる。このように群内には中央政権と結びついた古墳が少なからずあり、横穴式石室を主体とする一般的な群集墳の先駆的な形態として評価される。古墳群は一九七六年史跡に指定され、保存整備されている。史跡地を含む一帯二五・二ヘクタールは「新沢千塚古墳群公園」として新たに整備中で、その一つとして二〇一四年(平成二十六)に「歴史に憩う橿原市博物館」がオープン。古墳群から出土した遺物は当館と奈良県立橿原考古学研究所附属博物館で見学できる。

参考文献　奈良県立橿原考古学研究所編『新沢千塚古墳群』(一九八一)

(卜部　行弘)

日向寺《にっこうじ》跡《あと》

橿原市南浦町の浄土宗日向寺付近に存在した七世紀の寺跡。現日向寺本堂南東に、明治初年まで心礎などがあったという塔跡伝承地があり、柱座をもつ礎石の断片一個が残る。塔跡南西の調査で瓦を含む土坑などが見つかり、七世紀前半から八世紀後半の瓦が出土。『扶桑略記《ふそうりゃっき》』や聖徳太子関連の伝記類に、太子建立の寺として日向寺の名がみえ、また『聖誉抄』や『大和志』は、日向寺が香具山の南の南浦村にあったとする説をのせる。岸俊男は『日本書紀』壬申の乱の記事にみえる「八口」という地名を、前後の記述から香具山の南麓に求めた。飛鳥池遺跡出土の寺名を列記した木簡から、天武朝に「矢口寺」と呼ばれた寺の存在を知ることができる。長屋王家木簡にも、高市皇子《たけちのおうじ》から長屋王に伝領された御田・御薗の一つである「矢口司」が登場し、香具山南麓の南浦町あたりがかつて矢口と呼ばれた可能性が高くなった。また山田寺跡出土の木簡には「日向寺」の名がみえる。以上の出土文字資料にもとづき、日向寺はまたの名を矢口寺と称し、蘇我氏傍系の箭口氏の氏寺とする説がある。日向寺境内に解説板がある。

参考文献　大脇潔「蘇我氏の氏寺からみたその本拠」(『堅田直先生古希記念論文集』所収、一九九七、真陽社)、同「出土文字資料からみた飛鳥の寺」(『季刊明日香風』一〇四、二〇〇七)

(大脇　潔)

沼山古墳《ぬまやまこふん》

橿原市白橿町に所在する六世紀後半の円墳。規模は直径一八メートル、墳高五・五メートル。標高二一〇メートルの貝吹山から派生した低丘陵の一つの頂上に位置し、現在は白橿近隣公園内にある。墳丘は盛土をよく残しているものの、羨道《せんどう》部分のみは破壊され、大きくえぐれている。墳丘外面には葺石の痕跡はなく、周濠の痕跡もない。石室は南南西に開口する右片袖の横穴式石室で、全長九・四五メートル、羨道は長さ四・五メートル、幅・高さ一・八メートル。玄室は長さ四・九五メートル、幅二・九五メートル、高さ四・二五メートルを測る。石室長に対し石室高が高いのが特徴で、高取町に所在

沼山古墳石室
(橿原市教育委員会提供)

する与楽《ようらく》カンジョ古墳や与楽鑵子塚《かんすづか》古墳と類似する。出土遺物には土師器や須恵器のほか、金銅製馬具、鉄製品のほか、銀製空玉やガラス玉、金環などが出土している。出土土器の中には、小型の竈・鍋・甑《こしき》・甕のセットがある。これらの特徴は渡来系氏族との関わりを示すと考えられており、沼山古墳の被葬者像を想定する手がかりとなっている。

参考文献　伊藤勇輔『沼山古墳・益田池堤』(『奈良県文化財調査報告書』四八、一九六五、奈良県立橿原考古学研究所)

(松井　一晃)

埴安池《はにやすのいけ》

古代史料に見える池。今は残っていない。『万葉集』の舒明天皇「香具山に登りて国見せしときの御製」の歌にある「海原」は埴安池を指すと考えられている。『万葉集』の「鴨君足人《かものきみたるひと》の香具山の歌」(三ノ二五七―二五九)によると、藤原宮の大宮人が船遊びを楽しむ池であった。『同』「藤原宮の御井の歌」(一ノ五二)には、埴安池の堤に立って藤原宮を望むと香具山は東門の方にあると詠まれ、埴安池は藤原宮の近くで香具山と藤原宮との間にあったらしい。高市皇子《たけちのみこ》の香来山宮は香具山北西麓にあったと考えられ、皇子が亡くなった時の柿本人麻呂の挽歌に「埴安の御門《みかど》」(『万葉集』二ノ一九九)とあり、埴安池は香来山宮の近くにあったと見られる。近世の『大和志』『大和名所図会』は香具山南麓の南浦町にある鏡池をあてるが、成立し難い。藤原宮東方の橿原市木之本町にある畝尾都多本《うねおつたもと》神社の東北方には、周辺より二メートルほど急に低くなる特色ある地形が認められ、この低地は下八釣町集落の東に沿って北へと延び、幅三〇〇メートルほどで南北に長く続く。埴安池跡と関連するのだろう。一帯は深田で厚い泥土層を確認している。この低地には式内社畝尾坐健土安《うねおにいますたけはにやす》神社が鎮座しており、この低地は埴安池跡と判断できる。

参考文献　木下正史「藤原宮域の開発―宮前身遺構の性格について―」(奈良国立文化財研究所創立三〇周年論文集刊行会編『文化財論叢』所収、一九八三、同朋舎出版)、同『藤原京―よみがえる日本最初の都城―』(『中公新書』、二〇〇三、中央公論新社)

(木下　正史)

日高山《ひだかやま》瓦窯《がよう》跡《あと》

橿原市上飛騨町にある藤原京造営期の瓦窯跡。藤原宮の南約三〇〇メートルの日高山丘陵西北斜面に位置する。一九六〇年(昭和三十五)以降の発掘調査により窖窯《あながま》一基(一号窯)、日本最古に位置づけられる平窯二基(二号窯、四号窯)が確認された。一号窯は焼成部の幅一・六メートル、長さ三・八メートルで、床面は一七度の傾斜をもち六段の階を造る。奥壁中央底面に煙道を設ける。燃焼部と焼成部最下段床面との間には、高さ三五センチの段を造る。二号窯と四号窯はいずれも平面杓子形を呈する平窯で、うち四号窯は、全長三・六メートル、焼成部の最大幅二・一一メートル、燃焼部の最大幅一・六メートル、焚口幅六四センチである。側壁は日干し煉瓦を積み粘土で上塗りする。床面に畦、溝などの施設は認められない。奥壁には煙道が三本並んで設けられ、中央の煙道は床面から二五センチの高さに

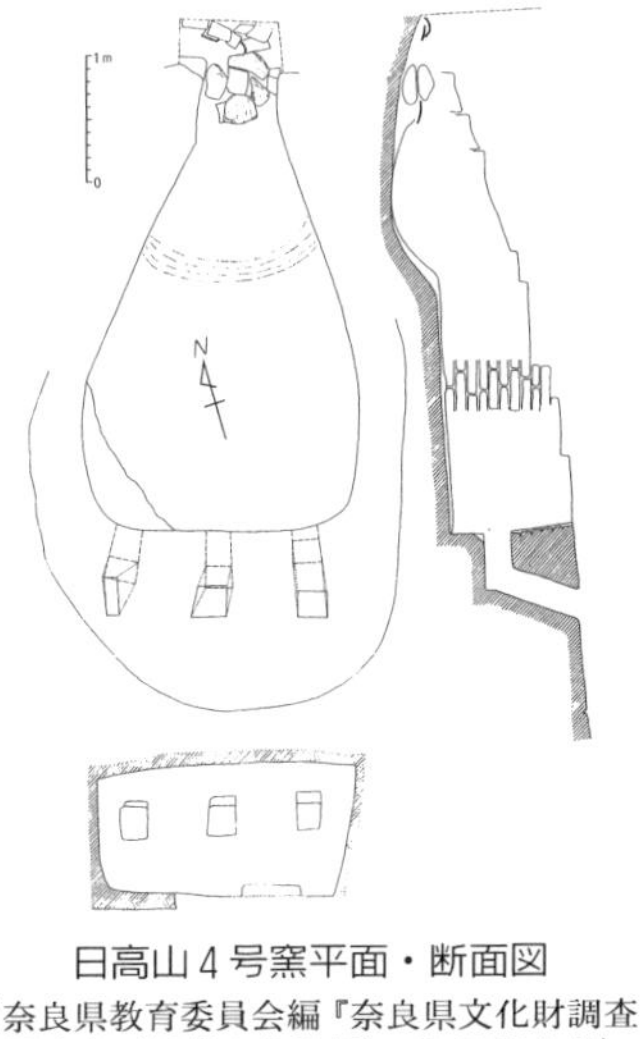

日高山4号窯平面・断面図
(奈良県教育委員会編『奈良県文化財調査報告書(埋蔵文化財編)』5, 1962より)

ある。燃焼部から焚口に向かって徐々に幅を狭める。藤原宮式軒瓦の六二三三型式A種、六二七四型式A種、六二七五型式E種・I種、六二七九型式Aa種、六六四三型式Aa種を生産した瓦窯と考えられている。現地に遺跡の位置や概要を示す解説板などはない。

参考文献　網干善教「橿原市飛騨町日高山瓦窯跡」(『奈良県文化財調査報告書』埋蔵文化財編五所収、一九六二)、土肥孝「日高山瓦窯の調査」(『藤原京右京七条一坊調査概報』所収、一九七八)　(清野　孝之)

日高山横穴群《ひだかやまよこあなぐん》

橿原市上飛騨町にある六、七世紀の横穴群。藤原宮の南約三〇〇メートルの日高山丘陵に位置する。一九八五年(昭和六十)・八六年の発掘調査により、藤原京期に朱雀大路が造られる位置で四基(W-一―四号横穴)、同じ尾根の東斜面で三基以上(E-一―四号横穴)を検出した。W-一―四号横穴は六世紀末から七世紀中ごろと考えられ、最大のW-一号横穴は墓室長八メートル以上、玄室長二・九メートル、奥壁最大幅一・五メートルである。墓道を共

日高山横穴墓
(奈良文化財研究所提供)

有するE－一・二号横穴は七世紀前半と考えられ、うちE－一号は玄室長約二・〇メートル、幅約二・五メートルである。E－三号横穴は玄室の一部のみを確認し、その北側の土坑も横穴の可能性がある（E－四号）。うち数基では改葬されたと考えられる痕跡があり、その後、大規模に埋められていることから、藤原京造営時に改葬・整地されたものと考えられる。『日本書紀』持統天皇七年（六九三）二月条には、藤原京造営の造京司に詔し「掘《ほりいだ》せる尸《かばね》を収めし」めたことが記され、これに則したものと考えられている。現地に遺跡の位置や概要を示す解説板などはない。

参考文献　奈良国立文化財研究所「朱雀大路・左京七条一坊（日高山）の調査—第四五－二・九次—」（『飛鳥・藤原宮発掘調査概報』一六所収、一九八六）、同「朱雀大路・七条一坊（日高山）の調査—第四八－二・六次—」（『同』一七所収、一九八七）

（清野　孝之）

藤原宮跡《ふじわらきゅうあと》

六九四年（持統天皇八）から七一〇年（和銅三）まで首都であった藤原京の中心部に営まれた天皇の居所および役所。現在の橿原市に所在する。宮および京の造営は、天武天皇の時代に「新城」造営に関する一連の記事がみえることや、藤原宮大極殿北方で見つかった宮に先行する条坊道路や物資運搬用の運河の年代から、天武朝末年にはすでに始まっていたと推測されている。天武天皇の死没により造営は一時中断、持統天皇が再開、六九〇年に持統天皇・高市皇子が藤原の宮地を視察、六九二年に鎮祭などがあり、六九四年十二月に飛鳥浄御原宮から遷都した。造宮官と呼ばれる役所が置かれ、木材は田上山（滋賀県）から水運で輸送したことが『万葉集』の藤原宮役民の歌から知られる。寺院建築以外では宮殿の屋根にはじめて瓦葺きが採用された。宮の故地については、江戸時代に賀茂真淵や本居宣長が『万葉集』の藤原宮の御井の歌などから大和三山に囲まれた地にあるとし、のちに大極殿跡と判明する高殿町の大宮土壇周辺に宮を擬定して以来有力視され、近代に入って喜田貞吉がやや西北方の地を宮跡とする説を出したが、一九三四年(昭和九)より黒板勝美率いる日本古文化研究所が大宮土壇一帯を発掘調査して大極

藤原宮大極殿跡（中央の森）と大極殿院南門の発掘状況
（奈良文化財研究所提供）

藤原宮の復原模型（南から）
（橿原市教育委員会所蔵）

殿・朝堂院の建物群を発見するに至った。しかし、宮の範囲や構造が明確になるのは、六六年、国道バイパス計画に伴う範囲確認調査とそれ以後継続して行われている調査によってである。宮跡は、北に耳成山、西に畝傍山、東に天香具山の大和三山に囲まれており、その規模は、東西約九二五メートル、南北約九〇七メートルのほぼ正方形を呈する面積約八四ヘクタール。掘立柱大垣によって外部と画された。大垣は七メートル以上の巨大な柱を約二・七メートル間隔で地面に立てた土壁・瓦葺き、高さ約五・五メートル。大垣の外側には幅五〜六メートルの外濠が、内側にも幅約二・一メートルの内濠が設けられた。外濠と宮の周辺の条坊街路との間に外周帯という広い空閑地を有するのは藤原宮固有の特徴である。宮の四面には門が三ヵ所ずつ合計十二の宮城門が開く。宮の南面中門が朱雀門（大伴門）で、その他に猪使門・海犬養門など門を守護する氏族にちなんだ門名が付けられていた。宮内の構造は、中軸線に沿って北から内裏・大極殿院・朝堂院・朝集殿が配され、その東西には、宮城門から碁盤目状に延びる宮内道路を基準に官衙群が配されていた。天皇の居住した内裏の状況は未詳であるが、内裏外郭は東西約三〇〇メートル、南北約三八〇メートルの規模。天皇が国家儀式を執り行なった大極殿院は東西約一一五メートル、南北約一五五メートルの規模で回廊がめぐり、その中央に宮内最大級の建物である九間（約四五メートル）×四間（約二〇メートル）の大極殿があった。大極殿院の南正面に大極殿門があって朝堂院に開く。貴族や役人たちが儀式や政務に携わった朝堂院は東西約二三〇メートル、南北約三二〇メートルの規模であり、古代都城のなかでも最大の広さを誇る。院内には左右対称にそれぞれ六つ、合計十二の朝堂があり、役所ごとの座席が設けられた。朝堂院の外に官人が出勤する際の控え場所であった朝集殿が建ち、その南、宮南面正門（朱雀門）を出ると朱雀大路が真っ直ぐ延びていた。大極殿・朝堂院などは瓦葺き・礎石建ちである。宮内官衙については、東方官衙北地区・内裏東官衙地区・

西方官衙南地区で発掘調査が進んでいる。床を持っていたり、長大な建物が並列してみられるのが特徴の一つである。内裏東官衙の調査では一辺約七〇メートルの区画が南北に三つ並んでいたこと、建物に前後二時期あり、後期は出土木簡から七〇一年(大宝元)の大宝律令施行以後であること、前期に比べ後期は建物数が増え官衙区画も明確になることなど、大きく変化しており、大宝律令による官僚機構の整備を反映したものとも考えられている。各官司が宮内の何処に所在したかは具体的には不明であるが、西方官衙南地区は馬寮との推定もあり、薬物木簡が出土した内裏北方や西南官衙地区は典薬寮に推定されている。一九四六年に国史跡、五二年に特別史跡。大極殿基壇が良好に残るほか、西面大垣などの遺構が整備されている。奈良文化財研究所都城発掘調査部(飛鳥・藤原地区)藤原宮跡資料室において、宮跡の発掘調査の成果や、当時の貴族や庶民に関する展示を観覧することができる。

参考文献 八木充『研究史 飛鳥藤原京』(一九九六、吉川弘文館)、小澤毅『日本古代宮都構造の研究』(二〇〇三、青木書店)

(山下信一郎)

藤原京跡《ふじわらきょうあと》

六九四年(持統天皇八)から七一〇年(和銅三)までの首都。現在の橿原市・桜井市・明日香村にまたがって所在。わが国初の本格的な都城である。文献には「新益《あらましの》京《みやこ》」「藤原宮」とみえ、一般的な呼称「藤原京」は喜田貞吉による。天武天皇の時代、律令国家建設の進捗に伴い従来飛鳥地域に展開していた天皇の宮と官司群は整備拡大して壮大な宮を必要とし、中国都城の条坊制にならい碁盤目状に整然と区画された市街地をもつ都城の造営が構想されたと考えられる。『日本書紀』天武紀に「新城」造営の計画(六七六年(天武天皇五))

新益京の復原模型（南から）
（橿原市教育委員会所蔵）

や「宮室」の地を定めた(六八四年)とみえ、条坊施工の時期は大極殿北方の発掘調査所見によれば天武朝末年をさかのぼることが判明している。天武天皇の死没により造都は中断したが、六九〇年以降、持統天皇の藤原の宮地視察、鎮祭、官人への宅地班給などがあり、六九四年十二月遷都した。造営には造京司・造宮官という役所が置かれた。宮の南方の日高山丘陵では朱雀大路を造るため山を削り谷を埋め、古墳を削り取り、横穴墓は埋納物を取り出し丁寧に埋め戻してあったが、これは、造営に際し掘り出した墓の屍を収容せよと命じた『日本書紀』六九三年の記事とも符合する。京の規模は、中ツ道・下ツ道などの古道を基準にして畝傍山・天香具山・耳成山の大和三山に囲まれ、東南から西北へ流れる飛鳥川沿いの範囲に南北十二条(約三・二キロ)、東西八坊(約二・一キロ)が計画され、約一キロ四方の宮域が中央やや北よりに位置したとする岸俊男の復原が長らく通説であった。その後、復原京域の外側で条坊道路が相ついで見つかったことから、岸説京域とその外延部との関係をめぐって外京説、縮小説、拡大説などの「大藤原京論」が展開した。近年では、東京極および西京極が見つかり京の東西幅が約五・三キロと確定したことを受けて、南北の京極についても同様とみなし、『周礼』の造営思想を下敷きにして、宮を中心にした約五・三キロの方画京域であったとする復原説が有力である。京内は碁盤目状の条坊道路によって整然と区画されており、道路の規格は大路四十五大尺（約一五・九メートル）、坊・条間路二十五大尺（約八・九メートル）、小路二十大尺（約七・一メートル、以上側溝の心心幅）の三種と考えられている。京のメインストリートである朱雀大路は幅約二四メートルと京内最大規模だが平城京の三分の一の規模である。朱雀大路南端の羅城門はなく、京域と郊外を画する城壁（羅城）も確認されていない。平城京のような何条何坊という数詞呼称はせず、左京小治町、林坊、軽坊という固有名で呼称していたようである。

なお、七〇一年（大宝元）までは京は左右に分かれていなかった。京内の土地は宅地として貴族・役人に分け与えられ、六九一年詔によれば、右大臣に四町、直広弐以上に二町、直大参以下は一町、勤以下無位の官人には家族数に応じて上戸一町、中戸半町、下戸四分の一町とされた（一町の規模は約一二〇メートル四方）。発掘調査によっても、四町、二町、一町、二分の一町、四分の一町、八分の一町という宅地利用形態が確認され、宮周辺に一町以上の占地が多いようである。人口は二〜三万人とも、四〜五万人とも推定されている。京内には、左京・右京に対置された大官大寺や本薬師寺などの官立寺院のほか、公設の市場が設けられていた。藤原宮北面中門外のゴミ棄て穴出土の木簡から、市は宮の北方に位置していたと推測され、現在の米川や中の川がかつての堀河（人工運河）として大和川と繋がっていたらしい。特筆すべき遺物として発掘調査によって多量の木簡が出土しているほか、多様な遺構・遺物が見つかっている。トイレ遺構も見つかり、当時の食生活の実態が窺える。七〇六年(慶雲三)には都の内外に「多く穢臭あり」とあり、早くも都市問題が生じていた。宮域が高地に立地せず排水処理上問題があったこと、朱雀大路が丘陵地にかかり都城を荘厳する空間になっていないこと、遣唐使がもたらした最新の唐長安城の知見を模倣しようとしたことなど、都城としての不備を克服するため、平城京遷都に至ったものと考えられる。京の造営の基準となった下ツ道は国道一六九号線に継承され、また横大路も伊勢街道として、さらに今日まで道路として継承され、京跡の痕跡を今に伝えている。展示施設に、奈良文化財研究所都城発掘調査部(飛鳥・藤原地区)藤原宮跡資料室がある。

参考文献　八木充『研究史 飛鳥藤原京』(一九九六、吉川弘文館)、小澤毅『日本古代宮都構造の研究』(二〇〇三、青木書店)

(山下信一郎)

藤原京朱雀大路跡《ふじわらきょうすざくおおじあと》

宮の南面中門である朱雀門から真っ直ぐ南に延び京の正門である羅城門に至る中央街路。中国都城制を模して碁盤目状の街区を建設した平城京・平安京では、京内最大規模の道路としてほかの京内道路に比し群を抜く規模で造営され(平城京の場合幅約七四メートル)、街路樹として柳などを植え、都のメインストリートとしてその偉容を誇り、時に儀礼の場として使われていた。藤原京の場合は平城京に比べ道路幅が狭く、宮南方の日高山丘陵北麓(橿原市)で行われた発掘調査では、大路の東西両側溝の心心距離は約二四メートル、路面幅は約一八メートルを測り、西側溝は玉石を三段以上積む護岸を有し、東側溝は素掘りの溝であったが、側溝が日高山の北裾で終わっており、施工状況に明確でない点が多い。飛鳥川以南では不明であり、飛鳥川以北の宮の正面に限り造営されたとも考えられている。藤原京朱雀大路跡として一九七八年(昭和五十三)国史跡。現在、道幅が復元され、説明板なども整備されている。

参考文献 『飛鳥・藤原宮発掘調査概報』七(一九七七、奈良国立文化財研究所)、『平城京朱雀大路発掘調査報告』(一九八三、奈良市教育委員会)　(山下信一郎)

益田池《ますだのいけ》

大和国高市郡に造営された平安時代前半の灌漑用の池。橿原市久米町から白橿町にかけて所在したと推定される。ニュータウン開発に伴い、堤の一部が残るのみで現存しない。高取川が奈良盆地に出たところを堰き止めて谷池とする。面積は四〇ヘクタールといわれる。造営過程は、空海によって撰述された「大和州益田池碑銘並序」で知ることができる。八二二年(弘仁十三)、藤原三守・紀末成らを指導監督として、旱魃への備えと用水確保のため造営を開始、八二五年(天長二)に完成した。一

益田池堤跡
(橿原市提供)

九六一年（昭和三十六）に発見された樋管は長さ約五・七メートル、幅約一・二メートル、高さ〇・七メートルで、檜の一木をU字型に刳りぬく。八二年に残存していた堤の発掘調査が行われ、現状において基底幅約二八メートル、高さ約九・一メートルであることが明らかとなった。律令国家の灌漑用水事業を知るうえで重要な遺跡。現在、堤の一部は公園として整備されている。なお、奈良県立橿原考古学研究所附属博物館に木製樋管が展示されている。

参考文献　泉森皎「益田池の考古学的研究」（『橿原市千塚資料館館報』一所収、一九七九）、亀田隆之「大和益田池の造営工事」（『日本古代治水史の研究』所収、二〇〇〇、吉川弘文館）

（林部　均）

桝山古墳《ますやまこふん》

⇩倭彦命墓《やまとひこのみことのはか》（256頁）を参照

耳成山《みみなしやま》

⇩大和三山《やまとさんざん》（253頁）を参照

宮所庄《みやどころのしょう》

平城京遷都後、藤原宮跡地に設けられた庄園。『東大寺文書』の「興福寺西金堂満衆等解案」や「孝謙天皇東大寺飛騨坂所施入勅書案」によると藤原宮廃都後、周辺に「高殿庄」「飛騨庄」などの初期庄園があったことが知られる。高殿庄は七五〇年（天平勝宝二）に聖武上皇が東大寺灯油料所として、飛騨庄も五六年に東大寺に施入された庄園で、その後永らく継承された。一九八三年（昭和五十八）、藤原宮西北隅で発見された庄園関係の木簡の中に、従来の史料に見えない「宮所庄」の名があった。今も藤原宮大極殿跡の東に接する場所に「宮所」の小字名が残っており、小字宮所の北から東北方一帯では、奈良時代末から平安時代初頭を中心とする時期の大規模建物群や石敷・石組大溝が発

昭和初期の藤原宮域と条里水田（南上空から） 中央右寄りの森が大極殿跡．周囲一帯に条里水田が広がる．奥は耳成山．

見されている。その構成は北陸で発見されている初期庄園の管理所の建物配置と類似しており、一帯に宮所庄の庄所があったと見てよい。宮所庄は石組大溝が開削される奈良時代中ごろに始まり、平安時代初期に整備され、石組大溝が埋まる十世紀前半まで引き継がれたらしい。廃都からあまり時間を経ないうちに、藤原宮の跡地は庄園化していたのである。小字宮所は「藤原宮があった所」の意であり、旧宮の由緒が永らく伝えられていた様子を窺わせて興味深い。

参考文献 木下正史『藤原京—よみがえる日本最初の都城—』(『中公新書』、二〇〇三、中央公論新社)

(木下 正史)

牟佐坐神社《むさにいますじんじゃ》

橿原市見瀬町字庄屋垣内にある神社。高取川左岸沿

いの小丘陵上に鎮座する。『延喜式』神名帳上に高市郡「牟佐坐神社(大、月次新嘗)」とある式内社。祭神は高皇産霊神《たかみむすびのかみ》・孝元天皇。『日本書紀』天武天皇元年(六七二)七月条によると、壬申の乱の際、大海人皇子

牟佐坐神社

側の将軍大伴吹負《おおとものふけい》が高市郡の金綱井《かなつない》(橿原市今井町付近か)に至った時、高市郡大領高市県主《たけちのあがたぬし》許梅《こめ》に高市社の事代主神《ことしろぬしのかみ》と「牟佐社」の生霊神が神懸かりして、神武陵に馬や種々の兵器を奉れと託宣。そこで許梅を遣して御陵に馬と兵器とを奉り、「高市・身狭社」を礼祭したとある。この身狭社は延喜式内社となる「牟佐坐神社」と解される。牟佐坐神社は、八五九年(貞観元)正月に従五位下から従五位上に昇叙されている(『日本三代実録』)。牟佐神社の禰宜であった宮道君《みやじのきみ》が一四四六年(文安三)に著した『和州五郡神社神名帳大略注解記』によると、安康天皇の時、牟佐村主青《むさのすぐりあお》が生雷神を創祀したとあり、同社は「久迩(米か)郷牟佐村築田《つきた》」に鎮座するとある。江戸時代には榊原天神と称したが、明治期に牟佐坐神社と改めた。もとは畝傍山北麓にあったとの伝えもあるが不詳。

参考文献 『橿原市史』本編上・下(一九八七)

(木下　正史)

本薬師寺跡《もとやくしじあと》

橿原市城殿《きどの》町にある七世紀後半創建の寺院跡。一九五二年(昭和二十七)特別史跡指定。天武天皇が皇后の病気平癒のため建立を発願した。藤原京右京八条三坊に位置する。平城京に移った後、本薬師寺と呼ばれた。右京の薬師寺に対して、左京には大官大寺が配置されており、藤原京での官立寺院の重要性がうかがえる。この位置関係は、平城京において、薬師寺・大安寺として継承された。平城京薬師寺とほぼ同規模、同様の伽藍配置で、中門と講堂をつなぐ回廊内に金堂、その南に東西二基の塔が配置される。一九九〇年代に入り、中心伽藍の一部が調査された。現在、寺本堂・庫裡《くり》が建つ金堂基壇に残る多数の礎石から、金堂建物は七間×四間と推定され、庇の側面に裳階《もこし》がついていたことも考えられる。ほぼ全体が露呈した礎石は、花崗岩自然石の上部に方形座を造り出したものである。基壇は東西二九・五メートル、南北一八・二メートルで、周囲に玉石敷の犬

本薬師寺金堂跡の礎石群（東から） 遠くに畝傍山

走りと雨落溝がめぐる。東塔は舎利孔をもつ心礎と礎石十五個がほぼ現位置を保つ。基壇は一辺一四・二メートルに復原される。西塔は出枘《でほぞ》の心礎が残るのみである。基壇は一辺約一三・五メートルで掘込地業が確認された。両塔とも玉石敷の犬走りと雨落溝がめぐる。中門は三間×二間、回廊は単廊である。玉石敷の参道が中門から金堂・南大門、両塔間にのびる。また、中門周辺の調査では、下層から条坊道路の西三坊坊間路と、その東に南北掘立柱塀、西に掘立柱建物を検出した。これは一九七六年の寺域西南隅での見解と異なる結果であり、寺と京の造営時期を考察する重要な資料である。金堂北の講堂や僧房などは、現集落内に想定され、詳細な様相はわかっていない。『日本書紀』では、六八〇年(天武天皇九)発願後、次の記事は天武天皇崩御後の六八八年(持統天皇二)の無遮大会《むしゃだいえ》である。その後も造営は続き、六九八年(文武天皇二)に造営がほぼ終了した。これまでの発掘調査で堂塔ごとの所用瓦が明らかにされてきている。この成果によると、最初に建てられた金堂の所用瓦は藤原宮最初の造営瓦とほぼ同時期とされる。藤原宮の造営は、大極殿《だいごくでん》下層の運河出土の木簡から、天武末年には進行しており、条坊道路はこれより古いことがわかっている。寺の造営が天武天皇の発願からほどなく始まったことが推定される。平城京移転に際しては、主要伽藍が移築されたか否かの論争があるが、これまでの発掘調査では、奈良時代の補修瓦の出土や中門規模の違いなどが指摘されている。遺跡入口には解説板と万葉歌碑がある。

参考文献　奈良国立文化財研究所飛鳥藤原宮跡発掘調査部編『飛鳥・藤原宮発掘調査概報』二一・二三―二六(一九九一・九三―九六)、花谷浩「本薬師寺の発掘調査」(『仏教芸術』二三五、一九九七)、『奈良国立文化財研究所年報』一九九七―II(一九九七)

(安田龍太郎)

大和国分寺《やまとこくぶんじ》

橿原市八木町に所在する寺院。浄土宗勝満山満法院国分寺。門前に「大和国分寺」の石標がある。奈良県遺跡地図では、横大路と下ッ道の交差点の南西四町を国分寺跡とする。本尊は阿弥陀如来坐像、脇侍は観音勢至両菩薩坐像。木造十一面観音立像は平安時代後期の作で、一九二六年(大正十五)に重要文化財に指定(非公開)。創建は、七四一年(天平十三)創建の金光明四天王護国寺(国分寺)に由来するとの説や、『日本書紀』天武天皇九年(六八〇)条の「京内廿四寺」のうちの八木寺にあてる説がある。国分寺説については、本堂の柱石に奈良時代の礎石が転用されていた点や、当寺の東一五〇〇メートルの地点一帯に国分尼寺である法華寺の地名があることを根拠とする。しかしこれを裏付ける証拠はなく、伽藍配置も明らかでないことから推定の域を出ない。二〇〇三年(平成十五)に本堂が焼失し、翌年、橿原市教育委員会が発掘調査を実施したが、創建に関する成果はない。

大和国分寺

参考文献 「国分寺」(高市郡役所編『高市郡寺院誌』所収、一九七二、名著出版)

(松井　一晃)

大和《やま》三山《とさんざん》

奈良盆地南東部に鼎立する畝傍山(一九九メートル)、耳成山(一四〇メートル)、香具山(一五二メートル)の三つの小山をいう。北にある耳成山と南西にある畝傍山はトロイデ式火山の独立した山。南東にある香具山は多武峰《とうのみね》山地の末端にあって、硬い岩石が浸食を受けて残ったなだらかな山である。三山は『万葉集』に多く詠まれている。「中大兄の三山の歌」(一ノ一三・一四)は有名で、「香具山は畝火雄々しと　耳梨と相あらそひき　神代より斯くにあるらし(下略)」とあり、二人の男が一人の女を争う伝説に託して、中大兄皇子が弟大海人皇子との額田王をめぐる恋の葛藤を詠んだものとされる。耳成山は橿原市木原町にあり耳梨山とも書く。北側山腹に延喜式内大社の耳成山口神社が鎮座し、大和山口神の一つとして崇敬を集めた。もとは山麓にあったと思われるが、旧地は不明。耳成の地には、推古天皇の「耳梨の行宮」(『日本書紀』推古天皇九年(六〇一)五月条)や長屋王家の「耳梨御田司」があり、縵児《かずらこ》の悲恋を伝える耳成池があった(『万葉集』一六ノ三七八八)。畝傍山は橿原市畝傍町に所在し、畝火山とも書く。古くから親しまれた山で、『古事記』に「狭井河よ雲立ちわたり畝火山木ノ葉騒ぎぬ風吹かむとす」とあり、『万葉集』には、「思いあまり甚《いた》もすべ無み玉襷《たまたすき》畝火の山にわれは標結《しめゆ》ふ」(七ノ一三三五)と詠まれている。周辺には、多くの遺跡や橿原神宮・神武天皇陵などがあり、畝傍山西斜面には式内大社畝火山口神社が鎮座する。同社は本来、司水神・農耕神であるが、今は安産神・農耕神として崇敬されている。二月朔日と十月初子日には、摂津住吉大社の神官によって埴使《はにつかい》神事が行われ、その埴土は山頂の聖所で採取される。香具山は橿原市南浦町・戒外町にある。『万葉集』では「香

大和三山（東北から）　手前は三輪山
（奈良文化財研究所提供）

天岩戸神社
（橿原市提供）

天香山神社
（橿原市提供）

畝火山口神社
（橿原市提供）

具山」「香山」「芳来山」「香来山」「高山」などと記されるが、記紀は「香山」と表記する。「香久山」と書くのは中世以降である。天香具山と呼ばれることが多く、三山のうち「天」を冠するのは香具山だけである。『万葉集』や『伊予国風土記』逸文によれば、天から天降った神聖な山とされ、その枕詞は「天降《あも》りつく」である。『古事記』天岩戸神話には、「天の香山の真男鹿《まおしか》の肩」「天の香山の天の波波迦《ははか》」「天の香山の五百津真《いおつま》賢木《さかき》」「天の香山の天の日影」「天の香山の小竹葉《ささば》」をもって神事を行なったとあり、『日本書紀』神武天皇即位前紀には、天香山の埴《はにつち》をもって天平瓮《あめのひらか》・厳瓮《いつへ》を作って天神地祇を祀ったとある。崇神天皇十年九月条には、武埴安彦《たけはにやすひこ》の妻吾田媛《あたひめ》が密かに香山の土を採って、これを「倭国の物実《ものしろ》」といい大和国全体の象徴としたとある。舒明天皇は香具山に登って国見をしており(『万葉集』一ノ二)、香具山は天から天降った聖山として特別視されてきた。六五六年(斉明天皇二)、斉明天皇は「香山」の西から石上山まで「狂心《たぶれごころ》の渠《みぞ》」を掘って、石上山の石を運んで宮の東山に石山丘を築いたという(『日本書紀』)。『万葉集』には香具山を詠んだ歌が多くみえる。先の舒明天皇国見歌や「中大兄の三山の歌」のほか、持統天皇の御製歌(一ノ二八)が有名である。ほかに「鴨君足人《かものきみたるひと》の香具山の歌」(三ノ二五七—二五九)、「柿本朝臣人麻呂、香具山の屍を見て悲慟《かなし》びて作る歌」(三ノ四二六)などがある。六九四年(持統天皇八)、持統天皇は藤原宮を造営して飛鳥浄御原宮《あすかきよみはらのみや》から遷ったが、「藤原宮の御井の歌」(一ノ五二)には、藤原宮は東・西・北を香具山・畝火山・耳成山に囲まれた中に位置すると詠まれる。三山はそれぞれ青竜・白虎・玄武に、南を流れる飛鳥川は朱雀と見立てられ、藤原宮・京は四神が守護する地に営まれたものと解される。また、香具山の北西方に埴安池(一ノ五二)があり、天武天皇の長子高市皇子《たけちのみこ》の「香来山宮」(「埴安の御門の原」、二ノ一九九)や穂積皇子の宮もその近くにあった。香具山西北麓の橿原市木之本町では、奈良時代大和国の「香山正倉」跡が発見されている。また、香具山周辺には、天香山坐櫛真命神社《あめのかぐやまにいますくしまのみことじんじゃ》・畝尾坐健土安《うねおにいますたけはにやす》神社・畝尾都多本《つたもと》神社の式内社や天岩戸《あめのいわと》神社がある。天香山坐櫛真命神社は、神武紀に瓮を作るために埴土を採った場所とある天香山社に比定され、現在、香具山北麓に鎮座している。天岩戸神社は香具山南麓の橿原市南浦町字岩戸東に鎮座しており、天照大神を祀る。天岩戸神話にある天照大神が幽居した天石屋戸《あめのいわやと》と伝える岩穴を拝する形をとり、神殿はない。香具山は江戸時代の地誌にしばしば記され、名所旧跡を訪ねる文人墨客の紀行文にも登場する。西側中腹に国見台があり、舒明天皇の国見歌の歌碑が立っている。そこからの藤原宮跡や耳成山・畝傍山の眺望は実にすばらしい。

参考文献 『橿原市史』本編上・下(一九六七)、上野誠『大和三山の古代』(『講談社現代新書』二〇〇八、講談社)

(木下 正史)

倭彦命墓《やまとひこのみことのはか》

橿原市鳥屋町字久保および橿原市北越智町字桝ヶ山に所在する。もっとも、倭彦命は『日本書紀』に崇神天皇の皇子で、垂仁天皇の同母弟と記されるものの、実在性には乏しい。「身狭桃花鳥坂《むさのつきさか》」に葬るとされ、陵域に近習者を殉葬したとある。埴輪起源譚につながる最初の記事となるが、今日の考古学成果とは乖離があり、歴史的事実として認めるものではない。墓域内の後方には一辺約八五メートル、高さ約一七メートル前後の列島最大級の方墳となる桝山古墳が存在する。三段築成で、野焼き焼成の円筒埴輪と形象埴輪が採集されている。墳頂平坦面は一辺二五メートルの広がりがある。古墳時代中期前葉にあたるとみられる。西側一帯の丘陵には、新沢千塚古墳群が存在しており、その開始時期に重なる。

北に近接する鳥屋見三才古墳は後期前葉の築造で本墳とは時期差がある。なお、現墓への治定は一八七七年(明治十)、北側前方につづく丘陵を併せて前方後円墳

倭彦命墓(桝山古墳)
(橿原市提供)

形に囲郭した墓域に整備された。

参考文献 笠野毅「昭和四五年度身狭桃花坂上陵整備工事に伴う事前調査」(『書陵部紀要』四一、一九九〇)

(今尾 文昭)

横大路《よこおおじ》

奈良盆地を東西に走る古代の計画的道路で、天香具山《あめのかぐやま》の北側、耳成山《みみなしやま》の南側、畝傍山《うねびやま》の北側を通り、上ツ道《かみつみち》、中ツ道《なかつみち》、下ツ道《しもつみち》と直交する。大阪府の南河内から竹内峠を経て奈良県葛城市長尾(旧當麻町《たいままち》)に至った当麻道《たいまみち》(竹内街道)は、横大路となって式内大社の長尾神社付近から奈良盆地を横断し、桜井市仁王堂《におうどう》に至る約一二・七キロの間は直線道路となり、さらに東へ墨坂を越えて伊賀・伊勢に通じている。横大路の呼称は、建久四年(一一九三)の「葛下郡《かつげぐん》平田御荘総追捕使清原正秀注進

状」(談山神社文書《たんざんじんじゃもんじょ》)が初見であるが、『日本書紀』天武天皇元年(六七二)の壬申の乱の記事に、大伴吹負《おおとものふけい》が近江方の大野果安《おおのはたやす》と戦い墨坂に敗走したこと(七月四日条)や金綱井《かなつない》(橿原市小綱《しょうこ》町に比定)、當麻衢《ちまた》がみえていること(七月是日条)から横大路がこのころにはすでに存在していたことが推定できる。また、設置年代については、『日本書紀』推古天皇二十一年(六一三)十一月条の「難波より京に至る大道を置く」との記事にみえる大道が奈良盆地では横大路にあたるとして、推古朝のころに設置されたと考えるのが有力である。しかし、六世紀後半に成立した倉人の分布が横大路から竹内街道沿いに集中すること、欽明天皇の磯城島金刺宮《しきしまのかなさしのみや》の比定地が横大路を経て初瀬谷への途中にあることや、敏達天皇の磐余訳語田幸玉宮《いわれのおさだのさきたまのみや》(桜井市戒重《かいじゅう》付近か)、用明天皇の磐余池辺双槻宮《いわれのいけべのなみつきのみや》、崇峻天皇の石村神前宮《いわれのこうざきのみや》などが、横大路周辺に所在したと考えられることから、六世紀代に前身となる東西道(プレ横大路)が存在し、推古朝になって官道として整備されたとの説もある。

近世には初瀬街道(伊勢街道)として利用された。なお、横大路の幅員は約三五メートルや二八メートルとの説があるが、「条里余剰帯《じょうりよじょうたい》」の考えに基づいて遺存地割を計測すると道路敷きは約四二・五メートルとなり、高麗尺の百二十尺にあたるとして令前二十歩での設定と考える説もある。現在はかつてほどの道幅ではないが、桜井駅の南から西方へ一直線に延びる一般道として踏襲され、西部では国道一六六号線(旧道)となる。

参考文献 岸俊男「古道の歴史」(坪井清足・岸俊男編『古代の日本』五所収、一九七〇、角川書店)、和田萃「横大路とその周辺」(『古代文化』二六ノ六、一九七四)、奈良県教育委員会編『奈良県「歴史の道」調査報告書―横大路(初瀬道)―』(一九八三)

(出田　和久)

和田廃寺《わだはいじ》

橿原市和田町にある七世紀前半創建の寺跡。集落北方の水田中に『大和志』が「廃大野丘塔」とした土壇と礎石が残る。調査で土壇は七世紀後半の塔跡であることが確認され、また周辺から多数の掘立柱建物や塀・溝などが検出され、七世紀前半から八世紀後半の瓦や鴟尾(飛鳥資料館に展示中)が出土し、和田廃寺と呼ばれている。福山敏男は、『続日本紀』光仁天皇即位前紀の童謡《わざうた》から、葛木寺《かずらきでら》(葛城寺・葛城尼寺・葛木尼寺)は豊浦寺《とゆらでら》の西、「桜井」の北、すなわち「廃大野丘塔」にあたると推定した。田村吉永はこの説を受け、「廃大野丘塔」の周辺が十一世紀後半まで葛木寺の田であったことを示す史料「延久二年(一〇七〇)興福寺大和国雑役免坪付帳」にもとづき、ここを葛木寺の跡とした。平城遷都後、葛木寺は平城京左京五条六坊四坪の地に移転したが、その周辺で和田廃寺と同范の軒平瓦が出土している。和田廃寺を蘇我氏と密接な関係をもっていた葛城氏の氏寺である葛城尼寺(法号妙安寺)とし、創建に関わった人物の候補として六世紀末に活躍

和田廃寺塔跡発掘状況
(奈良文化財研究所提供)

した葛城臣烏那羅《かずらきのおみおなら》をあげる説がある。

参考文献　大脇潔「蘇我氏の氏寺からみたその本拠」（『堅田直先生古希記念論文集』所収、一九九七、真陽社）

（大脇　潔）

磐余・阿部と周辺地域

赤坂天王山《あかさかてんのうざん》古墳《こふん》

桜井市倉橋に所在する一辺約四五メートルの大型方墳。南に開口する全長約一五メートルの両袖式の大型横穴式石室をもつ。玄室内には刳抜式の二上山凝灰岩製家形石棺が一基、据えられている。石室は大型石材を用い、玄室の奥壁三段積み、左右側壁三石三段の構成となり、上方の二石が内傾する。玄門前壁は二石で、上が内傾する。奈良県広陵町牧野《ばくや》古墳とほぼ同様の構造と規模を備える。石室を構成する石材の大きさや段積みの段数が奈良県斑鳩町藤ノ木古墳・葛城市平林《ひらばやし》古墳と明日香村石舞台古墳の間にあるといった型式的特徴を示す。六世紀末葉から七世紀初葉に築造されたとみられる。『日本書紀』では崇峻天皇五年十一月、蘇我馬子の指示にもとづき、東漢直駒《やまとのあやのあたいこま》によって弑逆されたとされる崇峻天皇は、即日に「倉梯岡陵《くらはしのおかのみささぎ》」に葬られたとある。『延喜式』も同じ陵名を登載するが陵地ならびに陵戸がないとする異例の記述となる。『日本書紀』の記事内容が示す所在地や葬送時期によって本墳を崇峻天皇陵とみなす意見は強い。

赤坂天王山古墳石室
（桜井市教育委員会提供）

参考文献　梅原末治「大和赤坂天王山古墳」(『日本古文化研究所報告』九所収、一九三八、日本古文化研究所)、柳澤一宏「崇峻天皇陵」(『「天皇陵」総覧』所収、一九九三、新人物往来社)、白石太一郎「終末期横穴式石室の型式編年と暦年代」(『古墳と古墳時代の文化』所収、二〇一一、塙書房)　(今尾　文昭)

安倍寺跡《あべでらあと》

桜井市阿部にあった寺院で、崇敬寺《すうきょうじ》ともいう。『東大寺要録』にみえるように、建立者は大化改新後の左大臣で、百済大寺の造寺司に任命された阿倍倉梯麻呂《あべのくらはしのまろ》(内麻呂《うちのまろ》)であった可能性が高い。崇敬寺は大和の十五大寺の一つに数えられたが、十二世紀初めに僧暹覚《せんがく》が寺の東北に別所を草創したといい、これが発展して現在の安倍文殊院《あべもんじゅいん》となったようである。安倍寺跡は文殊院から西南に約三〇〇メートル離れた所にある。一九六五年(昭和四十)―六七年に発掘調査が行われ、創建時の伽藍は、東に金堂、西に塔を配し、それを回廊が取り囲み、講堂は回廊の北にある法隆寺式であったことがわかった。塔基壇は一辺一二・一メートルの方形をなす。金堂は塔の東約三八メートルに位置し、基壇は掘込地業を伴い、

安倍寺跡金堂基壇
(桜井市教育委員会提供)

基壇規模は東西約二二・八メートル、南北約一八・一メートルである。寺域の東と西を限る築地が発見されており、寺域は東西一八〇メートル、南北二〇〇メートルと推定され、一級寺院の規模を誇る。出土瓦は吉備池廃寺（百済大寺）や山田寺出土瓦と類似したものが多くを占め、創建は七世紀中ごろにさかのぼる。所在地の一帯は、大和朝廷の有力豪族、阿倍氏の本拠地とみられ、調査所見も『東大寺要録』の記述を裏付けるものと考えられる。一九七〇年に国史跡に指定され、現在、史跡公園として整備され、金堂・塔などの基壇が表示されており、伽藍の北方には鎌倉時代の瓦窯が覆屋の中に保存されている。

参考文献　『桜井市史』上（一九七九）
（寺崎　保広）

石位寺《いしいでら》

奈良盆地東南部、外鎌山の西麓に位置する寺院。桜井市忍阪《おっさか》に所在。発掘調査などは行われていないので、創建時期、建物などの詳細は不明。現在は本尊を祀る本堂と礼堂、庫裏がある。本尊の伝薬師三尊石像は、高さ一・一五メートル、幅一・二二メートル、厚さ〇・三メートルの隅丸三

石位寺三尊石仏
（桜井市忍阪区提供）

角形である。半肉、陽刻彫りされる。中尊は倚像で、両手を膝前で重ね、法界定印を結ぶ。像高〇・六二メートル。天蓋が描かれる。そして、両側に合掌する脇侍菩薩立像を配する。尊像は寺伝では薬師如来、弥勒仏ともいわれ確証はない。飛鳥時代後半から奈良時代前半の塼仏や押出仏にその形態がきわめて似ており、飛鳥時代後半の作といわれる。兵庫県古法華寺の三尊仏とともに、わが国最古の石仏の優品。なお、この石仏には中世の擬古作という説もある。伝薬師三尊石像は重要文化財で、本堂(収蔵庫)に納められている。(林部　均)

参考文献　『桜井市史』上(一九七九)

磐余《いわれ》

飛鳥時代以前から見える地名。伊波礼・石村・石寸とも書く。香具山の東北麓に存在した磐余池付近から西方および東方の桜井市西部から橿原市東部にかけての広域をさした地名。大和の平野部から宇陀の山間部、さらに伊勢、東国への入口に位置する。磐余には飛鳥に宮都が遷る前に多くの宮殿が営まれた。『日本書紀』には、履中天皇の磐余稚桜宮《いわれのわかざくらのみや》、清寧天皇の磐余甕栗宮《みかくり》、

若桜神社
(桜井市教育委員会提供)

継体天皇の磐余玉穂宮《たまほ》、用明天皇の磐余池辺双槻宮《いけのへのなみつき》などの宮号が見え、敏達天皇の訳語田幸玉宮《おさだのさきたま》も磐余訳語田宮とも表記される。また、履中紀には「磐余市磯池《いちしのいけ》」、継体紀や用明紀には「磐余の池」が見え、用明天皇陵は「磐余池上陵《いけのへのみささぎ》」とあるなど、宮殿関連施設の名が見える。桜井市池之内・橿原市池尻付近では磐余池と見られる大きな池跡とその堤が発見されており、その築堤は六世紀まで遡ることが明らかにされた。また、池之内字稚桜には延喜式内社若桜神社があるなど宮殿ゆかりの地名も残っている。用明天皇の磐余池辺双槻宮は磐余池の近くにあったのであろうし、聖徳太子はその「南上殿」で青年期までを過ごしたという。五・六世紀の宮殿の場所や実態については、ほとんど明らかにされていないが、六世紀に、磐余の地に多くの宮殿が営まれたことは確かである。飛鳥に宮都が集中した七世紀にも、磐余とその周辺には、天皇の宮殿や皇子宮、豪族層の居宅が営まれた。たとえば、六三九年(舒明天皇十一)には磐余池北方の近接地に、舒明天皇によって百済大宮と百済大寺とが造営された。近年、桜井市吉備にある吉備池廃寺が百済大寺跡と判明し、わが国初の九重塔が建設されるなど壮大な伽藍の様子が明らかにされた。百済大宮については具体的な手がかりはないが、磐余の地は再び政治・文化の中心地となったのであり、百済大寺から東方一キロほどのところには、古代雄族阿倍氏の氏寺安倍寺がある。また大津皇子の「訳語田舎」も磐余の地にあった。大津皇子が謀反の科によって刑死する時、「ももづたふ磐余の池に鳴く鴨を今日のみ見てや雲隠りなむ」(『万葉集』三ノ四一六)と詠んでいる。膳夫《かしわて》氏の氏寺膳夫寺も香具山の北方にあった。『万葉集』には、「つのさわふ石村」「つのさはふ磐余の道」(三ノ四二三)、「つのさはふ石村の山」(一三ノ三三二五)などと多く詠まれる。七世紀の磐余は飛鳥人の活動の舞台であり、飛鳥の宮都と深い関係をもちつつ、一体的な歴史を歩んだ地域であった。神武天皇の和風諡号《しごう》は「神日本磐余彦《かむやまといわれびこ》天皇」（神武即位前紀）であり、歴史上、磐余が重要な拠点の地であったことを窺わせる。ただ、考古学的な調査はきわめて貧弱で、宮殿や邸宅の実態はほとんどわかっていない。王宮を中心とした磐余の古代史像の解明が大きな課題として残されている。→東池尻《ひがしいけじり》・池之内遺跡《いけのうちいせき》（288頁）

参考文献 『角川日本地名大辞典二九 奈良県』（一九九〇、角川書店）

（木下 正史）

磐余池《いわれいけ》

⇩磐余《いわれ》（265頁）
東池尻《ひがしいけじり》・池之内遺跡《いけのうちいせき》（288頁）
を参照

上之宮遺跡《うえのみやいせき》

桜井市上之宮に所在する六世紀後半から七世紀前半にかけて営まれた豪族居館遺跡。一九八四年（昭和五十九）―八八年の発掘調査によって中心部の概要が判明した。遺跡は万葉歌に倉梯川《くらはしがわ》と詠まれた寺川左岸沿いで、北に小丘、西に阿部丘陵をひかえた寺川に向って緩傾斜する狭い平坦地に位置する。発見遺構は掘立柱建物、掘立柱塀、園池状施設、石組溝、石敷などであり、五期に区分できる。整備されるのは、第三期の六世紀後半から末と、第四期の六世紀末から七世紀初頭である。ともに四面廂付きの大規模な正殿と付属建物に、園池状施設を伴う。第四期は最も整備された時期で、正殿は第三期とほぼ同位置で建替えられ、園池状施設も引き継がれており、これらを中に南北八〇メートル、東西五〇メートルほどの範囲が二重塀で囲まれる。園池状施設は正殿の西北側の低い所にあり、石積みによる石室様の池状施設から石組溝が北東へのび、池状施設の周囲にも円形に石組溝を巡らし、間に貼石を施す特異な構造のものである。水を使う祭祀施設であろう。第四期の建物群や園池状施設は七世紀初頭に廃絶する。園池状施設からは木簡や木槲、刀形や鳥形などの木製祭器が出土しており、遺構・遺物ともに立派なものである。上之宮の地名や遺構・遺物の内容、その年代から聖徳太子が青年期まで過ごした「上宮」の中枢部にあたるとする説がある。だが、飛鳥の宮殿遺跡と比べて丁寧さや規模の点で見劣りし、建物群の配置も整然さを欠く。用明天皇の磐余池辺双槻宮《いわれのいけのへのなみつきのみや》との位置関係も説明がむずかしい。西側の阿部丘陵と付近一帯は、六世紀末から七世紀中ごろにかけて古代の雄族阿倍氏の本拠地であり、大型横穴式石室墳が多数営まれている。

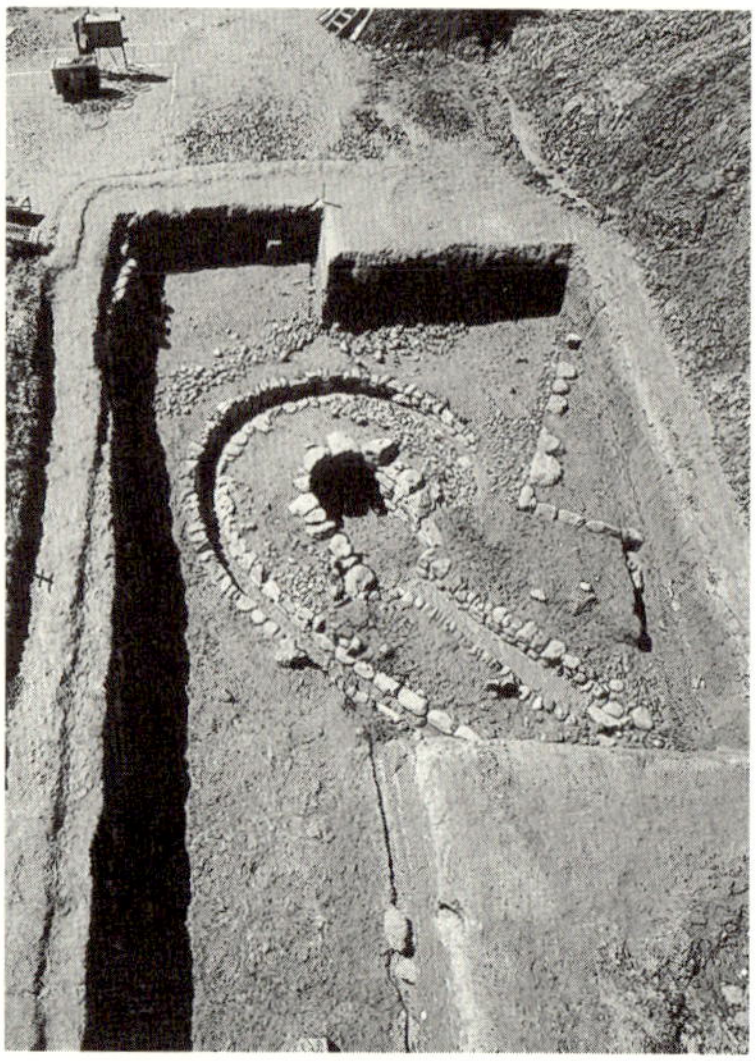

上之宮遺跡の苑池
（桜井市教育委員会提供）

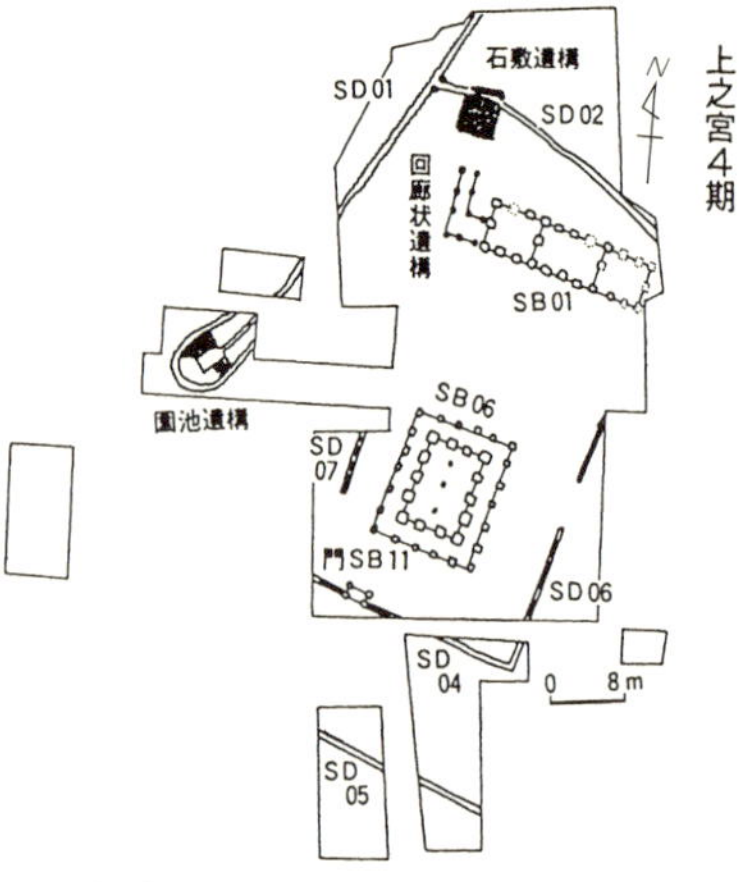

上之宮遺跡の6世紀末〜7世紀初頭の遺構

本遺跡は阿倍氏の居館跡と考えるべきであろう。今は、遺跡地に住宅が建ち並び、わずかに園池状遺構のみが小公園の中に保存、整備されている。

参考文献　木下正史『飛鳥・藤原の都を掘る』(『地中からのメッセージ』、一九九三、吉川弘文館)、清水真一「上之宮遺跡の再検討」(『明日香風』一三一、二〇一四)

(木下　正史)

粟原寺跡《おうばらでらあと》

桜井市大字粟原に所在した寺院。粟原の集落の南側、天満神社の南方の山麓の一段高い場所が通称コンドーで、ここに伽藍遺構がある。現状からここが塔と金堂跡と推定され、礎石が良好に残存している。移動させられた塔心礎があり、この西には鎌倉時代後半の十三重の石塔が建てられている。この寺の塔の露盤の伏鉢(国宝)が、談山神社に所蔵されていて、それに陰刻の銘文がある。「寺壱院四至(限東竹原谷東岑　限南大岑／限西樫村谷西岑　限北忍坂川)／此粟原寺者仲臣朝臣大嶋惶惶誓願／奉為大倭国浄美原宮治天下天皇時／日並御宇東宮敬造伽檻之爾故比売／朝臣額田以甲午年

粟原寺跡
(桜井市教育委員会提供)

始至於和銅八年／合廿二年中敬造伽檻而作金堂仍造／釈迦丈六尊像／和銅八年四月敬以進上於三重宝塔／七科鑪盤矣／仰願籍此功徳／皇太子神霊速証无上菩提果／願七世先霊共登彼岸／願大嶋大夫心得仏果／願及含識倶成正覚」。これによると、天武天皇の時、仲臣大嶋が草壁皇子のために、伽藍を造営することを発願し、六九四年（持統天皇八）に起工し、金堂を造り、丈六仏も置かれ、七一五年（和銅八）に三重塔が建てられたことなどがわかり、寺の造営とその経過がわかる希有な例である。なお「寺壱院四至」と四至の記載は追刻との説がある。塔と金堂周辺は一九二七年（昭和二）国史跡となっている。

参考文献　天沼俊一「廃粟原寺礎石」（『奈良県史蹟勝地調査報告』二、一九一四）、保井芳太郎『大和上代寺院誌』（一九三二、大和史学会）、足立康「粟原寺の露盤に就いて」（『建築史』四ノ一、一九四二）、福山敏男『奈良朝寺院の研究』（一九四八、高桐書院）、藪田嘉一郎「粟原寺塔銘について」（『考古学雑誌』三七ノ四、一九五一）

（河上　邦彦）

大神神社《おおみわじんじゃ》

桜井市三輪に鎮座する神社。三輪神社・三輪明神などとも呼ばれる。大和国一宮。旧官幣大社。主祭神は倭《やまと》大物主櫛𤭖玉命《おおものぬしくしみかたまのみこと》（大物主神）。境内は一九八五年（昭和六〇）に国史跡に指定されている。『延喜式』神名帳には、大和国城上《しきのかみ》郡の部に「大神大物主神社」とあり、名神大社に列せられている。出雲国造が奏上した神賀《かんよ》詞《ごと》（『延喜式』祝詞）では、大穴持命《おおなもちのみこと》（大己貴神《おおなむちのかみ》、大国主命）の和魂《にぎみたま》である大物主櫛𤭖玉命を三輪山に鎮座させたとする。『日本書紀』には、崇神天皇の時に大物主神の子である大田田根子《おおたたねこ》が祭祀への奉仕を命じられたとあり、その子孫が当社祭祀氏族の三輪君氏であるとする。この伝により、当社は日本最古の神社とされる。当社への朝廷の信仰は厚く、七六五年（天平神護元）には五ヵ国にわたる神戸百六十戸が与えられた（『新抄格勅符抄』）。神位は八五〇年（嘉祥三）に正三位、八五九年（貞観元）には正一位を授けられた。当社には本殿がなく、東方の三輪山を神体として遙拝するという古態をとどめる。寛文年間（一六六一―七三）造営の拝殿の奥には三つ鳥居（神門、重要文化財）がある。三つ鳥居は三輪鳥居とも称し、明神鳥居の両側に小型の脇鳥居が接続する形態をなす。中央の本鳥居には内開きの板扉がある。山中・山麓には磐座《いわくら》・磐境《いわさか》と称する祭祀巨石遺跡が存在し、五世紀ごろの子持勾玉などの祭祀遺物が出土している。一帯で出土する須恵器は、太田田根子の出身地とされる陶邑《すえむら》（大阪府南部窯址群）で生産された。また、当社は大物主神が造酒神とされたことから造酒家の信仰を集め、神木である杉の葉を球形に作った杉玉は酒造店の標識として流布している。神宮寺には大御輪寺と平等寺の二寺があった。中世以降、この二寺を中心として両部神道系の三輪神道が成立した。両寺とも明治初年に廃されたが、大御輪寺の本尊

大神神社拝殿

であった奈良時代の木心乾漆十一面観音像(国宝)が桜井市の聖林寺に伝わる。大御輪寺は明治以降神社に改められ、摂社の大直禰子《おおただねこ》神社となった。本殿(重要文化財)は元の大御輪寺本堂で、内陣には奈良時代創建当初の古材が残る。

参考文献　和田萃編『大神と石上―神体山と禁足地―』(一九八八、筑摩書房)、同『日本古代の儀礼と祭祀・信仰』(一九九五、塙書房)

(竹内　亮)

上《かみ》ツ道《みち》

奈良盆地を南北に貫く三本の古代の主要道路(上ツ道、中《なか》ツ道《みち》、下《しも》ツ道《みち》)のうち東側を走る道路。三道は約二・一キロ間隔で造られており、これが高麗尺のほぼ六千尺(=千歩、令制の四里)にあたることから、計画的な設営であると考えられる。設定年代は明らかではないが、『日本書紀』天武天皇元年(六七二)の壬申の乱の記事に、大海人《おおあま》皇子方の大伴吹負《おおとものふけい》が三道に兵を駐屯させたことや、三輪君高市麻呂《みわのきみたけちまろ》・置始連菟《おきそめのむらじうさぎ》が上ツ道沿いの箸陵付近での戦闘で近江軍に大勝し、廬井造鯨《いおいのみやつこくじら》軍が敗走したことがみえる(七月是日条)ことから、それ以前に設定されたと考えられている。なお、推古天皇十六年(六〇八)八月条にみえる隋使裴世清《はいせいせい》入京に関する記事によれば、隋使は舟運で初瀬川をさかのぼり海石榴市《つばきいち》に上陸し、上ツ道のコースをとって小墾田宮《おはりだのみや》に至ったと考えられ、外国使節の入京を契機に推古朝のころに上ツ道などが整備されたとの説もある。上ツ道のルートの南半は、部分的に現在の天理市佐保庄町から柳本町を経て、桜井市大字箸中の箸墓《はしはか》の東を通り、大字芝に至る近世のいわゆる上街道《かみかいどう》の一部に踏襲されている。上ツ道はさらにまっすぐ南下し、大字谷の仁王堂《におうどう》付近で横大路《よこおおじ》と交差し、阿倍山田道《あべやまだみち》に続き飛鳥に至ると考えられる。平安時代以降は初瀬詣に利用されたため、芝付近から東に曲がり、三輪山西南麓を経て長谷寺《はせでら》へも向った。上ツ道の北半は、天理市役所北方の豊田町以北では大和高原からの丘陵の張り出しがあり、そのまま北上していたかは疑問である。道幅が下ツ道や横大路のように地割として遺存する部分はほとんどなく、わずかに桜井市大字上之庄付近に道路敷とみられる細長い地割があり、その東西幅は約三五メートルをはかるが、いわゆる「条里余剰帯《じょうりよじょうたい》」は認められず、この点で下ツ道とは異なる。なお、上ツ道より東の山麓を古代の山辺《やまのべ》の道《みち》が縫うように走っていた。→阿倍山田道《あべのやまだみち》(61頁)

参考文献　岸俊男「大和の古道」(奈良県立橿原考古学研究所編『日本古文化論攷』所収、一九七〇、吉川弘文館)、同「古道の歴史」(坪井清足・岸俊男編『古代の日本』五所収、一九七〇、角川書店)

(出田　和久)

吉備池廃寺《きびいけはいじ》

桜井市吉備にある七世紀前半創建の寺院跡。二〇〇二年(平成十四)国史跡指定。吉備池とよばれる溜め池の南岸に古瓦出土地があり瓦窯跡と考えられていたが、一九九七年の発掘で、金堂と塔跡の大規模な基壇が池の南堤に取り込まれた破格の規模をもつ寺跡であることが判明した。二〇〇二年までの調査で、金堂を東、塔を西に配し、まわりを東西幅約一五六メートルの回廊で囲む伽藍配置が確認されている。金堂の南正面やや西に寄って小規模な中門が開くが、講堂は池の掘削により破壊されたためか未確認。北で僧房と推定される東西棟掘立柱建物が三棟検出されており、南では南門かと思われる遺構も検出されているが確証は得られていない。金堂基壇の規模は、掘込地業の範囲から東西約三七メートル、南北約二八メートルに復元できる。この規模は、七世紀末に大官大寺の金堂が登場するまで最大であった。塔の基壇も一辺約三二メートルの巨大なもので、中心から塔

吉備池廃寺（百済大寺）金堂基壇跡（西から）
（奈良文化財研究所提供）

心礎の抜き取り穴が検出されている。出土した軒丸瓦は、六四三年(皇極天皇二)に金堂の造営が始まった山田寺(桜井市)出土の山田寺式より大型で、紋様もわずかにさかのぼる特徴をもつ。その同笵例は四天王寺(大阪市)と海会寺《かいえじ》(大阪府泉南市)にある。軒平瓦は忍冬唐草紋を彫り込む型を押したものや、三重弧紋上に忍冬唐草紋を押したものがあるが、この型は六四三年以前に完成した若草伽藍で使われたものを再利用したものである。したがって、軒瓦からは六四〇年(舒明天皇十二)ごろの年代が与えられる。ただし出土量がきわめて少なく、また後続する軒瓦がないこと、焼失した痕跡がないことなどから、短期間のうちに移建された可能性が高いと考えられている。こうした所見は、この寺跡が、六三九年に舒明天皇によって発願され、六七三年(天武天皇二)に移建されて高市《たけち》大寺となった百済大寺の遺構である可能性がきわめて高いことを物語る。塔基壇の大きさも、百済川の側に建てられたと

いう九重塔にふさわしい規模である。このころ、中国や新羅・百済では九重塔をもつ官営の大寺院がつぎつぎと建立され、その甍を競っていた。こうした東アジアの情勢が、蘇我氏の氏寺である飛鳥寺をこえる規模をもつ、天皇発願の大寺の造営へと踏み切る最大の要因となったことは疑いない。そしてその法燈は、筆頭官寺の寺格をもつ高市大寺・大官大寺・大安寺へと継承され、鎮護国家仏教への出発点となったのである。なお、金堂跡東の「カウベ」「コヲベ」、金堂跡南の「カムリ石」という小字名は、『大安寺伽藍縁起幷流記資財帳』に伝える「百済川のほとりの子部社を切りひらいて九重塔を建てたが、社神の怨みにより九重塔と金堂の石鴟尾を焼破した」という説話にちなむという説もある。また百済川は寺地の南を東から西へ流れる米川にあたると思われる。遺跡地はまだ未整備のため、池の堤に取り込まれた金堂と塔の土壇のみが見学できる。この堤から西の二上山にかけての眺望は一見の価値がある。なお高市大寺の所在地については、木之本廃寺(橿原市)をあてる説、大官大寺とほぼ同じ場所に求める説があるが未確認である。

→木之本廃寺《きのもとはいじ》(214頁)
→大官大寺跡《だいかんだいじあと》(104頁)

[参考文献] 奈良文化財研究所『吉備池廃寺発掘調査報告』(二〇〇三)

(大脇　潔)

吉備寺《きびでら》

高橋健自が、桜井市吉備の通称「大臣藪」付近に考定した寺跡。高橋が「飛鳥時代古瓦の研究」(平安考古会編『聖徳太子論纂』所収、一九二一年(大正十))において、磯城郡香久山村の吉備から出土した単弁八弁蓮華紋軒丸瓦(吉備池廃寺出土例と同范)を紹介するとともに、俗に吉備大臣(吉備真備)の邸跡といわれている「大臣藪」を吉備廃寺と呼び、吉備氏の氏寺と推定したのに始まる説。保井芳太郎の『大和上代寺院志』や、石田茂作の『飛鳥時代寺院址の研究』がこれを「吉備寺」として継承し定説化した。一九九七年(平成九)における吉備池廃寺と、同年の「大臣藪」の発掘調査でここが古代に遡る寺院址ではなく、濠と土塁をめぐらした十四世紀前半を中心とする城館跡であることが確認され、吉備寺の存在は否定された。現在も濠の名残の水路や、土塁が良好な状態で竹藪の中に残っており、中世城館跡として改めて保存顕彰する必要がある。

参考文献　大脇潔「吉備寺はなかった―「京内廿四寺」の比定に関連して―」(奈良国立文化財研究所創立四〇周年記念論文集刊行会編『文化財論叢』II所収、一九九五、同朋社出版)、桜井市教育委員会「吉備大臣藪遺跡第三次調査概報」(『桜井市埋蔵文化財センター発掘調査報告書』二一所収、二〇〇〇)

(大脇　潔)

艸墓古墳《くさばかこふん》

桜井市谷字カラトにある飛鳥時代の古墳。カラト古墳ともいう。阿部丘陵から南東にのびる尾根上に位置する。過去に石室や墳丘の測量調査が行われている。一九七四年(昭和四十九)、国史跡に指定。墳丘は尾根を切断して築かれた方墳で、東西二七・五メートル。石室は南に開口する両袖式の横穴式石室で、全長一三・二メートル。玄室は長さ四・四メートル、幅二・七メートル、高さ二・〇メートル。羨道《せんどう》は長さ八・七メートル、幅二・〇メートル、高さ一・五メートル。玄室は表面を切石状に整えた石材を一段に積み、石材間の目地に漆喰を詰める。羨道は玄門と羨門側は石材を一段、それ以外は二段に積む。玄室中央に竜山石製の刳抜式家形石棺(長さ二・五メートル、幅一・七メートル、高さ一・六メートル)を、石室主軸に平行に置く。石室と石棺の規模から、石棺を安置したのちに石室を構築したと考えられる。巨大な石材を用いた横穴式石室の終末段階に位置する古墳として重要である。現地までの案内表示のほか、解説板があり、石室内を見学できる。

艸墓古墳の横穴式石室と石棺
（桜井市教育委員会提供）

参考文献 泉森皎「艸墓古墳」(『飛鳥・磐余地域の後、終末期古墳と寺院跡』所収、一九八二、奈良県立橿原考古学研究所)、白石太一郎「終末期横穴式石室の型式編年と暦年代」(『考古学雑誌』八五ノ一、一九九九)

（鈴木 一議）

百済川《くだらがわ》

古代史料に見える川名。『日本書紀』舒明天皇十一年(六三九)七月条に「今年、大宮及び大寺を造作《つく》らしむ(中略)。則ち百済川の側を以て宮処とす」とあり、同年十二月に「百済川の側に九重の塔を建つ」、六四〇年十月に「百済宮」に遷り、六四一年十月に「天皇、百済宮に崩《かむあか》りましぬ」とある。七四七年(天平十九)の『大安寺伽藍縁起幷流記資財帳』には、六三九年に百済川辺の子部社の木を切り払って九重塔を建てて百済《くだらの》大寺《おおでら》と号したとあり、『日本三代実録』元慶四年（八八〇）十月条には、百済大寺は「十市《とおち》郡百済川辺」で子部大神は寺の近くにあると見える。百済は飛鳥時代以前からの地名で、場所については諸説がある。藤原宮大極殿跡の東に東百済・西百済の小字名や百済川と呼ばれる灌漑水路があること、香具山東北方の桜井市吉備にある吉備池廃寺が百済大寺跡と確認されたことなどから、百済は香具山の西北方から東北方にかけての一帯の地であったと判断できる。百済大寺跡の近くを東南から西北に流れる米川が百済川と呼ばれたのだろう。百済には敏達天皇の百済大井宮《くだらのおおいのみや》や、壬申の乱の将軍大伴吹負《おおとものふけい》の百済家など宮殿や邸宅も構えられた。

↓曽我川《そががわ》（226頁）

参考文献　木下正史『飛鳥幻の寺、大官大寺の謎』（『角川選書』、二〇〇五、角川書店）

（木下　正史）

百済大寺《くだらのおおでら》

⇩吉備池廃寺《きびいけはいじ》（273頁）を参照

桜井茶臼山古墳《さくらいちゃうすやまこふん》

桜井市外山にある古墳時代前期の古墳。鳥見山から北にのびる尾根上に位置し、古墳の南西一・八キロにはメスリ山古墳が所在する。一九四九年（昭和二十四）に、埋葬施設の発掘調査、二〇〇九年（平成二十一）に、埋葬施設などの再調査が行われた。一九七三年、国史跡に指定。墳丘は前方部を南に向けた前方部二段、後円部三段築成の前方後円墳で、全長二〇七メートル。典型的な丘尾切断型の古墳。埋葬施設は全長六・八メートルの竪穴式石室で、内側全面に水銀朱が塗布される。石室上部に方形壇を設け、布掘り掘形をもつ木柱列で方形に囲む。石室は盗掘されていたが、コウヤマキ製の木棺底部が良好に遺存していたほか、玉杖などの石製品、多数の銅鏡片、鉄製の武器・農工具類、ガラス製の玉類などが出土した。古代の要地である磐余《いわれ》の地に最初に築かれた大型前方後円墳であり、その規模と内容から王墓として評価できる。国道一六五号線沿いの前方部側に解説板がある。

桜井茶臼山古墳竪穴式石室内部
（桜井市教育委員会提供）

参考文献　上田宏範他「桜井茶臼山古墳」(『桜井茶臼山古墳　附櫛山古墳』所収、一九六一、奈良県教育委員会)、東影悠他「桜井茶臼山古墳第七・八次調査概要報告」(『東アジアにおける初期都宮および王墓の考古学的研究』所収、二〇一一、奈良県立橿原考古学研究所)

（鈴木　一議）

聖林寺《しょうりんじ》

桜井市大字下、多武峰《とうのみね》街道沿いに所在する古刹。寺伝では、七一二年(和銅五)に藤原鎌足の長子定慧《じょうえ》が父の菩提を弔うために建立した精舎に始まるという。平安時代は多武峰妙楽寺の別院であったようであるが、一時衰退し、元禄年間(一六八八—一七〇四)に、もと三輪遍照院主性亮玄心《しょうりょうげんしん》により再興され、江戸時代中ごろから聖林寺と称するようになったとみられる。歴史的には華厳宗や古義真言宗と関わりのあった寺院であるが、現在は真言宗の単立寺院として存在している。寺

聖林寺十一面観音立像

宝としては、三輪山の大神《おおみわ》神社の神宮寺である大御輪《だいごりん》寺《じ》伝来の十一面観音立像(国宝)が著名。八世紀半ばころに造られた奈良時代の木心乾漆像《もくしんかんしつぞう》の代表作で、像高二〇九・一センチ、頭上面や台座なども当初の姿をよく保っている。官営工房の製作になる可能性が高く、また製作には智努王《ちぬおう》(六九三―七七〇)の関与を想定する見解がある。このほか、本堂に本尊像として江戸時代の地蔵菩薩像を安置している。

参考文献 田村吉永「聖林寺十一面観音像と大御輪寺」(『史迹と美術』二一〇、一九五二)、川瀬由照「聖林寺十一面観音像の制作と智努王」(吉村怜博士古稀記念会編『東洋美術史論叢』所収、一九九九、雄山閣出版)

(根立 研介)

谷首古墳《たにくびこふん》

桜井市阿部字谷汲《たにぐみ》にある飛鳥時代の古墳。阿部丘陵から西にのびる尾根の南斜面上に位置する。過去に石室や墳丘の測量調査のほか、一九八五年(昭和六十)・八八年に墳丘周囲の発掘調査が行われている。墳丘は尾根を切断して築かれた方墳で、東西三五メートル、南北三八メートル。墳丘の東側に幅三・〇メートル、深さ一・〇メートルの濠を伴う。石室は南に開口する両袖式の横穴式石室で、全長一三・八メートル。玄室は長さ六・〇メートル、幅二・八メートル、高さ四・〇メートル。羨道《せんどう》は長さ七・八メートル、幅一・七メートル、高さ一・七メートル。玄室は表面を平滑に整えた石材を奥壁では二段、側壁では三段に積む。羨道は石材を一段に積む。石室の壁面構成は、石舞台古墳と類似する。玄室内に凝灰岩片が残ることから、本来石棺が置かれていたとみられる。阿部丘陵において、巨大な石材を用いた横穴式石室を持つ最初の古墳として重要である。古墳は、住宅街の道路脇に位置する。現地には解説板があり、石室内を見学できる。

谷首古墳横穴式石室内部
(桜井市教育委員会提供)

参考文献 小島俊次『古墳―桜井市古墳綜覧―』(『桜井市文化叢書』一、一九五八、桜井市)、清水真一編『阿部丘陵遺跡群』(一九八九、桜井市教育委員会)

(鈴木 一議)

談山神社《たんざんじんじゃ》

桜井市多武峯《とうのみね》に鎮座する神社。多武峯は古く『日本書紀』斉明天皇二年(六五六)是歳条に「田身嶺《たむのみね》」とみえており、山上に垣をめぐらし、二本の槻の樹の辺に、「観《たかどの》」を建て「両槻宮《ふたつきのみや》」と号したとあるが、これは後《のち》飛鳥《あすか》岡本宮《おかもとのみや》から眺めた多武峯山上をさすと思われる。ちなみに談山神社は山上の東側に位置するため飛鳥か

談山神社

ら直接望むことはできない。祭神は藤原鎌足。鎌足は摂津国阿威山(大阪府茨木市)に葬られたが、入唐中の長男定慧(恵)が夢のお告げにより帰朝後多武峯に改葬し、十三重塔(重要文化財)を建て、ついで塔南に堂を建てて妙楽寺と称し、さらに堂の東に御殿を造り、これがのちの聖霊院であるという。『三代実録』天安二年(八五八)十二月九日条には贈太政大臣正一位藤原朝臣鎌足多武峯墓は大和国十市郡にある、とあり、『延喜式』にも同様の規定がある。したがって、元来は墓の中心施設として十三重塔が造営されたもので、その祖霊廟として聖霊院が建てられたと考えられ、それは九世紀中ごろのことであろう。当社の怪異として、天下に事変が発生すると鎌足の御面が破裂し山上が鳴動することがあり、八九八年(昌泰元)より一六〇七年(慶長十二)まで三十五度御破裂があり、朝廷よりの告文使は三十三回に及んだ。九四七年(天暦元)実性が多武峯座主となってから延暦寺との関係が深まった。その後、興福寺衆徒との争いにより侵入を受け、一〇八一年(永保元)以来数度の戦火を被り、一一七三年(承安三)には山郷・寺中堂塔僧坊など悉く焼失したという。第二次世界大戦中、御神像を守るため本殿下に防空壕を掘ったおり、漆塗の木箱が発見され、中から室町時代と考えられる鏡や五鈷杵など地鎮具が出土している。また、二〇一一年(平成二十三)、防空壕を掘った際に出た埋土調査により、奈良から平安時代の瓦が出土している。一五八八年(天正十六)、豊臣秀吉の命令により大和郡山に遷宮させられたが、翌々年大和大納言秀長の病気本復のため帰山を許された。近世には三千石の朱印寺領となり輪王寺門跡の支配下にあり、多くの堂坊を有して栄えた。一八六九年(明治二)の神仏分離により、聖霊院を本殿(重要文化財)、護国院を拝殿(同)、講堂を拝所(同)、十三重塔を神廟(同)、常行堂を権殿(同)、護摩堂を祓殿、御供所を御饌殿と改称し談山神社となった。衆徒は還俗し下山した者も多く、残った子院では社司となった者もあり女人禁制も解かれた。旧別格官幣社。特殊神事として十月十一日(元九月十一日)の嘉吉祭が百味の御食として有名である。古文書(『談山神社文書』)や粟原寺《おうばら》三重塔伏鉢(国宝)など宝物も多い。

参考文献　高柳光寿・辻善之助「多武峯の神仏分離」(村上専精他編『明治維新神仏分離史料』下所収、一九二七、東方書店)、『桜井町史』続(一九五七)、『多武峰縁起』『多武峰略記』(『神道大系』神社編五所収、一九八七、神道大系編纂会)、秋山日出雄「「多武峯墓」の一考察—「律令制墳墓」より「中世墓」への転換—」(斎藤忠先生頌寿記念論文集刊行会編『考古学叢考』中所収、一九八八、吉川弘文館)、高橋照彦「阿武山古墳小考—鎌足墓の比定をめぐって—」(『待兼山論叢』三八、二〇〇四)、『桜井市埋蔵文化財発掘調査報告書』三九(二〇一三、桜井市教育委員会)

(西宮　秀紀)

段《だん》ノ塚《つか》古墳《こふん》

舒明天皇の押坂内陵《おさかのうちのみささぎ》に治定されている終末期古墳。飛鳥から東北方に少し離れた桜井市大字忍坂《おつさか》段ノ塚に所在する。外鎌山《とがまやま》から南に派生する支丘の南斜面の先端に築かれている。舒明天皇は六四一年(舒明天皇十三)

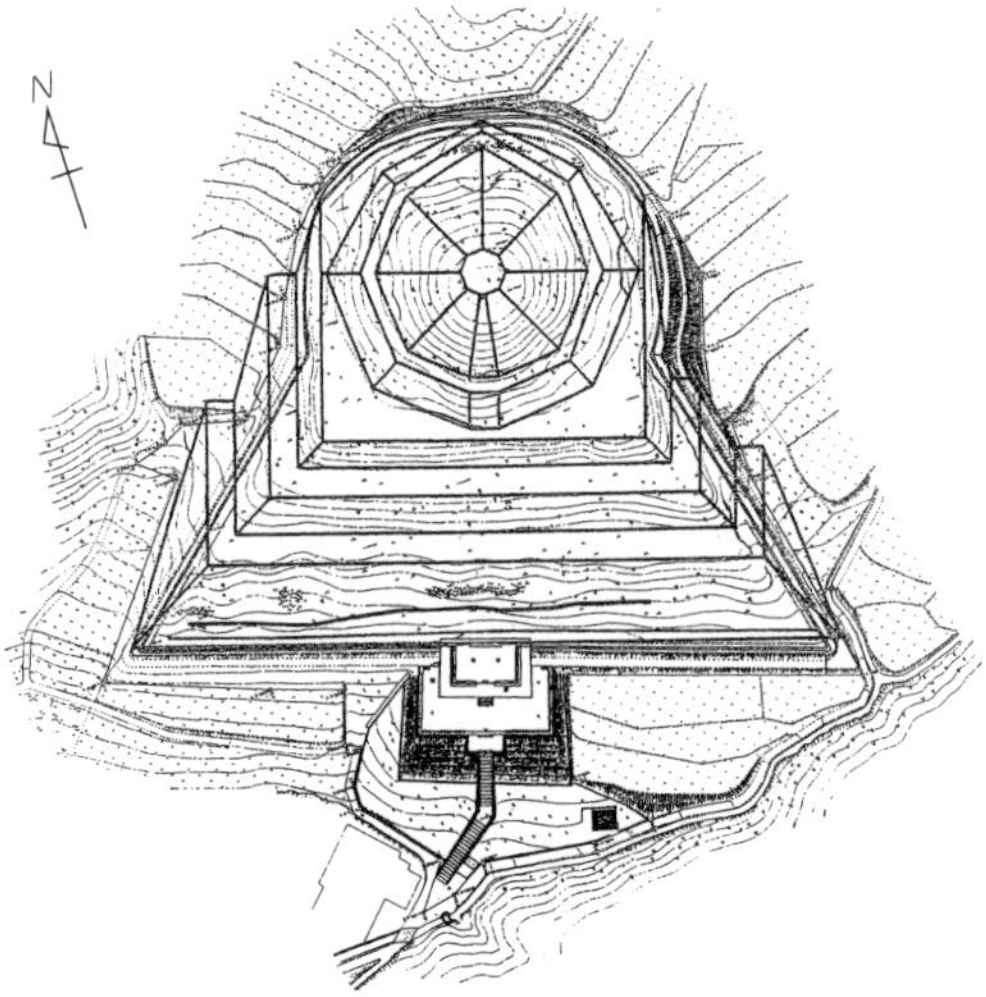

段ノ塚古墳（押坂内陵）墳丘推定復原図

十月に崩御。六四二年(皇極天皇元)十二月に滑谷岡《なめはざまのおか》に埋葬された後、六四三年九月押坂陵に改葬されたという。段ノ塚古墳は元禄年間(一六八八―一七〇四)の修

同板石積み状況
（宮内庁書陵部提供）

陵に際して舒明陵に治定され、今日に至っている。舒明陵説に異論はない。墳丘は北側で支脈を切断して築いており、東西に小谷が入り込み、陰陽五行思想に基づいて造墓された様子を明瞭に読み取ることができる。八角形墳丘の前面に三段の方形壇(最下段幅九〇メートル超)を備えた全長約七二メートルの古墳とされ、最下段の裾には花崗岩大石による貼石列を観察することができる。ただ方形壇は文久年間(一八六一―六四)の修陵によって大きく変形した可能性があり、本来のものか否か疑問が残る。八角形墳丘は二段築で下段の対辺間の距離四二メートル、高さ約一三・五メートル。正面が稜角となるが、長さ四・三メートル分が隅切されている。墳丘斜面は約三五度の傾斜で室生安山岩(通称榛原石《はいばらいし》)板石を段状に平積みする。江戸時代の文書や絵図によると、横穴式石室内に石棺二基を納めていたらしい。天皇権力を象徴する八角形墳の創出を告げる記念碑的な古墳である。現地に立てば、古墳造営の様子や裾部の大石による貼石状況を観察することができる。なお、東方約五〇メートルとその北方約五〇メートルに小円墳があり、それぞれ鏡女王(藤原鎌足の妻)押坂墓と大伴皇女(欽明天皇皇女)押坂内墓に治定されている。

参考文献 笠野毅「舒明天皇押坂内陵の墳丘遺構」(『書陵部紀要』四六、一九九四)、今尾文昭「八角墳の出現と展開」(白石太一郎編『古代を考える 終末期古墳と古代国家』所収、二〇〇五、吉川弘文館)

(木下 正史)

海石榴《つば》市《いち》

古代の市。市の聖樹として椿が植わっていたことにちなむ名称であろう。七世紀初頭にはすでに存在し、平安時代には椿市と称した。『万葉集』に「海石榴市之八十衢《やそのちまた》」とあり、『日本書紀』には六〇八年(推古天皇

三輪恵比須神社

十六）八月に難波津を発した隋使裴世清《はいせいせい》一行を海石榴市の街《ちまた》で迎えたとある。山辺の道、上ッ道、横大路などの主要道路の交差点であり、また大和川水系の水路と陸路の結節点でもあった。遺称地として海石榴市観音堂（桜井市金屋）、市神として三輪恵比須神社（桜井市三輪）が知られるが、これらの地は初瀬川北岸にあり横大路（伊勢街道）からかなり北へ離れている。『日本紀略』には九二六年（延長四）に初瀬寺山が崩れて椿市に至り人家が流失したとあり、三輪恵比須神社の社伝にもその際に遷座したとあることから、原位置からの移転が想定される。飛鳥時代には歌垣などが行われており、人が多く集まった。敏達天皇の時に尼善信らを見せしめの刑に処した場所として、『日本書紀』には「海石榴市亭《うまやくら》」、『元興寺伽藍縁起』には「都波岐市長屋」とある。「亭」「長屋」の表現から、宿泊施設や厩舎の存在がうかがえる。当地は磐余《いわれ》を経て飛鳥へ向かう阿倍山田道の起点であり、西側の軽市とともに飛鳥への入り口としての交通拠点的機能を有していたものと考えられる。平安時代には長谷寺参詣の宿駅として栄えたことが『枕草子』『小右記』などにより知られる。

参考文献　近江俊秀『道路誕生―考古学からみた道づくり―』(二〇〇八、青木書店)

(竹内　亮)

花山塚古墳《はなやまつかこふん》

桜井市粟原《おうばら》に所在する終末期古墳。粟原川がつくる粟原谷の最奥部で、女寄峠北西の山塊の南斜面に立地する。花山西塚古墳と花山東塚古墳とが五〇メートルほどの間隔で東西に並び、一九二七年(昭和二)に「花山塚古墳」として国史跡指定。花山西塚古墳は斜面上方を掘削して築いた円墳と見られるが、墳丘の大半を失い規模は不明。南に開口する横穴式石室は奥室、前室、羨道《せんどう》からなり、宇陀地方で産出する榛原石《はいばらいし》(室生安山岩)を煉瓦状に加工した板石を積み上げた磚槨式石室である。奥室は長さ一・九メートル、幅〇・七メートルの長方形平面で、高さ〇・九メートル。床は大型の板石四枚を敷き、両側壁は板石を十段前後垂直に積み上げる。奥壁は一枚の大型板石を立て、板石四枚ほどで天井を覆う。入口には片開きする扉石を備える。前室は両袖式の長方形平面で、長さ二・八メートル、幅一・三六メートル、高さ一・六七メートル。床面を奥室より一段低く作る。両側壁と奥壁は板石を二十段ほど積み、天井には花崗岩板石二石をのせる。両側壁と

花山塚西古墳磚槨式石室（奥室・扉石・前室）

奥壁の上方四分の一ほどは持ち送り式に積み、石の表面は斜めに削って仕上げる。羨道は長さ約三・七メートル、幅一・一メートルで、両側壁も上部は持ち送り式に積む。奥室の全面と前室壁面、羨道奥部の両側壁には漆喰を塗る。古く盗掘を受け、遺物は知られていないが、七世紀中ごろの造営であろう。鉄柵はあるが石室内に入ることができ、古墳の横に解説板がある。花山東塚古墳は径約一五メートルの円墳で、榛原石を積み上げた磚槨式石室。玄室の両側壁と奥壁、天井石の一部が残る。榛原石を積み上げた磚槨式石室は、宇陀から忍坂道、山田道を経て飛鳥へと通じる道沿いの地域に十五基ほどが分布する。板石の積み方や石室の構造には百済の古墳の強い影響が認められ、渡来系ないし渡来人と関わりの深い官僚層が葬られているのであろう。

参考文献　奈良国立文化財研究所飛鳥資料館編『飛鳥時代の古墳』(『飛鳥資料館図録』六、一九七九)、寺沢薫・千賀久『日本の古代遺跡』五、奈良中部(一九八三、保育社)

(木下　正史)

東池尻《ひがしいけじり》・池之内遺跡《いけのうちいせき》

橿原市東池尻町から桜井市池之内にかけての古墳時代後期(六世紀後半)に築造された池跡。香具山の北東部、南西から北東に延びる丘陵の北端に位置し、水源となる戒外川の左岸から御厨子《みずし》観音《かんのん》の参道までの谷を塞ぐ形で、長さ三〇〇メートル、幅二〇〜五五メートル、高さ二〜三メートルの堤が帯状に延びる。かつて、和田萃は不自然に延びる高まりを堤、その南西に池を見出し、磐余池と推定し、以後、磐余池の候補地として知られている。磐余池は、『日本書紀』履中天皇二年十一月条に「磐余池を作る」とあるのが初見。六世紀末葉の用明天皇の宮は磐余池辺双槻宮《いわれのいけのへのなみつきのみや》と呼ばれた。また、『万葉集』三ノ四一六に記されている、大津皇子が辞世の句を詠んだ池として広く知られている。東池尻・池之内遺跡は、二〇〇〇年(平成十二)に桜井市池之内で圃場整備に伴いはじめて発掘調査が行われた。以後、発掘調査は一二年までの間に、六次にわたり行われている。これまでの調査で、六世紀後半ごろ、丘陵を削平し盛土して

磐余池跡推定地と堤上の建物群
(橿原市教育委員会提供)

築かれた人工的な堤などが確認された。堤上から、六世紀後半から七世紀前半の間につくられた大壁建物、掘立柱建物、塀、竪穴建物、堤裾部で石敷き、整地層などが確認されている。また、池の水量調整の機能をもつと考えられる大溝が見つかっている。池の堆積土と考えられる土層より六世紀後半から七世紀前半の遺物が出土しており、池が機能していた年代の一端を示すものと判断される。このように池と堤上の建物は同時に並存しており、建物は何らかの公的施設であった可能性が考えられる。池の堆積土の上位で十三世紀ごろの水田が見つかった。池は廃絶、耕地化され、ほぼ現在と変わらない景観が形成されたことが明らかとなった。当遺跡は、古代の池の築造技術だけでなく、飛鳥前史を考える上で重要である。現在、建物が見つかった堤の上には説明板、堤の西端部の御厨子観音の駐車場には、大津皇子が詠んだ万葉歌碑がある。↓磐《い》余《われ》(265頁)

(平岩　欣太)

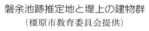

ムネサカ第一号墳《だいいちごうふん》

桜井市粟原《おうばら》字峯坂にある飛鳥時代の古墳。粟原川右岸の丘陵から、南東にのびる尾根上に位置する。過去に石室や墳丘の測量調査が行われている。墳丘は尾根を切断して築かれた二段築成の円墳で、径四五メートル。石室は南に開口する両袖式の横穴式石室で、全長一六・六メートル。玄室は長さ四・六メートル、幅二・七メートル、高さ二・四メートル。羨道《せんどう》は長さ一二・〇メートル、幅一・九メートル、高さ一・四メートル。玄室は表面を切石状に整えた石材を二段に積み、石材間の目地に漆喰を詰める。羨道は基本的に石材を一段に積むが、羨門側は石材を二段に積む。石室の壁面構成は、岩屋山古墳と類似する。玄門部床面に長さ一・九メートル、幅〇・九メートルの梱石、玄室床面に一辺四〇センチ大の板石を敷く。玄室内に凝灰岩片が残ることから、本来石棺が置かれていたとみられる。一号墳の北西に近接して二号墳があり、両者の関係が注目される。国道一六六号線沿いに解説板があり、そこから現地へ向かう。

ムネサカ第1号墳横穴式石室
（桜井市教育委員会提供）

石室内を見学できる。

参考文献　小島俊次『古墳―桜井市古墳綜覧―』(『桜井市文化叢書』一、一九五六、桜井市)、西光慎治編「王陵の地域史研究―飛鳥地域の終末期古墳測量調査報告II―」(『明日香村文化財調査研究紀要』六、二〇〇七)

(鈴木　一議)

メスリ山《やま》古墳《こふん》

桜井市高田字メスリほかにある古墳時代前期の古墳。寺川左岸の阿部丘陵上に位置し、古墳の北東一・八キロには桜井茶臼山古墳が所在する。一九五九年(昭和三十四)―六〇年に、埋葬施設などの発掘調査が行われた。八〇年、国史跡に指定。二〇〇五年(平成十七)、出土遺物が重要文化財に指定。墳丘は前方部を西に向けた三段築成の前方後円墳で、全長二二四メートル。埋葬施設は全長八メートルの竪穴式石室(主室)で、上部に方形壇を設け、円筒埴輪列で方形に二重に囲む。主室の東に副葬品を納めた全長六メートルの竪穴式石室(副室)がある。主室は盗掘されていたが、副室は未盗掘で、鉄製弓矢に代表される多量の武器類や農工具類、玉杖などの石製

メスリ山古墳全景
(桜井市教育委員会提供)

品が出土した。その規模と内容から、桜井茶臼山古墳に次いで磐余《いわれ》の地に築かれた王墓として評価できる。後円部北側に解説板がある。出土遺物は奈良県立橿原考古学研究所附属博物館に常設展示されている。

参考文献　伊達宗泰編『メスリ山古墳』(『奈良県史跡名勝天然記念物調査報告』三五、一九七七、奈良県教育委員会)、千賀久編『巨大埴輪とイワレの王墓—桜井茶臼山・メスリ山古墳の全容—』(『奈良県立橿原考古学研究所附属博物館特別展図録』六四、二〇〇五)

(鈴木　一議)

文殊院西古墳《もんじゆいんにしこふん》

桜井市阿部の安倍文殊院境内に所在する終末期古墳。一九二三年(大正十二)特別史跡指定。背後に丘陵尾根がある谷部に南面して築造されている。墳丘は改変が著しいが、直径三〇メートルを超えない程度の円墳と考えられ、花崗岩切石積みの横穴式石室が南に開口する。石室は両袖式で、玄室の長さ五・一メートル、幅二・九メートル、高さ二・七メートル、羨道《せんどう》の長さ七・三メートル、幅二・三メートル、高さ一・八メートルを測る。玄室奥壁、両側壁は見かけ上横長の長方形

文殊院西古墳の切石積み石室（南から）

に整形した切石を、レンガを積むように五段に互目積みにする。両側壁には各二ヵ所ずつ、一個の石材に刻線を入れて二個の石に見せかけた部分がある。羨道は両側壁とも切石四石一段とし、天井石は玄室一石、羨道三石の巨石を用いる。開口部の側壁から天井にかけて扉を嵌め込むための幅三センチの溝がある。七世紀後半の所産と考えられる。花崗岩切石積み石室における構築技術の頂点を示す貴重な資料である。なお、安倍文殊院境内には、本古墳の東約一〇〇メートルに文殊院東古墳が存在する。墳形、規模は後世の改変によって詳らかでないが、巨石を用いた全長約一三メートルの横穴式石室が開口する。阿部丘陵上には文殊院西古墳、東古墳のほか、谷首古墳、艸墓《くさばか》古墳など七世紀代の大型古墳が集中し、丘陵西側には安倍寺跡が存在することなどから、孝徳朝の左大臣阿倍倉梯麻呂《あべのくらはしのまろ》らを輩出した阿倍氏の墓域と考えられる。文殊院西古墳の被葬者も、阿倍氏の有力者と考えてよい。

参考文献　奈良県立橿原考古学研究所編『飛鳥・磐余地域の後・終末期古墳と寺院跡』(一九八三)

(岡林　孝作)

編者略歴

一九四一年　東京都に生まれる
一九六四年　東京教育大学文学部卒業
現在　東京学芸大学名誉教授

〔主要編著書〕
『飛鳥・藤原の都を掘る』（地中からのメッセージ、吉川弘文館、一九九三年）
『飛鳥藤原の都』（共著、古代日本を発掘する1、岩波書店、一九八五年）
『飛鳥から藤原京へ』（共編著、古代の都1、吉川弘文館、二〇一〇年）

飛鳥史跡事典

二〇一六年（平成二十八）二月十日　第一刷発行
二〇一九年（令和　元　）七月十日　第二刷発行

編　者　木《きの》下《した》正《まさ》史《し》
発行者　吉川道郎
発行所　株式会社　吉川弘文館
郵便番号一一三―〇〇三三
東京都文京区本郷七丁目二番八号
電話〇三―三八一三―九一五一（代）
振替口座〇〇一〇〇―五―二四四番
http://www.yoshikawa-k.co.jp/

印刷＝株式会社　東京印書館
製本＝誠製本株式会社
装幀＝清水良洋・李生美

ISBN978-4-642-08290-7

索　引

＊配列は，読みの五十音順とした．
＊項目名は太字であらわし，本見出しは先頭に「・」を付した．
＊項目のページは太字であらわし，先頭においた．
＊ａｂは，それぞれ上段・下段をあらわす．
＊付は，付録のページをあらわし，末尾においた．
＊索引語の別表記は〘　〙内に適宜まとめ，同じ表記については-を用いて省略した．

あ

き

く

け

こ

さ

し

つ

て

と

な

に

ぬ

へ

ほ

ま

み

む

付　録

1　史跡等一覧

2　文化財一覧

3　展示・案内施設

4　飛鳥・藤原地域の探訪の仕方

1　史跡等一覧

明日香村

種　別	名　称	所在地	指定年月日
特別史跡	石舞台古墳	明日香村島庄・祝戸	1935年12月24日(史) 1952年3月29日(特史)
	高松塚古墳	明日香村平田	1972年6月17日(史) 1973年4月23日(特史)
	キトラ古墳	明日香村阿部山	2000年7月31日(史) 2000年11月24日(特史)
国史跡	川原寺跡	明日香村川原	1921年3月3日 1966年6月21日追加 1988年3月14日追加
	大官大寺跡	明日香村小山	1921年3月3日
	牽牛子塚古墳・越塚御門古墳	明日香村越	1923年3月7日 2014年3月18日追加・名称変更 2015年10月7日追加
	中尾山古墳	明日香村平田	1927年4月8日
	酒船石遺跡	明日香村岡	1927年4月8日 2004年9月30日追加・名称変更
	定林寺跡	明日香村立部	1966年2月25日 1993年3月4日追加
	飛鳥寺跡	明日香村飛鳥	1966年4月21日
	橘寺境内	明日香村橘	1966年4月21日
	岩屋山古墳	明日香村越	1968年5月11日
	伝飛鳥板蓋宮跡	明日香村岡	1972年4月10日 1983年1月12日追加 1983年5月19日追加 1992年4月21日追加
	飛鳥水落遺跡	明日香村飛鳥	1976年2月20日 1982年3月23日追加
	飛鳥稲淵宮殿跡	明日香村稲渕・祝戸	1979年3月20日 1981年5月16日追加 2004年2月27日追加
	マルコ山古墳	明日香村真弓	1982年1月16日 2008年7月28日追加

種　別	名　称	所在地	指定年月日
国史跡	飛鳥池工房遺跡	明日香村飛鳥	2001年8月13日
	檜隈寺跡	明日香村檜前	2003年3月25日
	岡寺跡	明日香村岡	2005年8月29日
国史跡・名勝	飛鳥京跡苑池	明日香村岡	2003年8月27日
重要文化的景観	奥飛鳥の文化的景観	明日香村稲渕・栢森・入谷,祝戸・阪田の一部	2011年9月21日
県史跡	豊浦寺跡	明日香村豊浦	1977年3月22日
	紀寺跡	明日香村小山	1993年3月5日
村史跡	飛鳥川の飛び石	明日香村稲渕	1977年4月1日
	南淵請安先生の墓	明日香村稲渕	1977年4月1日

高取町

種　別	名　称	所在地	指定年月日
国史跡	市尾墓山古墳・宮塚古墳	高取町市尾	1981年3月31日
	与楽古墳群 与楽鑵子塚古墳 与楽カンジョ古墳 寺崎白壁塚古墳	高取町与楽・寺崎	2013年3月27日

橿原市

種　別	名　称	所在地	指定年月日
特別史跡	藤原宮跡	橿原市高殿町・醍醐町・縄手町・木之本町	1946年11月21日(史) 1952年3月29日(特史) 2007年7月26日追加
	本薬師寺跡	橿原市城殿町	1921年3月3日(史) 1952年3月29日(特史)
国史跡	菖蒲池古墳	橿原市菖蒲町	1927年4月8日
	丸山古墳	橿原市五条野町・大軽町	1969年5月23日
	新沢千塚古墳群	橿原市川西町	1976年3月31日
	植山古墳	橿原市五条野町	2002年3月19日
	藤原京跡 朱雀大路跡 左京七条一・二坊跡 右京七条一坊跡	橿原市別所町・上飛驒町	1978年10月4日
国名勝	大和三山 香具山 畝傍山 耳成山	橿原市畝傍町他	2005年7月14日

種　別	名　称	所在地	指定年月日
県史跡	小谷古墳	橿原市鳥屋町	1975年3月31日
	岩船	橿原市見瀬町	1976年3月30日
	益田池の堤　附樋管	橿原市鳥屋町	1980年3月28日

桜井市

種　別	名　称	所在地	指定年月日
特別史跡	山田寺跡	桜井市山田	1921年3月3日(史) 1952年3月29日(特史) 1982年12月4日追加
	文殊院西古墳	桜井市阿部	1923年3月7日(史) 1952年3月29日(特史)
国史跡	大神神社境内	桜井市三輪	1985年3月18日
	桜井茶臼山古墳	桜井市外山	1973年3月27日 1981年3月31日追加 2004年9月30日追加
	粟原寺跡	桜井市粟原	1927年4月8日
	花山塚古墳	桜井市粟原	1927年4月8日
	天王山古墳	桜井市倉橋	1954年12月25日
	安倍寺跡	桜井市安倍木材団地	1970年3月11日
	艸墓古墳	桜井市市谷	1974年6月18日
	メスリ山古墳	桜井市高田・上之宮	1980年3月14日
	吉備池廃寺跡	桜井市吉備	2002年3月19日
県史跡	文殊院東古墳	桜井市阿部	1974年3月26日
	谷首古墳	桜井市阿部	1958年3月20日
	ムネサカ古墳(第1号墳)	桜井市粟原	1958年3月20日
市史跡	上之宮遺跡	桜井市上之宮	1992年8月3日

＊明日香村・高取町・橿原市・桜井市内の指定史跡のうち，本書の対象とする時代・地域に含まれるものを抜粋した.

＊2015年10月末現在の指定による.

2　文化財一覧

国・県

所　有　者	種別	名　　　称
文化庁	国宝	高松塚古墳壁画
	重文	高松塚古墳出土品 石造男女像・石像須弥山石
奈良県	重文	奈良県橿原遺跡出土品 大和国高市郡牽牛子塚古墳出土品 奈良県メスリ山古墳出土品
	県指定	牽牛子塚古墳出土棺飾金具
東京国立博物館	重文	大和新沢千塚一二六号墳出土品
独立行政法人文化財機構	重文	奈良県山田寺跡出土品

明日香村

所　有　者	種別	名　　　称
岡　寺 (明日香村岡)	国宝	木心乾漆義淵僧正坐像
	重文	天人文甎 塑造如意輪観音坐像 木造仏涅槃像 岡寺仁王門 銅造如意輪観音半跏像 岡寺書院
	県指定	岡寺楼門 岡寺本堂
橘　寺 (明日香村橘)	重文	木造日羅立像 木造如意輪観音坐像 木造聖徳太子坐像 木造地蔵菩薩立像 木造だ太鼓縁 絹本著色太子絵伝 石燈籠
	県指定	絹本著色仏涅槃図
弘福寺(川原寺) (明日香村川原)	重文	木造持国天・多聞天立像
安居院(飛鳥寺) (明日香村飛鳥)	重文	銅造釈迦如来坐像
於美阿志神社 (明日香村檜前)	重文	於美阿志神社石塔婆

所有者	種別	名称
竜福寺 （明日香村稲渕）	村指定	竜福寺層塔

高取町

所有者	種別	名称
子島寺 （高取町観覚寺）	国宝	紺綾地金銀泥絵両界曼荼羅図（子島曼荼羅）
	重文	木造十一面観音立像
南法華寺（壺阪寺） （高取町壺阪）	重文	三重塔 礼　堂 絹本著色一字金輪曼荼羅図 鳳凰文甎
	県指定	紺地金銀泥絵両界曼荼羅図

橿原市

所有者	種別	名称
橿原神宮 （橿原市久米町）	重文	橿原神宮本殿
久米寺 （橿原市久米町）	重文	久米寺多宝塔
国分寺 （橿原市八木町）	重文	木造十一面観音立像
奈良県立橿原考古学研究所附属博物館	県指定	圭頭太刀

桜井市

所有者	種別	名称
談山神社 （桜井市多武峰）	国宝	大和国粟原寺三重塔伏鉢
	重文	談山神社十三重塔 談山神社権殿 談山神社摩尼輪塔 談山神社（本殿・拝殿・東透廊・西透廊・楼門・東宝庫・西宝庫・摂社東殿・神廟拝所・閼伽井屋・末社惣社殿・末社惣社拝殿・末社比叡神社本殿） 絹本著色大威徳明王像 紺紙金銀泥法華経宝塔曼荼羅図（開結共） 脇　指 短　刀 短　刀 太　刀 短　刀

所　有　者	種別	名　　　称
談山神社 (桜井市多武峰)	重文	薙　刀 金沃懸地平文太刀 石燈籠 談山神社本殿造営図並所用具図
	県指定	談山神社東大門 談山神社大鳥居 談山神社文書
	市指定	青白磁唐子蓮花唐草文瓶 青白磁渦文瓶
大神神社 (桜井市三輪)	重文	大神神社摂社大直禰子神社社殿 大神神社拝殿 大神神社三ッ鳥居 朱漆金銅装楯 紙本墨書周書
	県指定	大神神社(勅使殿・勤番所) 木造大黒天立像 聖観音毛彫御正体 高　坏
桜井市忍阪区 (桜井市忍阪)	重文	石造浮彫伝薬師三尊像
聖林寺 (桜井市下)	国宝	木心乾漆十一面観音立像
	市指定	補陀落山浄土図 素文磬
文殊院 (桜井市阿部)	国宝	木造騎獅文殊菩薩及脇侍像
	県指定	文殊院庫裏
	市指定	文殊院本堂(礼堂付) 木造釈迦三尊像 木造大日如来坐像
桜井市	市指定	上之宮遺跡出土木簡 大福遺跡出土富本銭と歩揺 谷遺跡出土無文銀銭 安倍寺跡出土ガラス板 コロコロ山古墳出土金銅製刀子

＊明日香村・高取町・橿原市・桜井市内の指定文化財のうち，本書の対象とする時代・地域に含まれるものを抜粋した.

＊2015年10月末現在の指定による.

3　展示・案内施設

名　称	所在地・電話番号	施設紹介
奈良文化財研究所飛鳥資料館	〒634-0102 明日香村奥山601 0744-54-3561	飛鳥地域での発掘成果，出土遺物，文化財によって，飛鳥の歴史と文化が総合的に理解できるように展示する．庭園には各種の石造物のレプリカ，館内には石人像の実物がある．水落遺跡・高松塚古墳・川原寺跡などの出土品や模型，山田寺東回廊の発掘された部材を使った復元などを展示．１階には図書閲覧室がある．
奈良文化財研究所都城発掘調査部(飛鳥・藤原地区)藤原宮跡資料室	〒634-0025 橿原市木之本町94-１ 0744-24-1122	藤原京の造営過程，都市の様子，平城遷都後の変化という流れで展示を構成する．出土品のほか，都での役人の生活を再現した展示を見ることができる．屋外には，都の道路跡や宅地跡の位置が示されている．
高松塚古墳壁画館	〒634-0144 明日香村平田439 0744-54-3340	高松塚古墳に隣接している．壁画の模写，石槨の原寸模型，副葬品の太刀飾金具・木棺金具・海獣葡萄鏡などのレプリカを展示．
国営飛鳥歴史公園(祝戸地区・石舞台地区・甘樫丘地区・高松塚地区・キトラ古墳周辺地区)	(飛鳥管理センター：0744-54-2441)	飛鳥の自然と文化的遺産の保護，活用を図るため，国土交通省によって整備された．総面積約60haで，５つの地区に分かれている．祝戸地区には研修宿泊所「祝戸荘」，高松塚地区には飛鳥歴史公園館，高松塚壁画館がある．甘樫丘地区の展望台からは，飛鳥・藤原地域を一望できる．
(国営飛鳥歴史公園キトラ古墳周辺地区整備に伴う施設)		現在整備中のキトラ古墳周辺地区に，キトラ古墳・檜隈寺跡などの歴史に関する展示，体験学習を行う施設の開設が予定されている．

名　　称	所在地・電話番号	施設紹介
犬養万葉記念館	〒634-0111 明日香村岡1150 0744-54-9300	『万葉集』を人々に広めるために尽力した犬養孝の業績を顕彰する記念館．犬養揮毫の万葉歌墨書や直筆原稿，遺品などを展示する．寄贈図書の閲覧もできる．
奈良県立万葉文化館	〒634-0103 明日香村飛鳥10 0744-54-1850	万葉歌を題材とした日本画の展示，富本銭をはじめとした飛鳥池工房遺跡の出土品の展示がある．屋外では工房の炉跡群などの遺構を見学できる．万葉図書・情報室も併設．
明日香村埋蔵文化財展示室	〒634-0103 明日香村飛鳥225-2 0744-54-5600	石神遺跡地にある．旧飛鳥小学校の建物を利用した施設．キトラ古墳・牽牛子塚古墳・川原寺裏山遺跡・様々な石造物など，村内での発掘成果，出土遺跡を展示・解説する．すぐ南に飛鳥水落遺跡がある．
奈良県立橿原考古学研究所附属博物館	〒634-0063 橿原市畝傍町50-2 0744-24-1185	奈良県下全域での発掘成果と出土遺物によって，旧石器時代から室町時代までの歴史を解説する．飛鳥時代については，宮都の生業，仏教文化，墳墓をテーマとした展示がある．
歴史に憩う橿原市博物館	〒634-0826 橿原市川西町858-1 0744-27-9681	橿原市千塚資料館を前身とする，新沢千塚古墳群のサイトミュージアム．橿原市の歴史を縄文時代から江戸時代まで4つのゾーンに分け，考古資料を中心に紹介する．
橿原市藤原京資料室	〒634-0073 橿原市縄手町178-1 JAならけん橿原東部経済センター2F 0744-21-1114	藤原宮の1000分の1模型をはじめ，当時の柱や衣装の復元，出土品などを展示している．CGの映像で，古代の藤原京の姿を理解することができる．
桜井市立埋蔵文化財センター	〒633-0074 桜井市芝58-2 0744-42-6005	桜井市の旧石器時代から飛鳥・奈良時代までの歴史を，市内での発掘成果，出土遺物などによって解説．纒向遺跡・三輪山祭祀・埴輪といったテーマ展示のコーナーもある．

4　飛鳥・藤原地域の探訪の仕方

＜自転車や徒歩でめぐる＞

飛鳥・藤原の地をめぐるには，車や路線バスを使う方法，貸し自転車を利用する方法，そして徒歩による方法がある．車では入れない場所にも重要遺跡が数多くあるから，車だけでは十分な探訪はできない．遺跡は濃密に分布しているので，飛鳥・藤原の地の歴史の舞台を深く知り，探訪を意義深いものとするには，自転車や徒歩でめぐるのが理想的である．車を使うならば，あわせて歩いてめぐることをお奨めする．まず近鉄線・JR線の駅から，貸し自転車や徒歩で，飛鳥中心部の宮殿・寺院地域へと向う経路を紹介する．

＜主な経路＞

主な経路には，近鉄線の橿原神宮前駅，岡寺駅，飛鳥駅をそれぞれ利用する方法，そして近鉄線・JR線の桜井駅を起点とする方法がある．

橿原神宮前駅からの経路　橿原神宮前駅東口を出て東へと向う．すぐに南北に走る国道169号線にぶつかる．国道169号線は，飛鳥時代以来の下ッ道の位置をほぼそのまま踏襲している．国道169号線と交差して東へ向う道は，飛鳥・藤原京時代の山田道の位置と重なっている．両道の交差点付近には万葉歌に詠まれた軽市があった．道をそのまま東へたどると，道沿いに石川精舎推定地，南側に剣池がある．剣池沿いを東へと登る道は，古代には「廐坂」と呼ばれた坂である．さらに東に向うと北側に和田廃寺(葛城寺)がある．橿原市から明日香村に入ると，北側に古宮遺跡があり，南側には豊浦宮・豊浦寺跡がある現向原寺本堂の甍が見えてくる．左手に雷丘，右手に甘樫丘を望みながら飛鳥川沿いの道を東南に向かって，甘樫橋を渡ると飛鳥盆地内の南北の中心部に入り込んでいく．

岡寺駅からの経路　岡寺への古くからの参詣道をたどることになる．国道169号線を越えて東北方に見える五条野丸山古墳の雄姿に圧倒されながら東へ向うと，やがて，甘樫丘から続く丘陵の南傾斜地に推古天皇初葬陵の

可能性が高い植山古墳があり，さらに東に菖蒲池古墳，小山田遺跡などの代表的な終末期古墳とその立地環境が見えてくる．小山田遺跡南東方の交差点付近は川原下ノ茶屋遺跡で，飛鳥時代の東西道路・南北道路の交差点が見つかっている．さらに東へ向うと飛鳥盆地に入り，北の川原寺と南の橘寺との間を抜けて飛鳥川を渡れば，飛鳥浄御原宮跡など飛鳥の宮殿遺跡のただ中へと入っていく．

飛鳥駅からの経路　国道169号線を渡って東の高松塚古墳方面へと向う道をたどる．右手のやや広い水田地帯一帯が渡来系氏族が集住した「檜隈」の地で，低い丘陵上の森が渡来系氏族の氏寺檜隈寺跡である．さらに北東に向えば，道は国営飛鳥歴史公園高松塚周辺地区の間を抜けていく．飛鳥歴史公園内には高松塚古墳，中尾山古墳が整備されており，高松塚壁画館がある．飛鳥歴史公園を抜けると，正面の丘上に天武・持統天皇合葬陵(野口王墓古墳)，左手に鬼ノ俎・雪隠古墳が見えてくる．天武・持統天皇合葬陵の東裾の道をたどると，小山田遺跡南東方の交差点に至る．

桜井駅からの経路　古代の上ッ道・その延長である阿部・山田道に沿って南下する道をたどる．阿部の地に至ると，道の東側に安倍文殊院や，文殊院西古墳，谷首古墳などの終末期古墳群があり，西側に安倍寺跡，また1㎞ほど西方に吉備池廃寺(百済大寺跡)がある．このあたり一帯が磐余《いわれ》の地である．さらに東南方にたどって低い峠を越えると，飛鳥盆地の東を限る多武《とうの》峰《みね》山麓の傾斜地に造営された山田寺跡に至る．阿部・山田道をさらに西へと向かい，飛鳥資料館を右手に見ながら西へ進むと飛鳥盆地内へと入っていく．阿部・山田道の右手の奥山集落の中に奥山久米寺跡がある．

<飛鳥・藤原地域のめぐり方>

最初に甘樫丘に登って，その頂上の展望台から飛鳥・藤原の地を展望することをお奨めする．まず東側の飛鳥盆地側を眺めていただきたい．盆地の東を限る山並みが藤原鎌足ゆかりの多武峰である．すぐ眼下の平坦地が飛鳥盆地の南北の中心部で，飛鳥寺跡地に建つ安居院の甍が真近に見える．飛鳥寺は盆地内に設けられた最初の本格的な施設で，飛鳥寺がまず盆地の

飛鳥盆地中央部　眼下に飛鳥寺，右
手に伝飛鳥板蓋宮跡（甘樫丘から）

中央部に造営されたために，その後に造営される宮殿や諸施設は，盆地の南部か北部の限られた範囲に立地しなければならなくなる．飛鳥寺跡の南方に広がる水田一帯が飛鳥浄御原宮や後飛鳥岡本宮の跡地で，7世紀前半の舒明天皇以来，天皇の宮殿が継続して営まれた場所である．その南，飛鳥盆地の南端近くの傾斜地には，石舞台古墳をそれと見定めることができる．石舞台古墳の向うに聳えている山が稲淵山である．飛鳥寺の西北方，展望台の眼下には水落遺跡と石神遺跡とが見える．そして東方の山麓の傾斜地に山田寺跡を望むことができる．

飛鳥盆地の北部に目を転じると，雷丘の東に雷丘東方遺跡があり，香具山の南方には，文武朝大官大寺の金堂と九重塔の大きな土壇が遠望できる．香具山よりも高く聳えていた国家筆頭大寺の九重塔の雄姿が眼前に蘇ってくるようである．

西北方に目を移すと，飛鳥人・万葉人が深い思いを寄せた大和三山があり，その三山の間に広大な平坦地が広がって見える．飛鳥川が平坦地を東南から西北方へ斜めに貫いて流れており，飛鳥盆地内の閉ざされた狭い空間とは全く違った景観に強く印象づけられる．大和三山に囲まれた広大な平坦地一帯が，かつて数万人が暮らしていた藤原京(新益京《あらましのみやこ》)跡である．耳成山の真南には藤原宮の正殿・大極殿があり，その跡の森をそれと見定めることができる．そして北方はるか，奈良盆地の北端には平城京跡が広がっている．

飛鳥盆地内の飛鳥の宮から飛鳥西北方の藤原宮・新益京へ，そして奈良盆地北端の平城宮・平城京へ．こうした宮都の立地の変遷をみれば，中央集権国家がどのように作り上げられていったのか実感できるのではないか．

そして，眼下にある豊浦の集落地が，飛鳥最初の宮殿豊浦宮と豊浦寺の跡地である．甘樫丘から西方に続く丘陵地には，五条野丸山古墳の雄姿が望まれる．

＜地域を分けてめぐる＞

甘樫丘上から展望して概要を知った後は，地域を分けてめぐることをお奨めする．地域単位でめぐることで，効果的で，意義深い探訪ができるはずである．主要な遺跡群は，飛鳥の宮殿・寺院地域，藤原宮と周辺地域，飛鳥の陵墓・古墳地域，磐余・阿部と周辺地域，そして飛鳥川上流地域の5地域に区分することができる．

酒　船　石

安居院本堂と飛鳥寺跡金堂礎石

飛鳥の宮殿・寺院地域　飛鳥盆地内とその縁辺地域で，宮殿と役所，庭園，祭祀儀礼施設，官営工房，皇子宮，そして大寺院など宮都の主要施設が集中分布する地域である．宮殿遺跡では後飛鳥岡本宮跡，飛鳥浄御原宮跡，豊浦宮跡，島宮跡などがあり，宮殿付属施設では酒船石遺跡，飛鳥京跡苑池，飛鳥池遺跡，水落遺跡，石神遺跡，飛鳥寺西方遺跡，雷丘東方遺跡などがある．寺院では，飛鳥寺・川原寺・文武朝大官大寺の官寺の跡，豊浦寺・橘寺・奥山久米寺，東方山麓の山田寺などの氏寺の跡があり，この地域の南端には石舞台古墳がある．これら諸遺跡の見学は欠かすことはできない．飛鳥資料館を合わせ見学することをお奨めする．

藤原宮と周辺地域　飛鳥盆地の西北方の大和三山に囲まれた広い平坦地が広がる地域で，藤原宮跡，朱雀大路跡，本薬師寺跡，紀寺跡(小山廃寺)

などが主な見所である．香具山西麓にある奈良文化財研究所藤原宮跡資料室と，大極殿跡の西方にある橿原市藤原京資料室も合わせて見学したい．なお，藤原宮と周辺地域は，飛鳥の宮殿・寺院地域を見学した後，続けて探訪することをお奨めしたい．そうすることで，飛鳥の宮から藤原宮・新益京へ，歴史が大きく飛躍していった様子が実感いただけるからである．

〔両地域の主要遺跡をめぐるモデル=コース〕

石舞台古墳と島庄遺跡　→川原寺跡と橘寺　→伝飛鳥板蓋宮跡(飛鳥浄御原宮跡)　→飛鳥京跡苑池　→酒船石と酒船石遺跡　→飛鳥寺跡　→飛鳥寺西方遺跡・伝蘇我入鹿首塚　→水落遺跡と石神遺跡　→雷丘東方遺跡　→山田道跡　→飛鳥資料館　→山田寺跡　→奥山久米寺跡　→文武朝大官大寺跡　→香具山　→奈良文化財研究所藤原宮跡資料室　→藤原宮大極殿跡　→橿原市藤原京資料室　→本薬師寺跡

飛鳥の陵墓・古墳地域　飛鳥盆地西南方の檜隈や真弓を中心とした丘陵地帯であり，天皇や皇子・皇女の陵墓域である．6世紀後半の五条野丸山古墳や梅山古墳，7世紀前半の植山古墳などの重要古墳も分布するが，陵墓の地として固定化してくるのは7世紀中ごろ以降である．天武・持統天皇合葬陵(野口王墓古墳)，牽牛子塚古墳，中尾山古墳，岩屋山古墳，マルコ山古墳，菖蒲池古墳，小山田遺跡，高松塚古墳，キトラ古墳，鬼ノ俎・雪隠古墳，猿石など見所が多い．この地域は5世紀後半以来の渡来系氏族の集住地であって，観覚寺遺跡・清水谷遺跡などの集落遺跡，真弓鑵子塚古墳など渡来系氏族が営んだ古墳，檜隈寺跡など渡来人特有の特徴を持つ遺跡が多い．

高松塚古墳

〔陵墓・古墳地域の主要古墳・遺跡をめぐるモデル=コース〕

岩屋山古墳　→牽牛子塚古墳　→真弓鑵子塚古墳　→マルコ山古墳　→檜隈寺跡　→キトラ古墳　→高松塚古墳・高松塚古墳壁画館　→梅山古

墳　→猿石　→鬼ノ俎・雪隠古墳　→天武・持統天皇合葬陵　→菖蒲池古墳と小山田遺跡　→植山古墳　→五条野丸山古墳

磐余・阿部と周辺地域　飛鳥盆地の北を限る香具山東北方の磐余・阿部の地に分布する吉備池廃寺(百済大寺跡)，磐余池跡，古代の雄族阿部氏に関わる上之宮遺跡などの邸宅跡，安倍寺跡，安倍文殊院西古墳・艸墓古墳・谷首古墳，そしてやや離れて赤坂天王山古墳・段ノ塚古墳・花山西塚古墳など見所が多い．

飛鳥川上流地域　明日香村祝戸・阪田・稲渕・栢森の飛鳥川上流の渓谷沿いの地域である．史跡飛鳥稲淵宮殿跡や坂田寺跡，都塚古墳などの重要遺跡が分布するほか，稲淵山や式内社飛鳥川上坐宇須多伎比売命神社などがあり，飛鳥時代以来，雨ごいや豊饒を祈る祭祀・信仰の聖地であった．また万葉歌に詠まれた飛鳥川の渓流や緑濃い山々，棚田の景観は昔日の飛鳥の原風景を忍ばせてくれる．飛鳥でも最も変化に富んだ美しい景観の地域であり，「奥飛鳥の文化的景観」として国の重要文化的景観に選定されている．是非とも訪れたい場所である．

飛鳥稲淵宮殿跡